데이터로 말하라

데이터로 말하라

초판 인쇄 2015년 4월 13일
초판 발행 2015년 4월 20일

지은이 강양석
펴낸이 김승욱
편집 김승관 문형숙 한지완
디자인 윤종윤 이정민 백주영
마케팅 방미연 이지현 함유지
홍보 김희숙 김상만 한수진 이천희
제작 강신은 김동욱 임현식

펴낸곳 이콘출판(주)
출판등록 2003년 3월 12일 제406-2003-059호

주소 413-120 경기도 파주시 회동길 216 2층
전자우편 book@econbook.com
전화 031-955-7979
팩스 031-955-8855

ISBN | 978-89-97453-50-4 03320

이 도서의 국립중앙도서관 출판시도서목록(CIP)은 e-CIP 홈페이지(http://www.nl.go.kr/ecip)와 국가자료공동목록시스템(http://www.nl.go.kr/kolisnet)에서 이용하실 수 있습니다. (CIP제어번호: CIP2015010515)

데이터로 말하라

냉철한 판단과 완벽한 설득의 기술

강양석 지음

이콘

시간이 지날수록
나의 가치는 급격히 커질 것이다.

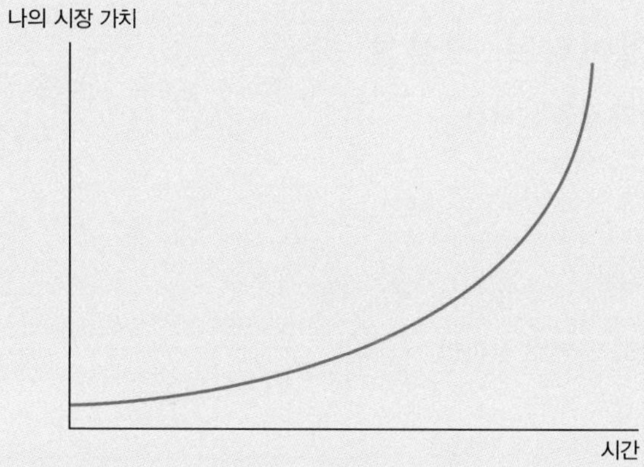

위 그래프의 가치를 믿는 모든 분께 이 책을 바칩니다.

서문

바야흐로 소통의 시대다. 연인의 매력부터 대통령의 국정운영 평가에 이르기까지 소통은 빼놓을 수 없는 잣대가 되었다. 아마도 사회 주체들이 예전보다 더욱 긴밀하게 의존하고 있기 때문일 것이다. 이제는 하나의 사회문제가 여러 분야의 문제들과 얽히고설켜 이를 해결하려면 관련 당사자들이 모두 머리를 맞대야 한다.

이 문제 해결 과정이란, 결국 옳고 그름을 따지고 이해관계를 조정하는 일이다. 단순히 소통의 필요성을 공감하기만 하면 문제가 해결되는 건 아니기에 좀더 기술적이고 수단적인 방안이 반드시 필요하다. 서로 감정을 상하지 않으면서도 합의점을 끌어낼 수 있고, 대화와 설득이 어렵더라도 어떻게든 합의로 이끌어나갈 수 있는 소통 방식은 없을까?

'데이터로 말하기'를 활용해 합당한 근거를 제시하면 된다. 표준화된 데이터는 대화와 설득에서 매우 강력한 힘을 발휘하기 때문이다.

데이터로 말하는 것이 왜 중요할까? 첫째, 서로가 주장하는 말, 즉 메시지 자체로는 각자의 입장 차이만 극명하게 드러날 뿐이다. 상대가 왜 그런 주장을 하는지 알 수 없어 둘 사이의 간극을 좁히기 힘들다. 하지만 양측 모두 합리적인 근거를 제시한다면, 먼저 근거의 격차를 좁히고 그 다음에 메시지의 격차까지도 줄여나갈 여지가 생긴다. 나아가 가치관이 서로 충돌하는 경우에도 데이터로 설득하는 것이 훨씬 유리하다.

둘째, 표준화된 정보를 활용하면 여러 가지로 효율적인 소통을 할 수 있다. 우선 자신의 주장에 스스로 신중해진다. 근거를 선별하는 과정에서 내 주장이 과연 옳은지 되묻게 되니 말이다. 또한 이 과정에서 양쪽의 주장이 더욱 명확해지는 장점도 있다. 가끔 복잡한 사실관계를 파악하지 않고 막무가내로 주장을 펼치는 사람들도 있기 때문이다.

객관적인 데이터를 기초로 개인적으로나 사회적으로나 불필요한 소통 비용을 줄이는 데 이바지하고 싶은 마음에 이 책을 쓰게 되었다. 데이터를 수집하고 정리하는 일은 물론 쉽지 않지만, 정작 소통하는 과정은 훨씬 효율적이다. 경영 컨설턴트로서 십여 년간 다양한 이해관계자들과 다투고 문제를 해결하기를 반복한 끝에 '데이터로 소통하기'의 효용에 대해 확신이 생겼다. 이제 그 모든 노하우를 여러분과 공유하고자 한다.

처음 펜을 들고 약 4년이 흘러 이 책이 세상의 빛을 보기까지 무척 많은 사람이 힘을 보태주었다. 먼저 아내 이현정에게 무한한 감사를 보낸다. 주말과 휴일을 오롯이 책 작업에 쏟아부었음에도, 아내로 때론 동료 컨설턴트로 격려와 응원을 아끼지 않았다. 아내로 인해 없던 근성까지 생기는 기분이었다. 또한, 탈고와 함께 태어난 딸 이주에게 아빠의 첫 선물이 직접 쓴 책이란 사실에 너무나도 뿌듯하다. 이콘출판 김승욱 대표님, 김승관 편집장님, 한지완 편집자님도 빼놓을 수가 없다. 단순한 아이디어에서 어엿한 책의 모습을 갖출 때까지 발견하고 인정하고 조언과 지지를 해주고, 기다려주고, 완성, 홍보, 유통 해준 은혜에 너무나도 감사드린다.

그 밖에도 이 책의 근간이 된 강의를 2년 동안 묵묵히 들어와준 이지홍 Googler, 배선정 KBS 기자, 조아영 SK C&C 사원, 문지영 KT 매니저, 맥킨지앤드컴퍼니의 구종현 컨설턴트님을 비롯한 소셜 컨설팅 그룹 전문가 여러분, 책에 등장하는 여러 가지 데이터에 대해 다양한 의견을 제시해준 한무건, 김서정, 서좌원 등 한양대학교 전략사고학회 회원 분들, 그리고 나보다 책의 내용을 더 꼼꼼히 살펴봐준 장경국, 김건욱, 송유인, 임정현, 임승현, 이건훈, 이나연, 장민석, 박신호, 장문석 등 동료 컨설턴트 여러분께 진심으로 감사드린다.

강양석

들어가며

"커피를 주시오. 아니면 죽음을 주시오." —패트릭 헨리(1736~1799, 미국 독립 전쟁 지도자)

"한 잔의 커피를 만드는 데 사용되는 60개의 원두는 나에게 60가지의 좋은 아이디어를 준다." —루트비히 판 베토벤(1770~1827, 독일 음악가)

"커피는 지옥만큼 어둡고, 죽음만큼 강하고, 사랑만큼 달콤하다."
—터키 속담

커피에 대한 예찬은 시대를 가리지 않는다. "자유가 아니면 죽음을 달라"라는 말을 남긴 미국독립전쟁의 지도자 패트릭 헨리는 인간의 자유를 커피와 동일시했다. "음악은 신의 언어"라고 외치던 베토벤은 음악에 대한 영감의 원천이 커피라고 고백했다. 터키인들 역시 한 잔의 커피에서 지옥과 죽음과 사랑을 발견했다.

커피의 정체가 무엇이든, 이 문장들은 모두 커피에 대한 애착과 기호를 응축적으로 표현하고 있다. 사실 애착이나 기호는 개인적인 감정이기 때문에 '좋다', '더 좋다', '가장 좋다'라는 추상적인 표현 외에는 구체적으로 표현할 방법이 거의 없다. 그래서 자유, 신, 죽음 등 거창한 대상에 빗대었을 것이다.

이 가운데 베토벤의 시도는 남달랐다. 원두 하나에 악상 하나. 실제로 그는 커피를 끓일 때 60개의 원두를 일일이 세어가며 엄격하게 그 개수를 지켰다고 한다. 음악에 대한 지칠 줄 모르는 열정, 그리고 천부적인 재능 뒤에 원두 60개의 법칙이 존재한다는 사실이 자못 흥미롭다. 한편으로 '최고의 커피 = 원두 60개'의 공식을 완성하기까지 그가 얼마나 많은 시행착오를 겪었을까 생각하면, 베토벤은 음악의 성인이 아니라 커피의 성인이라 불려도 될 듯하다. 그만큼 자신의 기호를 수치화할 수 있을 만큼 명확히 파악하는 일이 어렵기 때문이다.

취향처럼 모호한 것도 일단 수치로 표준화하면 여러모로 편리한 점이 많다. 어디를 가든 자신이 원하는 최적의 맛을 재현해내기 쉽고, 미묘한 취향을 다른 사람에게도 오차 없이 전달할 수 있기 때문이다. 표준화된 기준에 따라 일관된 방식을 적용할 수 있고, 내 나름의 규칙성을 가지고 또다른 조합도 가능하며, 나아가 시간에 따른 변화를 추정해볼 수도 있다. 이것은 명백한 발전이며, 결코 무시할 수 없는 귀한 가치다.

요즘 시내를 걷다보면 한 집 건너 하나씩 커피 전문점이다. 실제로 국내 커피 전문점은 2011년에 이미 1만 곳을 넘었으며, 한국의 커피 소비량은 머지않아 세계 10위권에 진입할 것으로 예상된다. 이렇듯

커피 메뉴판

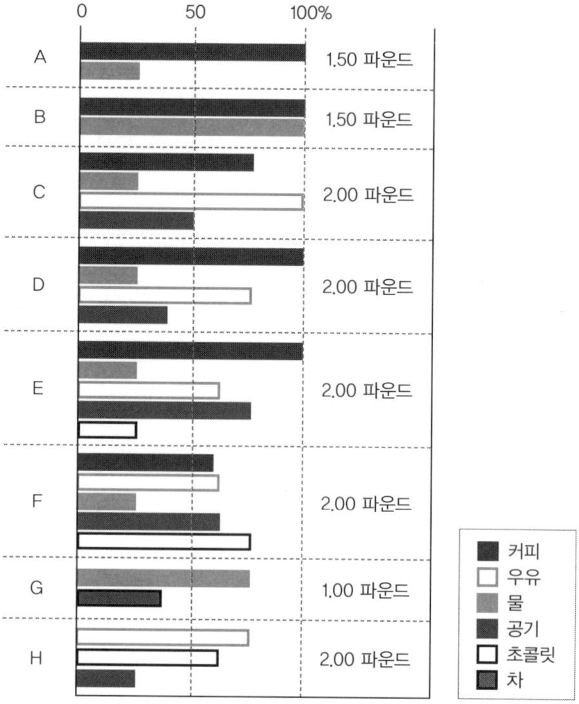

어느새 커피가 우리 일상 깊숙이 자리했지만, 아직도 우리는 복잡한 메뉴판에 당혹스러울 때가 있다.

에스프레소 콘파냐와 에스프레소 마키아토는 맛이 어떻게 다를까? 그 차이를 정확히 아는 사람은 많지 않을 것이다. 하지만 위의 메뉴판처럼 첨가되는 내용물의 종류와 양을 일목요연하게 정리해준다면 어떨까? 소비자가 제 기호에 맞게 커피를 선택하는 데 훨씬 도움이 될 것이다. 이것이 바로 표준화의 좋은 예다. 이 메뉴판은 실제로 영국 런던의 한 카페에서 사용 중이다.

이런 표준화 능력은 습득해야 할 정보의 양이 폭발적으로 증가하는 21세기에 더욱 유용하다. 우리의 정보처리 능력이 방대한 정보량에 비례해 향상되는 것은 아니기 때문이다. 좀 더 효율적으로 정보를 습득하고 이해한 뒤, 그 지식을 효과적으로 행동에 적용하기 위해서는 별도의 노력이 필요하다. 이것이 바로 표준화된 정보, 즉 데이터에 주목해야 하는 이유다.

정보의 홍수에서 허우적대지 않기 위해 택할 수 있는 방법은 크게 두 가지다. 정보가 늘어가는 족족 하나하나 대응하거나, 남이 어느 정도 가공해놓은 정보를 적절히 취사선택해서 사용하는 것이다. 단연코 두 번째 방법이 효율적일 것이다. 가공되지 않은 정보를 일일이 직접 다루는 것은 많은 노력이 필요할 뿐 아니라 전문가가 고도의 노하우를 발휘해야 하는 영역이다. 그 증가 속도를 따라갈 자신이 없는 것도 사실이고 말이다. 그 대신, 어느 정도 가공을 거쳐 표준화된 정보

인류가 만들어내는 정보의 양은 급속도로 증가하고 있다.

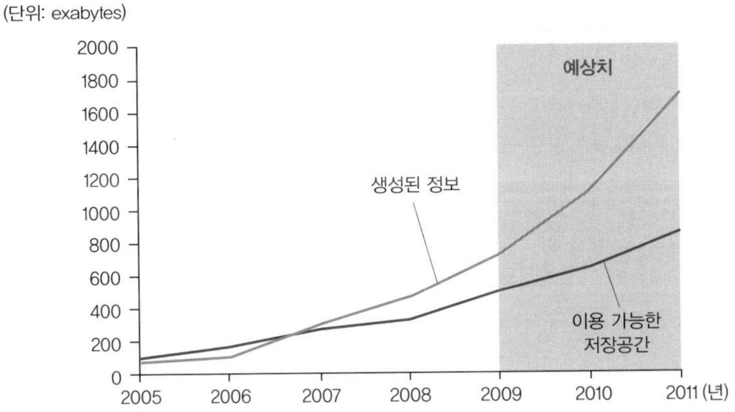

출처: 시장조사기관 IDC

강력한 설득을 위해서는 데이터와 이를 다룰 수 있는 감각의 협업이 반드시 필요하다.

설득

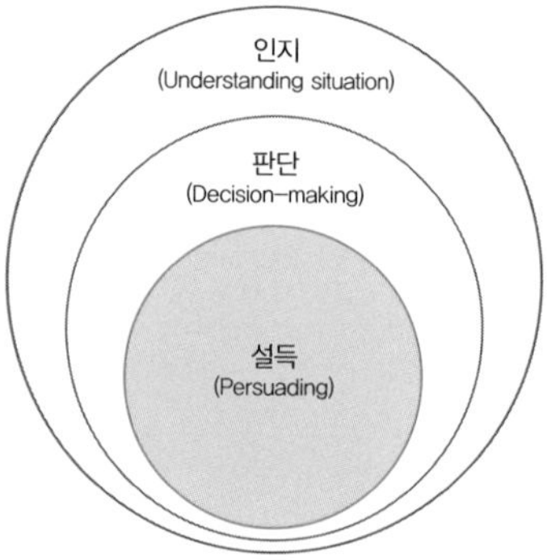

설득이란 다른 사람도 나와 똑같이
인지하고 판단하게 하는 것이다.

=

데이터

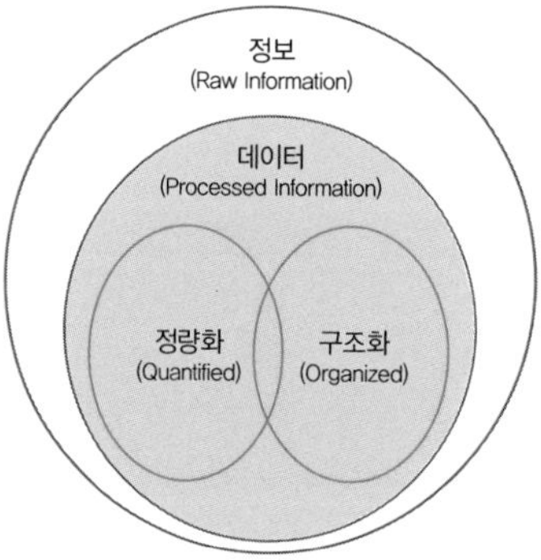

설득을 위해서는 정량화되고
구조화된 데이터가 매우 효과적이다.

+

데이터 감각

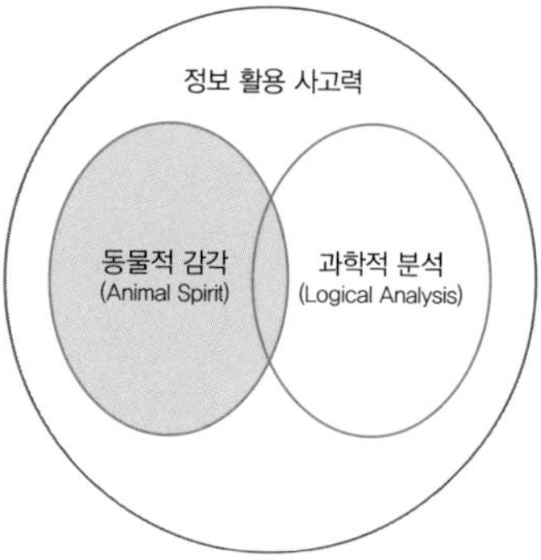

데이터 사이언티스트가 아닌 이상,
우리에게 필요한 것은 전문적인
분석력보다, 상식에 기반한
데이터 감각이다.

● 이 책에서 주로 다룰 영역

를 각자 목적에 맞게 잘 활용하면 되지 않을까? 정보를 통해 자신의 생각을 견고히 해나가는 과정에서 표준화된 정보와 그렇지 않은 정보는 큰 차이를 만든다. 표준화된 정보는 레고 조각, 그렇지 않은 정보는 모래알과 같다. 레고 조각은 딱딱해 보이지만 견고한 생각의 성을 지을 수 있다. 하지만 모호한 정보로 지은 성은 겉으론 부드러워 보일지 몰라도 모래성처럼 늘 위태롭기 마련이다.

그렇다면 과연 데이터를 어떻게 활용해야 효과적으로 나만의 견고한 생각의 성을 짓고, 그 성을 향한 다른 사람의 공격을 막아내며, 역으로 다른 사람의 성을 성공적으로 공략할 수 있을까? 오늘도 이 같은 공성전(攻城戰)은 비즈니스 현장뿐만 아니라 일상에서도 부지불식간에 무수히 발발하고 있다. 이런 생각의 공성전을 위해 뭔가 명확한 전략이 필요할 것 같다. 다음 그림은 그 전략의 큰 그림을 요약 정리한 것이다.

생각의 공성전을 위한 큰 그림을 한 단계씩 살펴보자.

첫째, 설득의 의미다. 상대방이 가진 생각의 성을 무너뜨리고 점령한다는 것은 쉽게 말해 '설득'한다는 의미다. 우리가 더 많은 정보, 더 좋은 정보를 욕심내는 것은 비단 상황을 더 잘 인지해 더 나은 판단을 내리고 싶을 뿐만 아니라 나아가 그런 판단들을 이용해 다른 사람을 효과적으로 설득하고자 하기 때문이다. 좋은 판단은 좋은 인지에 기초를 두고, 좋은 설득은 좋은 판단 위에 기초한다는 점에서 설득력은 정보 활용 행위에서 최종 목적이라고 볼 수 있다. 그래서 이 책은 '다른 사람의 생각의 성을 점령한다 = 다른 사람을 설득한다 = 자신이 수집한 정보를 기초로 인지하고 판단한 내용을 설득을 통해 상대방에게 이식한다'라는 등식에 기초하여 어떻게 하면 잘 설득할 것인가를 집중적으로 다룰 예정이다.

두 번째는 좋은 설득을 위한 재료, 즉 정보다. 그 재료는 표준화된 정도와 방식에 따라 글, 이미지, 표, 그래프/차트 등 크게 네 가지 유형으로 정리된다. 흥미롭게도 동일한 메시지를 전달하며 설득을 시도한다 하더라도 어떤 정보 유형을 사용하느냐에 따라 그 전달력에 큰 차이가 발생한다.

같은 주장도 어떤 정보를 활용했느냐에 따라 그 효과가 달라진다.

<table>
<tr><th>정보의 유형</th><th>일반적 정의</th><th>예시</th></tr>
<tr><td>글</td><td>특별한
규칙이 없는
문장 형태의
정보 유형</td><td>가수 싸이가 세계 최대 동영상 사이트인 유튜브의 전 세계 기준 조회수 랭킹에서 매우 높은 순위에 이름을 올렸다. 유튜브 내 '많이 본 동영상' 차트에 따르면 현재 싸이의 '강남스타일' 뮤직비디오가 최고 순위이며, '젠틀맨' 뮤직비디오 역시 높은 순위에 등극했다. 해당 차트가 유튜브가 생긴 이래 전체 기간을 기준으로 추산된 랭킹임을 감안하면 더욱 의미 있는 기록이다. 특히 싸이는 한국 가수 최초로 차트에 두 번이나 이름을 올리는 기염을 토했다.</td></tr>
<tr><td>이미지</td><td>사물이나
현상의
외형적 특성에
집중한
정보 유형</td><td>미국 방송사 콘서트에 출연해 강남스타일을 선보인 싸이
</td></tr>
<tr><td>표</td><td>일정한
기준에 따라
일목요연하게
정리된 유형</td><td>싸이 '강남스타일' 유튜브 조회 건수
<table>
<tr><th colspan="6">2012년</th><th>2013년</th><th>2014년</th></tr>
<tr><td>7월 15일</td><td>8월 31일</td><td>9월 4일</td><td>9월 18일</td><td>10월 20일</td><td>12월 22일</td><td>4월 6일</td><td>5월 31일</td></tr>
<tr><td>게시</td><td>8,000만</td><td>1억</td><td>2억</td><td>5억</td><td>10억</td><td>15억</td><td>20억</td></tr>
</table>
단위: 만건(조회수) 출처: 유튜브</td></tr>
</table>

그래프/차트	수치를 담은 도형으로 표현된 정보 유형	싸이 '강남스타일' 유튜브 조회 건수, 2012년 11월 현재 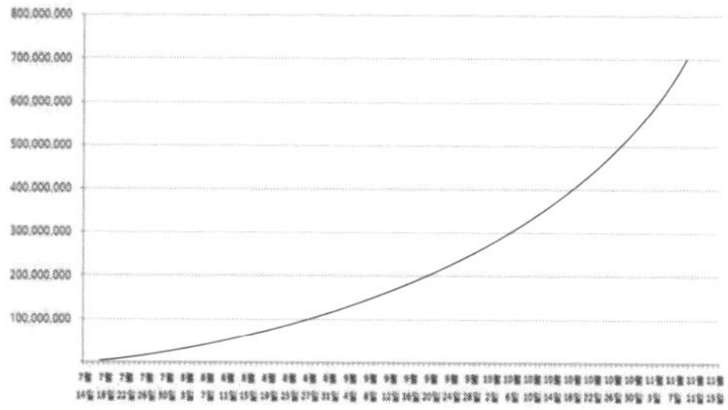

위에 열거된 다양한 정보 유형은 모두 '가수 싸이는 글로벌 톱스타다'라는 메시지를 전달하고 있다. 또한, 그래프 쪽으로 갈수록 그 전달력이 훨씬 좋아진다는 것을 느낄 수 있다.

이 책의 최대 관심사는 단연 데이터라 불리는 정보 유형들로, 정량화와 구조화 방식으로 가공된 정보이며 예시에서 표, 그래프/차트가 이에 해당한다. 먼저, 정량화란 어떤 현상의 정도를 수치로 표현한 것을 의미하며, 구조화란 특정한 관점을 기준으로 전체와 부분 간 또는 부분과 부분 간의 관계를 통일된 방식으로 정리해놓았음을 의미한다. 앞서 나온 예로 설명하면 표, 그래프/차트는 수치 정보를 적절히 활용하여 정량화되어 있고, 시간의 흐름과 유튜브 조회 건수라는 두 가지 정보 내용을 일정한 방식으로 구조화하고 있다. 이렇게 표준화된 정보일수록 이해하기 쉽고 전달하기도 용이해져 견고한 생각의 성을 짓는 데 유리해진다.

마지막으로, 데이터를 다루는 감각이다. '구슬이 서 말이라도 꿰어야 보배'라는 속담이 있듯이, 아무리 좋은 데이터를 확보하고 있다 한들 그 의미를 정확히 판단하고 메시지로 승화할 수 있는 생각하는 힘이 없으면 무용지물이다. 이 책에서 말하는 그 감각은 크게 두 축으로 구성된다. 과학적이고 논리적인 연산에 의해 이치를 따지는 분석(Analysis)이 한 축이고, 굳이 연산하고 추론하지 않아도 동물적으로 파악하는 육감(Animal Spirit)이 다른 한 축이다. 이 둘은 상호보완 관계에 있지만, 가공되지 않은 원 데이터(Raw Data)를 다루는 데이터 사이언티스트가 아닐 바에야 정작 우리에게 중요한 감각은 육감이라고 볼 수 있다. 그래서 이 책은 어려운 데이터 분석 방법론보다는 매우 일상적이고 소소한 데이터를 다루는 우리의 생각하는 힘에 더욱 많은 관심을 두고 있다.

말하자면 이 책은 '설득 = 데이터 + 데이터 감각'이란 간단한 수식에 대해 이야기할 뿐이다. 자신이 하고 싶은 말(메시지)을 효과적으로 전달하기 위해서는 좋은 재료(데이터)와 좋은 감각이 필요하다는 것이다. 거창하게 들릴지 모르지만, 어찌 보면 이 이야기는 마치 훌륭한 요리에 좋은 식재료와 좋은 미각이 있어야 한다는 말처럼 당연한 것이다.

메시지를 성공적으로 전달할 때 이 둘처럼 잘 어울리는 파트너도 없을 것이다. 감각만으로 말을 구성할 경우는 데이터만으로 하고 싶은 말을 결정할 경우와 오묘한 보완 관계에 있다. 같은 데이터를 보더라도 직관이 뛰어난 사람은 훨씬 강력한 메시지를 이끌어내고, 아무리 직관이 뛰어난 사람도 근거 없이 이야기하다간 목소리만 커질 뿐이기 때문이다. 모든 주장과 설득은 총력전이므로 가용할 수 있는 모든 방안을 강구해야겠지만, 그중에서도 감각과 데이터의 협업은 절대 빼놓지 말아야 한다. 감각적으로 판단하고 데이터로 지지받는 주장은 송곳보다 날카롭지만, 결코 상대방의 마음을 다치게 하지는 않는다. 상처주지 않고도 설득할 수 있는 것이다.

여러분이 어떤 위치에서 어떤 역할을 하던지, 하고 싶은 말을 효과적으로 전달할 수 있다면 매우 유용할 것이다. 이 책에서 데이터를 통해 자신의 주장을 명확하고 강력하게 전달하는 방법을 배울 수 있길 바란다.

- 여러분이 중고등학생이라면 책의 일부 전문적인 내용이 버거울지 몰라도, 친구의 의견을 합리적으로 받아들이는 것이 괜한 자존심을 포기하는 게 아니라 자연스럽게 성인이 되는 과정이구나 깨닫게 될 것이다.
- 대학생이라면 맞고 틀리고가 명확하지 않은 교과서 밖의 가치들이 사회적으로 어떻게 조율되고 관철되어야 하는지 나름의 판단 기준을 세우게 될 것이다.
- 벤처기업가(Startup)라면 책상머리 기획보다 무조건 부딪히는 실행력이 더 중요하다고 수도 없이 들었겠지만, 투자자의 입맛에 맞는 기획서 하나 작성하지 못해 세상은 자신을 몰라준다고 한탄하게 되는 상황을 피하게 해줄 것이다.
- 비정부기구(NGO)나 비영리단체(NPO) 운동가라면 박봉에 월스트리트 수준의 강한 노동 강도에 지쳐 있겠지만, 캠페인 후원을 위해 만난 대기업의 사회적 책임(CSR) 담당 직원들에게 상당히 합리적인 사람이라

는 평가를 듣게 될 것이다.

- 신입사원이라면 새롭게 배우고 눈치봐야 할 것이 한두 가지가 아니겠지만, 직급이 아닌 상식을 기반으로 한 의견에 당당히 한 표를 던질 수 있는 용기를 얻게 될 것이다.
- 차장이나 부장급 중간관리자라면 이것저것 챙길 것도 많은데 자기계발서를 보는 게 한가하게 느껴지겠지만, 당신의 업력에 비례해 높아만 가는 직관이 막 대학을 졸업한 외부 컨설턴트의 데이터 하나에 무참히 무시당하는 수모를 피하게 해줄 것이다.
- 의사결정자라면 최종 의사결정에 영향을 미치는 다양한 감성적이고 관습적인 요소들을 완전히 무시할 수는 없겠지만, 조직 내 소요를 최소화하며 그런 요소를 점차 줄여나갈 수 있을 것이다.
- 그리고 여러분이 대통령이라면 오늘 자신의 정책이 후세에 어떻게 평가받을 것인가 이외에는 두려울 게 없겠지만, 그 어떤 참모의 찬성보다도 과학적인 데이터가 그 두려움을 가시게 하는 데 훨씬 효과적이란 사실을 알게 될 것이다.

\1부\

데이터로 세상을 보라

설득할 때 데이터를 활용하면 좋은 이유는 여러 가지다. 여기서는 데이터가 설득 자체에 어떤 좋은 효과를 발휘하는지를 이야기하기 전에, 데이터가 상황을 인식하고 어떤 결정을 내리는 데 왜 좋은지를 알아보자. 설득이란 결국 좋은 상황 인식과 좋은 판단을 기초로 하기 때문이다.

1장
인식의 폭을 넓혀라

데이터와 친해지면 무엇이 좋을까? 우선 남다른 인식 능력을 얻게 된다. 단순히 알고 모르고의 차이를 말하는 것이 아니다. 알더라도 더 다양한 관점으로 더 정확하게 보고, 남들은 보지 못하는 것을 볼 수도 있으며, 복잡한 것을 단순화해서 속도감 있게 알아차리는 능력을 말한다. 다양한 관점으로 볼 수 있는 이유는 모든 데이터에는 작성 시점부터 이미 작성자의 관점이 담겨 있기 때문이고, 정확히 보는 이유는 데이터의 특성 가운데 정량화와 아주 밀접한 관련이 있다. 또한, 남들이 보지 못하는 것도 볼 수 있는 이유는 구조화를 통해 제3의 정보를 만들어낼 수 있기 때문이며, 마지막으로 복잡한 내용을 속도감 있게 이해할 수 있는 것은 정량화, 구조화된 데이터가 상징화 가능한 패턴을 보일 때가 있기 때문이다.

이 책을 읽고 있는 이 순간에도 우리가 감당 못할 엄청난 양의 정보가 쏟아져나오고 있다. 똑같은 정보 환경에서 누군가 남들이 보지 못하는 내용을 더 빠르고 더 정확하게 파악해낸다면 분명 데이터와 매우 친숙한 사람일 가능성이 높을 것이다. 데이터는 세상을 인식하는 데 매우 유용한 도구다.

세상을 보는 창

세상을 지리적으로 인지할 때 지도만큼 훌륭한 데이터도 없다. 지도도 데이터냐고 반문할 수 있겠지만, 지도에 들어 있는 어마어마한 정보와 그 표준화된 작성 방식을 감안할 때 지도야말로 우리에게 가장 친숙한 데이터다. 시각 정보 전달에 특화된 데이터로서 지도의 장점은 누가 뭐래도 정보 습득의 효율성이다. 만약 세계지도에 담긴 정보를 일목요연하게 정리되지 않은 글(prose)의 형태로 전달한다고 생각해보자. 제주도가 섬인지, 또 중국이 얼마나 큰 나라인지 알아차리는 데 꽤나 오래 걸릴 것이다.

하지만 데이터가 단순히 정보의 집합체이기만 할까? 그렇게 받아들인다면 데이터가 가진 가치를 크게 놓치는 셈이다. 엄밀히 말하면, 데이터는 최초 작성자가 세상을 읽는 관점을 담은 그릇이다. 그러므로 아무리 단순한 데이터도 설명문이라기보다는 하나의 논설문에 가깝다고 봐야 맞다. 주장은 사실을 해석하고 전달하는 과정에서 발생하는 게 아니라, 사실을 모으는 과정에서 이미 시작되기 때문이다. 관점에 대해 좀더 정확하게 이해하기 위해 무미건조한 정보의 대표적인

한국 교과서에 실린 세계지도

미국 교과서에 실린 세계지도

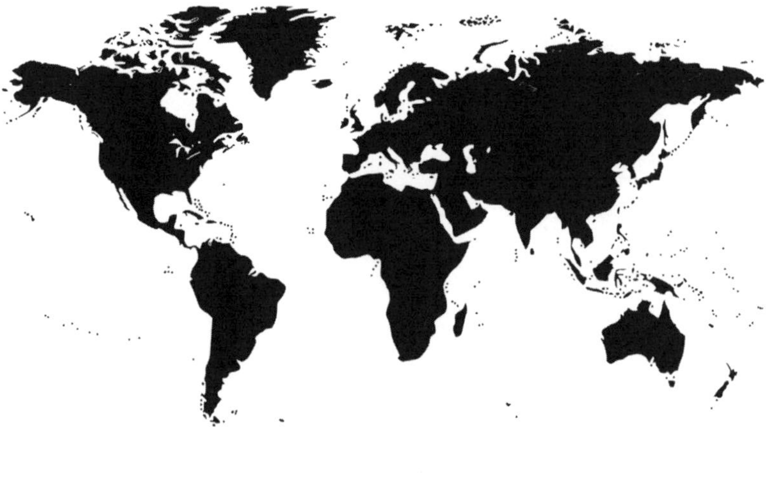

집합체로 여겨지는 세계지도를 살펴보자.

첫 번째 그림은 우리나라에서, 두 번째는 미국에서 사용하는 세계지도다. 두 지도는 모두 각국의 정규 교과서에 등장한다는 공통점이 있다. 그럼 차이점은 뭘까? 어느 나라에서 작성했든 세계지도에 담긴 정보야 똑같을 수밖에 없을 것이다. 그러므로 대륙별 색깔, 일부 표기 방식과 정보의 양 등은 근본적인 차이라고 보기 어렵다.

두 지도의 근본적인 차이는 자라나는 두 나라의 학생들이 세계의 중심을 어디로 인식하게끔 유도하느냐다. 우리가 한국을 세계의 중심으로 인식하는 게 당연하듯, 미국 역시 마찬가지다. 그래서 우리의 세계지도에는 태평양이, 미국의 지도에는 대서양이 중심에 있다. 또한 우리나라의 지도가 중국, 일본과의 관계를 설명하기 편하듯, 미국의 지도도 유럽과의 관계를 설명하기에 최적화되어 있다. 미국의 지도에서 한국은 변방으로 보이고, 우리의 지도에서 미국과 유럽은 여간해선 왕래가 없을 먼 이웃처럼 보인다. 3차원 둥근 지구에서 중심을 정한다는 것은 별도의 관점을 필요로 하는 과정이고, 두 나라의 관점 차이가 물리적으로 완벽히 똑같은 지구마저 2차원에서 상이하게 보이는 결과를 가져온 셈이다. 관점의 차이로 지도가 좀더 극적으로 변한 경우도 있다.

다음 페이지에 나오는 남반구와 북반구가 바뀐 이 기발한 지도는 1979년에 오스트레일리아 멜버른에 사는 스튜어트 맥아더가 만든 것이다. 열두 살에 처음 학교 숙제로 그렸을 때는 지리 선생님의 꾸중을 불렀지만, 21세에 더욱 정교하게 제작한 지도는 결국 35만 부가 팔려나가는 대기록을 세웠다고 한다. 과연 그는 이 지도를 통해 어떤 메

맥아더의 세계지도

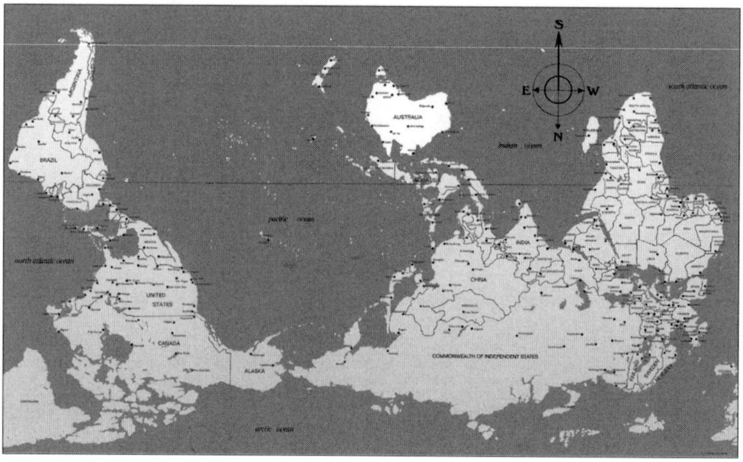

시지를 전달하려는 걸까? 이 질문에 대한 답은 지도에 달려 있는 주석을 보면 쉽게 알 수 있다.

“이 지도의 목적은 세계 권력 투쟁의 암울한 심연으로부터 오스트레일리아를 부상시키는 것이다. 남반구가 그 희생을 인정받지도 못한 채 북반구를 어깨에 짊어지고 비천한 구덩이에서 허우적거리는 일은 더이상 없을 것이다. 이제 남반구가 부상한다. 오스트레일리아 만세! 세계의 지배자여!”

이 지도 데이터의 메시지는 ‘오스트레일리아 만세!’다. 그 의도를 알고 지도를 다시 보니, 과연 북반구 대륙들이 오스트레일리아를 에워싸고 위협하는 것 같기도 하고, 이를 뿌리치듯 오스트레일리아가 높이 치솟고 있는 것처럼 보이기도 한다. 기존 지도들이 절대로 담아내지 못했던 새로운 인식이다. 지도로 이처럼 탁월한 논설문을 쓰기도 힘들 것이다.

어떤 지도는 우리의 상식과 정면으로 충돌하는 관점을 품고 있는 경우가 있는데 아래에 제시된 국가별 남성 포경수술 비중 지도가 좋은 예다. 포경수술을 한 남성 비중이 높은 국가일수록 진한 색으로 표시되어 있다.

변방의 대한민국에 도대체 무슨 일이 벌어지고 있는 것인가? 남성의 포경수술이 의학적 이유가 아닌 종교적인 이유로 행해지는 중동의 국가들을 제외한다면, 한국은 아프리카와 일부 동남아시아 국가와 함께 전 세계 최고 수준의 포경수술 천국이다. 포경수술을 문명의 상징으로 여겨왔던 우리는 너무나도 옅은 색깔이 칠해진 유럽 국가들을 보며 그야말로 아연실색한다. 포경수술이 정말 좋은 것인지는 여전히 의학적으로 모호하지만, 이 지도를 맞닥뜨렸을 때 숫구칠 한국 남성들의 혼란은 더할 나위 없이 명확하다. 상식은 사람들의 인식

전 세계 국가별 남성 포경수술 비중 지도

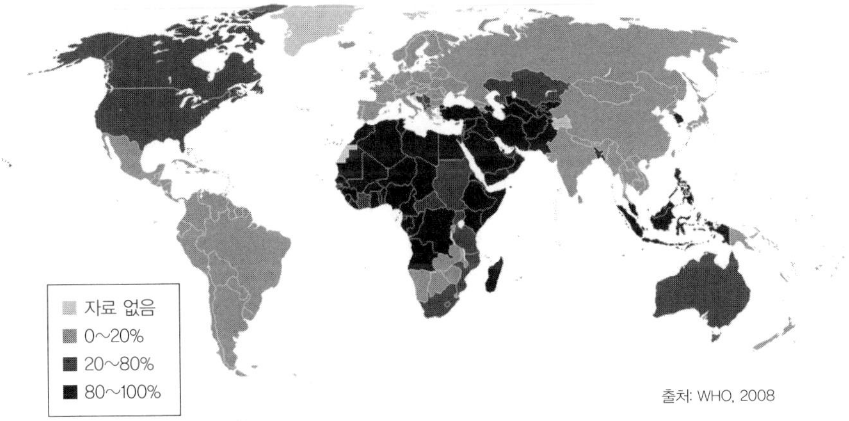

출처: WHO, 2008

이 하나하나 같은 방향으로 모여 형성된 결과물이다. 그런 점에서 이 지도는 한국 남성들에게 자신의 상식을 의심하고 대한민국을 다시 바라볼 수 있는 소중한 전환점이 되어줄지도 모른다.

지금까지 살펴본 지도들이 우리의 과거와 현재를 보여줬다면, 미래 지향적인 관점을 담고 있는 지도도 얼마든지 있다. 뭔가 어색해 보이는 아래의 지도는 2050년 국가별로 예상되는 인구 규모와 면적을 비례해서 그린 지도다. 미국, 유럽, 남미가 매우 빈약해진 반면, 아시아 및 아프리카 지역은 뚱뚱해져 약간 우스꽝스럽기까지 하다.

굳이 공들여 읽지 않아도 보이는 대로 읽게 되는 이 지도의 메시지는 '2050년경 전 세계 인구의 대부분은 아프리카 및 아시아 지역에 거주하게 될 것이다'이다. 지도를 실제 면적을 기반으로 해서 그리지 않고 저자 고유의 관점으로 제작한 또 다른 예가 그 다음의 '세계 기아 지도(Deaths from Starvation)' 지도다.

국가별 면적을 2050년 예상 인구 비중에 따라 제작한 세계지도

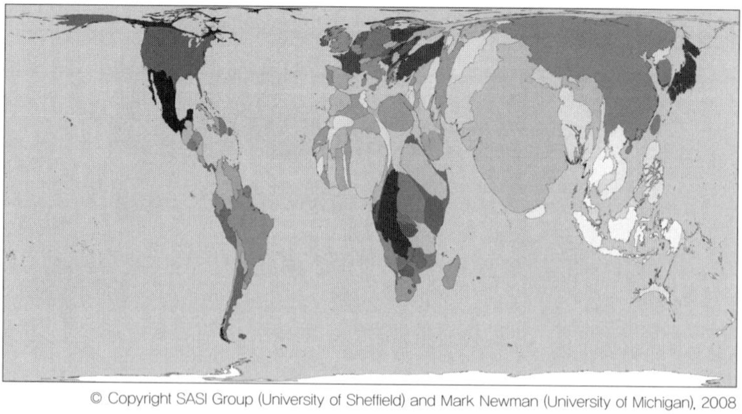

© Copyright SASI Group (University of Sheffield) and Mark Newman (University of Michigan), 2008

국가별 면적을 굶주림에 고통받는 아동 비중에 따라 제작한 세계지도

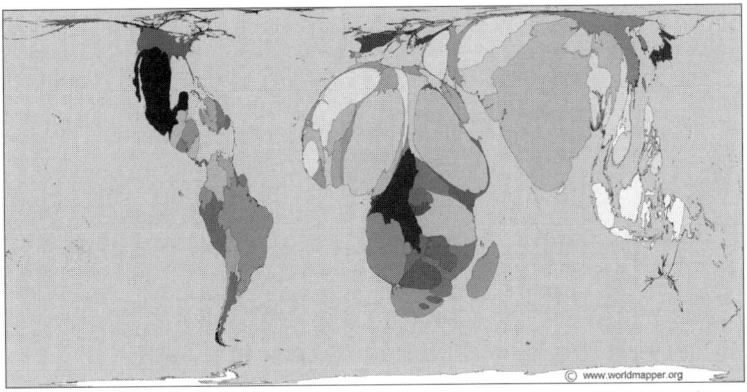

© Copyright SASI Group (University of Sheffield) and Mark Newman (University of Michigan), 2008

국가별 면적은 기아에 허덕이는 아이들의 규모를 상징하고 있다. 깡마른 북미 대륙과 앙상한 유럽 대륙은 그곳 사람들의 풍요로움을 역설적으로 표현하고 있다. 반대로, 아프리카와 아시아 대륙에서는 배고픈 아이들의 신음소리가 터져나올 것만 같다.

지금껏 몇 장의 지도로 알게 된 것을 떠올려보자. 세상의 중심이 어디인지 생각하게 되고, 또 세계사를 남반구와 북반구의 대립 구도로 이해하게 되었으며, 한국 남성들이 포경수술로 남다르게 고통받아야 하는 이유가 궁금해지고, 약 40년 후에는 아프리카와 아시아의 세상이 도래할지도 모른다는 사실에 잠시 들뜨다가도 정작 지금은 이 지역 아이들이 너무나도 굶주리고 있다는 점을 알게 되는 것이 결코 하찮은 소득은 아닐 것이다.

세상을 인식한다는 막연한 개념은 어떤 '관점'으로 인식할 것인가라는 문제와 직결되어 있다. 그 누구도 세상을 총체적으로 단박에 이해할 수는 없기 때문이다. 결국 별도로 마련된 관점으로 쪼개서 차근차근 이해할 수밖에 없다면, 이때 데이터는 훌륭한 도구가 된다. 모든 데이터는 고유의 관점을 가지고 있기 때문이다. 몇 장의 지도로 기대 이상의 소득을 얻었다면 그것은 단순히 지도를 보아서가 아니라 그 관점을 받아들였기 때문에 가능한 것이다. 동의하든 동의하지 않든 그 관점은 우리가 세상을 바라보는 창문 역할을 하게 된다. 세모난 창은 세모난 세상을, 둥근 창은 둥근 세상을 보여줄 것이다. 먼지 낀 창은 말할 것도 없이 치명적이다. 데이터는 바로 창이다.

차이를 알려주는 잣대

여자 친구: 자기 나 사랑해?
남자 친구: 그럼! 그걸 말이라고 해?
여자 친구: 얼마나?
남자 친구: 응…… 얼마나?

여자 친구의 마지막 질문에 재빨리 답하지 못하면, 사랑하지 않는데 입으로만 사랑하거나, 설사 사랑한다 해도 그 정도가 미지근한 남자로 전락하기 십상이다. '얼마나'란 질문에 익숙하지 않은 가여운 남자라고 위안 받을 생각은 일찍이 접자. 여자가 남자에게 바라듯, 세상은 우리에게 얼마나를 요구할 때가 많다. 라면을 끓이는 엄마는 몇 분이나 끓여야 가장 맛있는지 알아야 하고, 신규 시장에 진출하려는 기업은 그 시장이 얼마나 빠르게 성장할지 알아야 한다. 적당히 끓이세요라거나 그 시장은 충분히 빠르게 성장하고 있어요만으로는 훌륭한 의사결정을 하기가 매우 어렵다. 그러므로 '그저 알고 있다'와 '어느 정도까지인지 안다'가 얼마나 큰 차이를 보이는지 아는 것은 매우 중요한 일이다. 모든 첨예한 의사결정은 '나는 옳은 방향으로 생각하고 있는가'에 대한 막연한 답으로 이뤄지는 것이 아니라, '나는 충분히 옳은가'라는 정도의 차이까지 답변되었을 때 가능해지기 마련이다. 데이터는 이런 정도의 차이를 파악하는 데 상당히 특화되어 있다. 애초에 데이터 자체가 정도의 차이를 알아야 작성될 수 있기 때문이다.

데이터가 '인지력'에 얼마나 도움을 줄까? 얼마 전 모 언론사 화장실의 페이퍼 타월 통이 화제에 오른 적이 있다. 여기서 이야기를 시작해보자.

흔한 페이퍼 타월 통 사진이다. 으레 '한 장이면 충분합니다'라는 문구가 있기 마련이지만 이 통에는 꽤나 독특한 글귀의 노란 스티커가 붙어 있다.

국내 한 언론사 화장실에서 발견한 페이퍼 타월 통

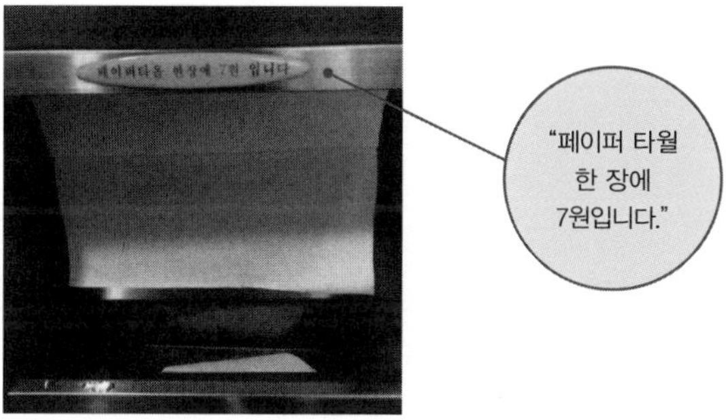

'페이퍼 타월 한 장에 7원입니다'는 '얼마나' 인지 측면에서 보면 '한 장이면 충분합니다'보다 진화한 문구다. 그만큼 사용자가 타월을 무턱대고 쓰지 못하게 하는 효과를 거둔다. 아마도 '10장이면 100원 돈이잖아'라는 심리적 저항감을 의도했을 것이다. 한 장이라는 막연한 개념보다 화폐 단위로 환산된 가치가 더 피부에 와닿기 때문이다. 동일한 메시지를 전달하더라도 그 근거가 얼마나 구체적이냐에 따라 메시지 전달의 효과성이 결정된다는 깨달음을 주고 있다. 그 구체성은 앞서 말한 데이터의 정량화에 뿌리를 두고 있다. 이런 사례를 하나 더 살펴보자.

지하철은 매우 편리한 교통수단이지만, 갈아탈 때마다 맞닥뜨리는 계단만큼은 정말 귀찮다. 하지만 아래의 지하철 공익광고에 따르면 계단만큼 반가운 존재도 없어 보인다. 진시황도 얻지 못한 '생명 연장의 꿈'을 이뤄주는 천국의 계단이 여기 있으니 말이다. 계단 하나에 4초라는 문구가 강렬하기 그지없고 3배, 15층, 5분, 상위 10퍼센트 등의 이 단어들이 '얼마나' 인지의 효과를 극대화해주고 있다. 부지불식

국내 한 지하철 역사에 있는 계단 관련 홍보 글

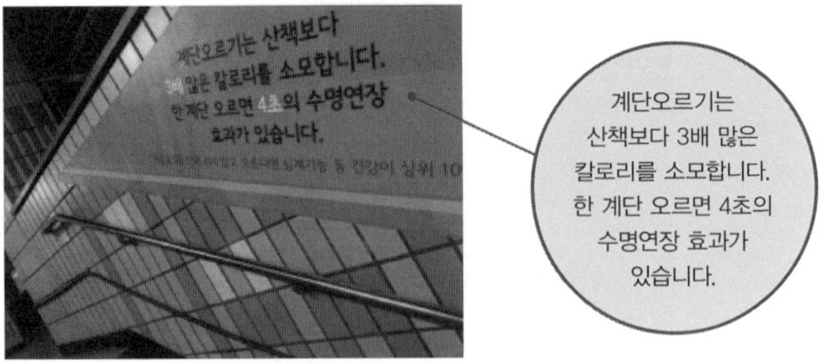

간에 설득당해 10년 정도 더 살기 위해 몇 개의 계단을 더 올라야 하나 계산하게 될 것만 같다. 데이터로 표현하기가 계단에 대한 인식을 바꾸고 바뀐 인식을 강화하는 데 얼마나 효과적인지 짐작할 수 있다.

좀더 색다른 예를 찾아보자. 아무리 축구에 관심이 없는 사람이라도 영국 프리미어 리그 맨체스터 유나이티드 팀의 알렉스 퍼거슨 감독은 한 번쯤 들어봤을 것이다. 박지성 선수의 소식을 접할 때면 늘 같이 언급된 감독이기 때문이다. 2013년 5월 퍼거슨 전 감독이 은퇴를 선언하자 영국뿐만 아니라 전 세계 매체에서 이 소식을 비중 있게 다뤘다. 만약 친구가 여러분에게 감독 한 명이 사퇴했다고 왜 이 난리냐고 묻는다면, 어떻게 그 의미를 명확히 전달할 수 있을까?

아마 아래 데이터가 큰 도움이 될 것이다. 이 데이터는 유럽 내 주요 명문 축구 클럽별로 1992년부터 최근까지 얼마나 많은 감독이 얼

유럽 내 유명 구단별 우승 횟수 및 감독 수(1992~2013)

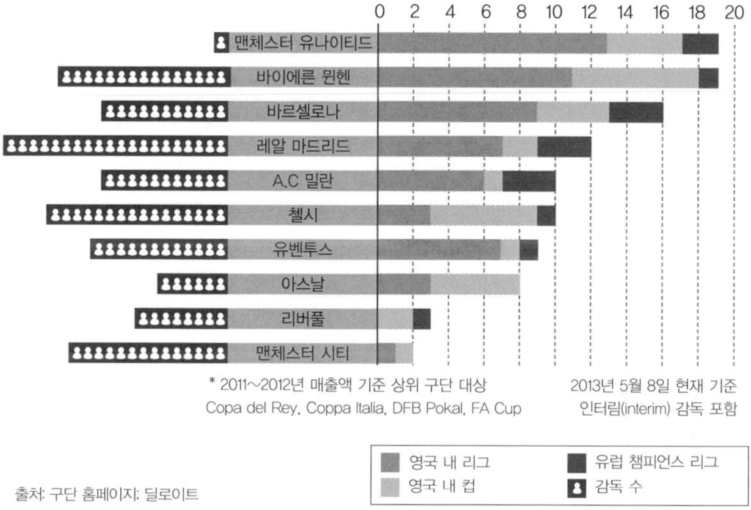

출처: 구단 홈페이지; 딜로이트

마나 많은 우승을 이끌었는지를 보여준다. 단연 눈에 띄는 팀이 바로 맨체스터 유나이티드인데, 이 팀이 이룬 최다 우승 기록인 19차례는 단 한 명의 감독이 쌓은 것이다. 그가 바로 퍼거슨이다. 타 팀의 감독들과는 너무나도 차이가 나서 기가 질릴 정도다.

그 현격한 차이를 극대화하여 표현하기 위해 이 데이터를 감독 1인당 평균 우승 횟수로 변환하면 퍼거슨 감독이 여타 유명 구단의 감독들에 비해 얼마나 위대한지 대번에 알 수 있다. 궁금해하는 친구에게 "퍼거슨, 정말 대단한 감독이야"라고 막연하게 대답하는 것과 아래 데이터를 직접 보여주는 것은 친구의 '얼마나 인식' 관점에서 엄청난 차이를 불러일으킬 것이 분명하다.

이번에는 육상으로 넘어가보자. 우사인 볼트는 빠르다. 하지만 그가 '얼마나' 빠른지 알아야 왜 그의 별명이 '라이트닝 볼트(Lightning

감독 1인당 평균 우승 횟수

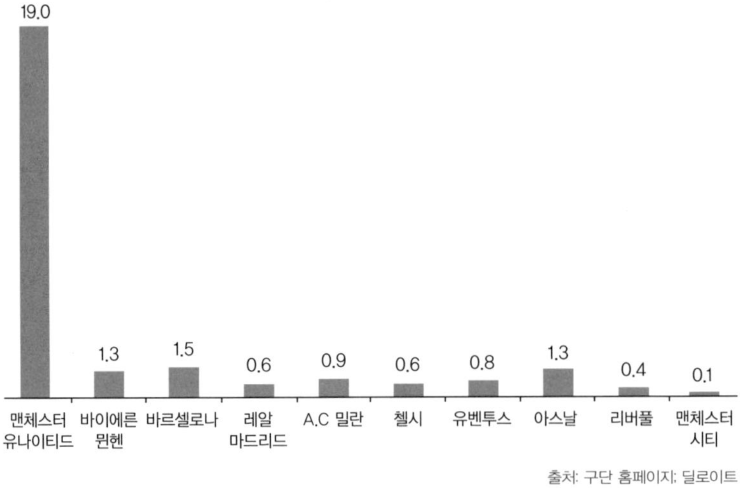

출처: 구단 홈페이지; 딜로이트

Bolt)'인지 알게 될 것이다. 거꾸로 사람이 번개같다라는 말을 들으려면 어느 정도는 빨라야 하는지 감을 잡을 수도 있을 것 같다.

아래 데이터를 보면, 1910년부터 최근까지 100미터 남자 육상경기에서 세계신기록이 총 열다섯 번 달성되었음을 알 수 있다. 그런데 기록을 나타내는 점이 시간이 갈수록 촘촘해진다. 우리가 점점 인류의 한계에 접근해가고 있다는 증거이며 그만큼 세계신기록 갱신은 점점 어려운 일이 돼가고 있다. 이런 상황에서 2007년까지 96년 동안 열 명의 선수가 열두 번의 기록 갱신을 통해 0.86초를 단축시켰는데, 우사인 볼트는 단 2년 동안 세 번의 기록 갱신을 통해 0.14초를 단축시켰다. 그야말로 신인류의 등장과도 같은 사건이다. 볼트는 그냥 빠른 게 아니고 어마어마하게 빠르다. 이 정도 인식 수준이면 '어마어마'란

세계 남자 100미터 육상 경기 기록 갱신 추이

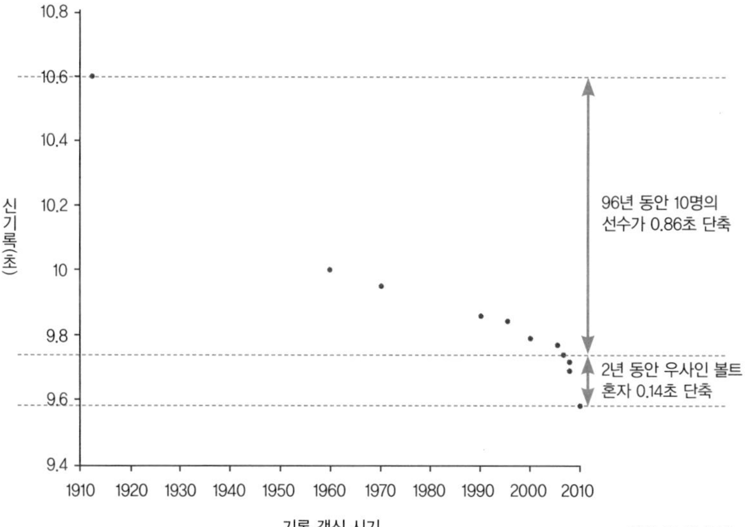

출처: IAAF, 2013

수식어 정도는 누가 뭐래도 자신 있게 쓸 수 있을 것이다.

우사인 볼트가 왜 번개라는 별명을 가졌는지 누구도 이의를 제기하지 않을 것이다. 그런데 9초 58이라는 숫자는 번개 우사인 볼트를 명확하게 인식시킬 뿐만 아니라 좀더 새로운 '인식'을 향한 통로 역할을 하곤 한다. 바로 명확한 비교다.

아래 데이터가 주는 메시지는 '인간은 그렇게 빠른 동물은 아니다'이다. 인류가 치타보다 느린 줄은 진작 알았지만 낙타나 코끼리만 못할 줄은 생각지도 못했다. 만약 우사인 볼트로 대표되는 인간 최고기록 9.58초가 없었다면 비교 자체가 불가능했을 것이다. 우사인 볼트는 빠르다, 치타는 빠르다, 기린은 빠르다라는 정보만 가지고 그들 사이에 우열을 가려낼 수는 없을 것이기 때문이다. 9.58은 우리의 번개가 코끼리나 하마보다 느리다는 사실을 명확히 알게 해준다. 이와 같

인간과 주요 동물의 100미터 주파 시간

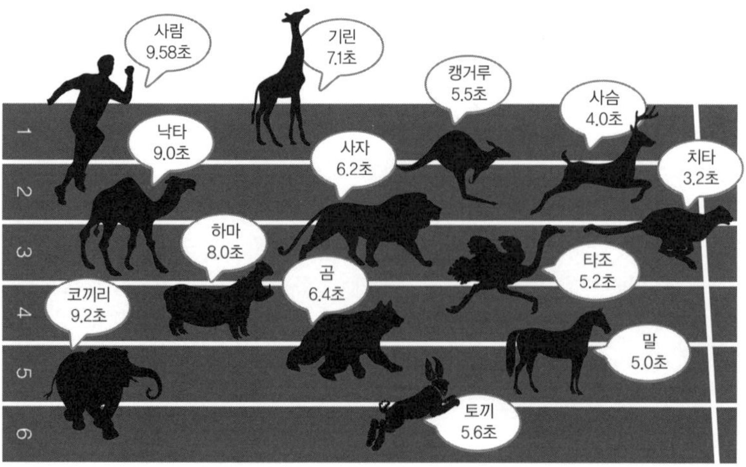

이 애매한 것들의 정도 차이를 명확히하면 명확한 것들 사이에 명확한 비교라는 새로운 앎의 세계로 인식을 확장시킬 수 있게 된다.

정도의 차이를 알려주는 데이터가 단순히 지적 유희의 소재이기만 할까? 그런 생각은 큰 오산이다. 한 기업의 명운을 결정하거나 투자자의 수천억을 날려버리게 할 만큼 중요하다. 이런 경우는 우리 주변에 매일같이 일어나고 있다. 그런 상황에서 정도의 차이까지 알아야 빠르고 정확하게 판단할 수 있다. 데이터가 그 정도를 알려주는 자(Ruler)다.

못 보던 것도 보게 하는 현미경

다양한 관점에서 볼 수 있게 한다는 것은 데이터의 좋은 점이다. 정도의 차이까지 알게 해준다는 것도 좋다. 한데, 정말 좋은 것은 따로 있다. 알고 있던 것들 사이에서 몰랐던 것을 찾게 해준다는 것, 이게 바로 데이터가 우리의 인지력에 기여하는 세 번째 효과다. 이 효과는 알던 것들 사이에서 파생적인 정보를 생산해내기 때문에 가능한 일이다. 파생적이란 '어떤 근원에서 갈라져 추가적으로 발생함'을 의미한다. 데이터가 이런 파생적 힘을 가지는 이유는 구조화를 통한 가공이 가능하기 때문이다. 데이터의 정량화라는 특성이 얼마나 인지하는지에 기여하고 있다면, 구조화라는 특징은 새로운 파생적 정보 생산이라는 이점에 기여하고 있다. 다시 말해, '데이터는 구조화를 통한 가공으로 새로운 사실을 파생적으로 알려준다'라고 할 수 있다. 이 어려운 말이 무슨 뜻인지 쉽게 접근해보자.

'국가별 소득수준과 진화론자의 비중'이라는 제목의 아래 데이터는 말 그대로 국가별로 잘사는지 못사는지와 진화론을 믿는지 아닌지가 상관이 있을까라는 질문을 위해 만들어졌다. 잘살고 못사는 게 진화론자 때문이라고 결론지을 수는 없겠지만, 엄연히 양의 상관관계가 있다는 것은 확인할 수 있다. 그런데 이런 세계적인 추세 속에서 길 잃은 어린 양처럼 무리와 떨어져 있는 나라가 눈에 띈다. 바로 미국이다. 미국은 조사 대상 국가 가운데 소득수준이 두 번째로 높은데도 인간과 원숭이의 조상이 같다는 말을 믿는 사람의 비중이 40퍼센트 수준으로 이례적으로 낮다. 만약 동일한 소득수준으로 무리에 합류한다면 약 80퍼센트 수준을 보여야 할 텐데도 말이다.

국가별 소득수준과 진화론자의 비중

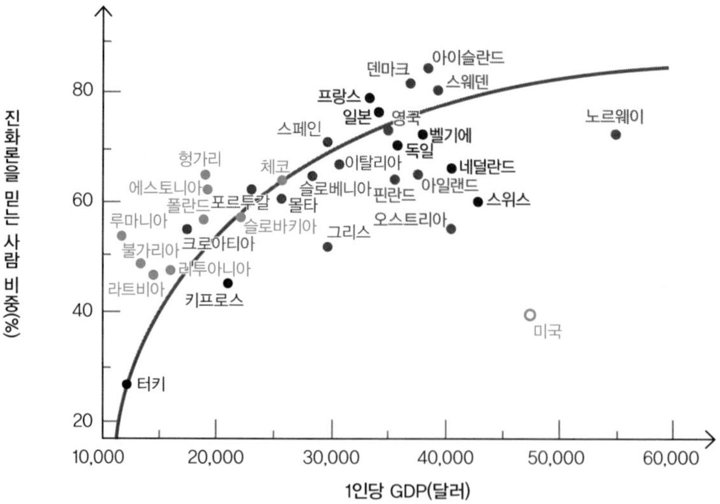

출처: www.calamitiesofnature.com, 2011

일단 '왜 미국은 무리에서 떨어져 있는가'보다는 '어떻게 미국이 외톨이란 사실을 알아낼 수 있었는가'에 집중해보자. 만약 국가별 1인당 GDP와 진화론자 비중 정보를 아무런 구조화 없이 마구잡이로 늘어놓은 글의 형태로 접했다면 초강대국 미국의 외로움이라는 역설적 외로움을 알아차릴 수나 있었을까? 다행히 우리는 국가별로 빠짐없이 잘 정리된 두 개의 값, 즉 1인당 GDP와 진화론자 비중을 가지고 있었고, 그 두 값을 교차시켜 국가 하나하나를 새로운 관점에서 조명할 수 있었다. 하나는 X 축으로, 다른 하나는 Y 축으로 말이다. 이렇게 1차원의 두 지표값을 2차원의 값으로 변환하는 과정은 데이터 구조화의 가장 대표적인 예다. 그런 과정을 통해 보다시피 우리는 '미국의 외로움'이라는 새로운 파생 정보를 얻게 된 것이다. 등잔 밑이 어둡듯이 익숙한 정보 사이에서도 알지 못했던 사실을 용케도 찾아낸 경우라 하겠다.

구조화의 미덕이 미국의 외로움과 같이 거창한 정보만 알려주는 것은 아니다. 알고 싶은 대상에 대해 다양한 관점을 입체적으로 조명할 수만 있다면 우린 얼마든지 새로운 사실에 접근할 수 있다. 설사 정량화되지 않은 데이터라도 말이다. 이번엔 좀더 친숙한 소재에 도전해보자. 바로 주위 사람들이다. 다음 데이터 구조는 주위 사람들을 단박에 구분할 수 있는 일종의 틀이다. X, Y 축 각각에 가장 이성적인 질문과 감성적인 질문을 넣어봤다. 편안한가? 도움이 되는가?

어서 여러분의 주위 사람들을 부지런히 네 개의 방에 모셔보자. 그리고 답해보자. 4번 방에는 누가 있는가? 어쩌면 4번 방에 있는 사람들을 어떻게 대하느냐가 우리 인생을 결정할지도 모른다. 1번 방이야

함께 있으면 편안한가? \ 나에게 도움이 되는가?	도움 안 됨	도움됨
편안한 사이임	1번 방	2번 방
편안하지 않음	3번 방	4번 방

더할 나위 없이 더 보듬어야 하고, 2번 방은 그냥 친절하게 대하면 그만이며, 3번 방은 소 닭 보듯 하면 된다. 혹시 4번 방에 당신의 아버지가 계시지 않은가? 가족 대부분이 1번 방에서 옹기종기 모여 있을 때 아버지는 혼자 4번 방에 계실 때가 많다. 같이 있으면 왠지 서먹하지만 우리 삶의 기둥인 아버지, 미국만큼이나 외로워하고 계실 것 같다. 맞는다면, 1번 방으로 어서 모셔오자.

미국과 아버지의 외로움 말고 이젠 좀더 다른 걸 찾아보자. 다음 데이터는 2013년 저스틴 월퍼(Justin Wolfers)라는 이코노미스트가 분석한 내용으로, 그 해석에 과학적 엄밀성이 얼마나 있는지를 떠나 데이터 구조화에 의한 새로운 발견이 얼마나 신선할 수 있는지 보여주고 있다. 발견한 것이 바로 '사랑'이기 때문이다.

이 데이터의 흥미로운 점은 바로 Y 축이다. 세계적인 시장 및 여론조사 기관 갤럽의 선임 분석관(a senior scientist)으로 일하던 저스틴은

국가별 사랑과 부의 관계

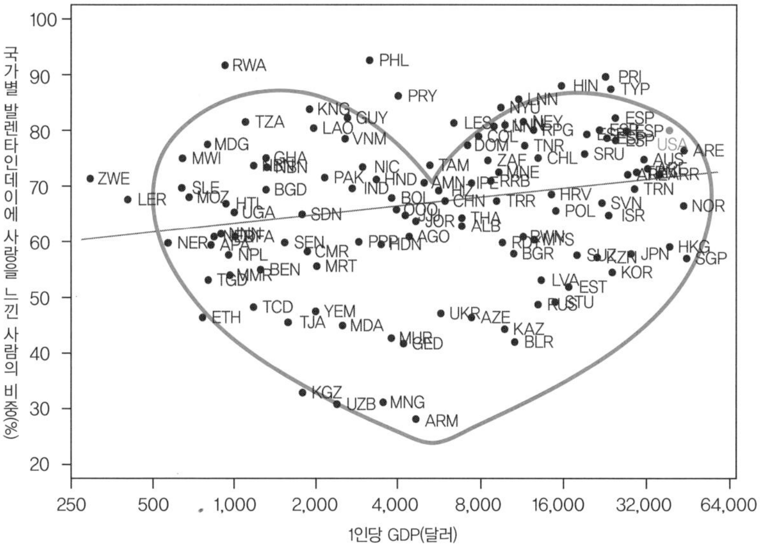

출처: Economist Justin Wolfers, Bloomberg, 2013

2006, 2007년 밸런타인데이 바로 다음날에 136개국에서 대대적으로 실시된 여론조사 결과를 Y 축으로 삼았다. 조사의 질문은 다음과 같았다.

"당신은 밸런타인데이에 사랑을 느꼈나요?"

국가별로 사랑을 느꼈다고 답변한 사람의 비중과 1인당 GDP를 교차시켜보았더니, 그 국가 무리의 모습이 사랑을 상징하는 하트처럼 보인 것이다. 이게 정말 하트냐며 너무 날카로운 잣대를 들이댈 필요는 없을 것 같다. 그가 발견한 사랑은 좀더 구체적인 내용 속에 담겨 있기 때문이다. 사랑을 느꼈다고 답한 사람은 그 나라가 부자인지 아닌지와 무관했다. 사랑의 보편성을 발견하는 대목이다. 앞서 살펴본 데이터에서 진화론자 비중이 1인당 GDP와 강한 상관관계를 가졌던 것과 대조적으로 이 데이터는 사랑과 돈은 크게 관련이 없음을 말하고 있다. 만약 사랑과 돈의 그래프가 강한 상관관계가 있는 것으로 나왔다면 우리는 얼마나 우울했을까?

정말 데이터가 구조화를 통해 기특하게도 새로운 사실을 파생적으로 알려준다면 우리도 직접 할 수 있지 않을까? 다음은 미국의 유명 영화배우 메릴 스트립이 그간 보여준 수많은 주연급 영화 캐릭터를 따뜻한 정도(X 축)와 진지한 정도(Y 축)로 구분한 데이터다. 각 배역별로 따뜻함과 진지함이라는 작성자 고유의 두 가지 관점이 교차해서 새로운 데이터가 된 것이다.

일단 모든 영역에 배역이 골고루 펼쳐져 있어 그녀가 왜 천의 얼굴을 가진 배우라 불리는지 대번에 알 수 있다. 또 주로 따뜻하면서 진지한 연기를 해왔다는 사실을 쉽게 깨달을 수 있다. 따뜻하면서 진지한 영역에 가장 많은 배역이 몰려 있기 때문이다(전체 29개 배역 가운데 11개). 만약 관점의 구조화가 관점을 추가하여 더 새로운 지식으로 우리를 안내한다면, 여기서 그치지 말고 한 발짝 더 나아가보자.

메릴 스트립이 따뜻하면서 진지한 역할을 '자주' 했다는 사실과 '잘'했다는 사실은 관련이 있을까? 이 질문에 답하기 위해서는 '잘'이라는 관점을 대변할 새로운 데이터가 필요하다. 그래서 영화 전문 데이터베이스 사이트 IMDB(www.imdb.com)에서 제공하는 메릴 스트립 주연 영화들의 평점 데이터를 원의 형태로 추가해 보았다. 그리하여 그 영화별 평점 값을 원의 크기와 색깔로 표현하면 다음과 같은 메시지에 접근할 수 있게 된다.

진지한 정도와 따뜻한 정도를 기준으로 한 메릴 스트립 배역 분포도

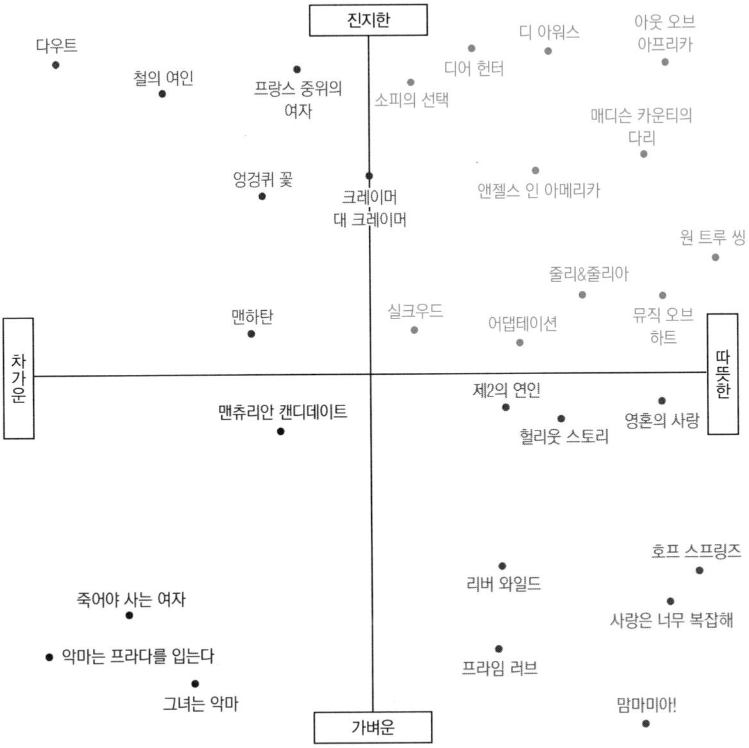

출처: Eliot Glazer, www.vulture.com, 2012

"메릴 스트립은 진지하면서 따뜻한 역할을 '자주' 연기할 뿐 아니라 '잘' 연기하기도 한다. 그러므로 자신의 강점을 잘 파악한 연기 생활을 하고 있다고 말할 수 있다."

각 원은 앞에 제시된 출연 영화를 의미하며, 원의 크기와 색깔은 해당 영화별 평점을 반영한다.

이렇게 알고 싶은 바를 관점에 녹여넣어 세상 누구도 갖지 못했던

진지한 정도와 따뜻한 정도에 영화 평점까지 고려한 메릴 스트립 배역 분포도

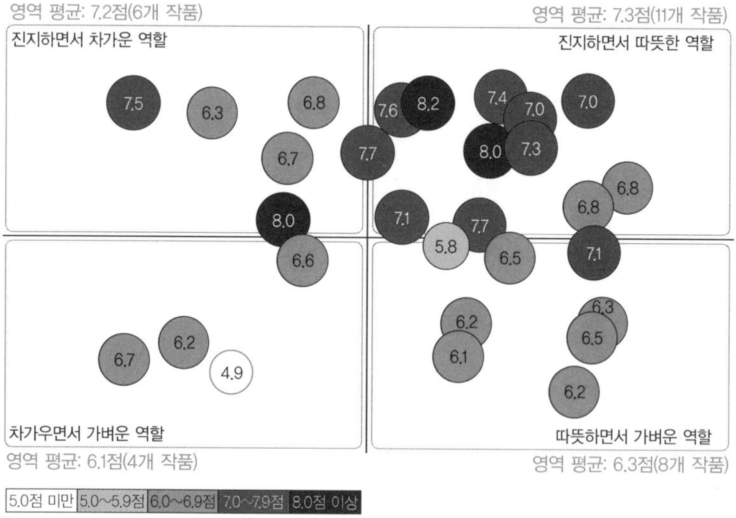

출처: Eliot Glazer, www.vulture.com, 2012, www.imdb.com

자신만의 새로운 사실을 하나하나 얻어갈 수 있다. 데이터의 구조화 특성 때문에 가능한 일이다. 콜럼버스가 아메리카 대륙을 발명한 게 아니라 발견해서 유명해졌듯이 새로운 사실을 만드는 것 못지않게 발견하는 것도 위대한 일이다. 이미 충분히 안다고 생각하는 것들 사이에서 미처 보지 못하던 것을 보게 해주는 것은 비단 현미경뿐만은 아니다.

복잡한 것도 쉽게, 픽토그램

오른쪽 그림을 보고 당신은 어떻게 반응했는가?

아마도 불쾌함 아니면 웃음일 것이다. 정반대되는 반응이지만 공

통점은 있다. 저 그림이 암시하는 상황에 대한 인식이다. 짙은 색은 남자로, 옅은 색을 여자로, 검은 막대는 화장실 문으로 여기는 것 말이다. 종합하면 한 남성이 화장실에서 여성을 훔쳐보는 민망한 이미지가 도출된다. 그림은 이런 사실을 일일이 설명해준 적이 없지만, 우리는 자연스레 안다. 이게 바로 픽토그램(pictogram)의 힘이다. 픽토그램이란 그림(picture)과 전보(telegram)의 합성어로, 사물·시설 등을 사람들이 쉽게 이해할 수 있도록 만든 일종의 상징 문자다. 단연 직관적이고 응축적인 의미 전달이 장점이다.

우리는 복잡한 내용을 응축해서 전달해주는 모든 것에 감사해야

대표적인 픽토그램, 도로 표지판

한다. 그것들이 우리 삶에 주는 효율성이 이루 말할 수 없이 크기 때문이다. 예를 들어, 수많은 도로 표지판이 장황하게 글로 쓰여 있다면 빠르게 달리는 운전자들 사이에서 무슨 일이 일어날까? 상상만으로도 정신이 번쩍 난다.

이런 효율성은 전달하려는 본래 내용이 복잡할수록 배가된다. 그 예로 농구 경기를 보자. 농구는 총 열 명의 선수가 방어와 공격을 쉴 새 없이 반복하며 움직이는 매우 역동적인 경기다. 때론 관중의 눈보다 패스가 빠를 정도니, 하물며 팀 전략이 어느 순간에 어떤 식으로 바뀌는지는 웬만큼 눈썰미 있는 사람이 아니면 간파해내기 쉽지 않다. 그래서 팀 전술의 패턴을 도로 표지판처럼 단박에 이해하려면 특단의 조치가 필요할 것이다.

이 데이터가 그 특단의 조치가 되어줄 수 있을 것 같다. 두 데이터는 미국프로농구(NBA)의 대표적 팀인 시카고 불스와 LA 레이커스의 2010년 플레이오프 경기 결과를 분석한 결과다. 팀 내 역할별로 패스가 이뤄진 경로를 선으로 연결했고, 그 빈도가 높을수록 굵은 화살표로 상징화했다. 왼쪽 세 개의 사각형은 인바운드(Inbound), 리바운드(Rebound), 스틸(Steal)로 공격이 시작되는 유형을, 오른쪽 세 개의 사각형은 공격 성공(Success), 공격 실패(Fail), 기타(Other)로 공격이 종료되는 유형을 나타낸다. 농구를 잘 모르는 사람이라도 두 데이터의 차이는 시각적으로 금방 알아차릴 수 있을 것이다. 바로 그 시각적 차이가 경기 운영 방식의 차이를 상징하고 있다. 가장 큰 차이는 포인트 가드(PG)의 역할인데, 레이커스의 포인트 가드는 불스의 포인트 가드

시카고 불스와 LA 레이커스의 2010년 플레이오프 전략 비교 분석

시카고 불스

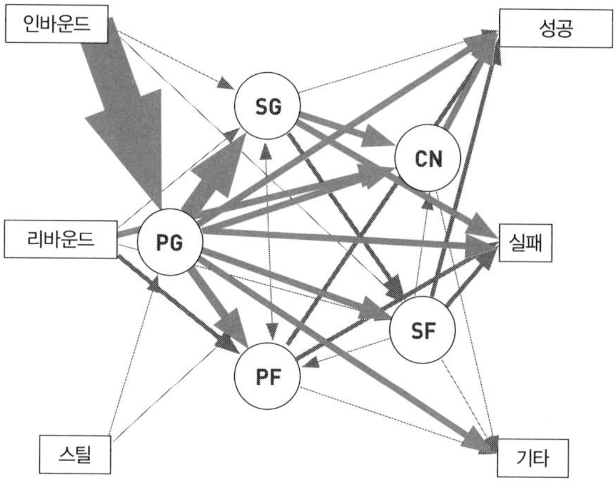

LA 레이커스

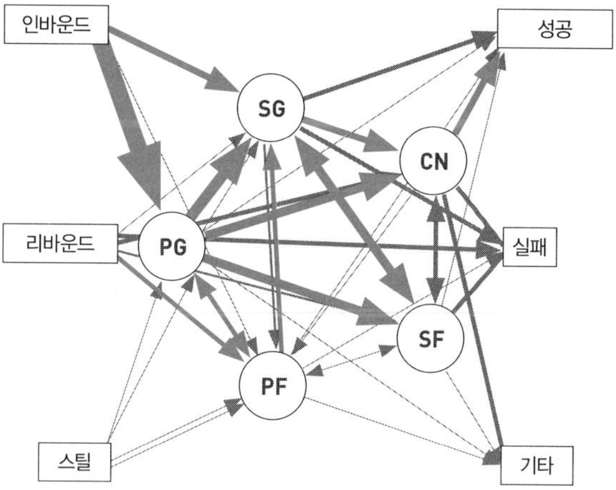

SG(Shooting Guard), PG(Point Guard), PF(Power Forward), SF(Small Forward), CN(Center)

인바운드: 공격권을 갖게 되는 경우
리바운드: 한차례 공격 실패 이후, 다시 공격권을 갖게 되는 경우
(대게 림을 맞고 튀어나온 공을 공격 팀에서 다시 잡게 되는 경우)
공격성공: 공격에 성공하여 득점을 하게 되는 경우
공격실패: 공격 실패 후 리바운드 없이 공격권을 상대방 팀에 넘겨주는 경우
스틸: 공격 시도중인 상대방의 공을 가로채 공격 기회를 가져오는 경우

출처: Jennifer Fewell and Dieter Armbruster, 2012

보다 훨씬 부지런하다. 불스의 포인트 가드는 슈팅 가드(SG) 의존도가 높지만 정작 직접 성공률이 매우 낮다.

하지만 레이커스의 포인트 가드는 슈팅 가드뿐만 아니라 파워 포워드(PF), 스몰 포워드(SF), 센터(CN)와 부단히 패스를 주고받았다. 잘 보면 포인트 가드, 슈팅 가드, 스몰 포워드 사이에 양방향 삼각형이 형성돼 있는 것을 볼 수 있는데, 레이커스의 전설적인 감독 필 잭슨(Phil Jackson)은 이를 삼각 편대 공격(triangle offence)이라고 불렀다. 이 삼각형이 복잡한 팀 전략의 상징이 된 것이다. 한데, 레이커스의 삼각 패스 배분은 상대 팀 입장에선 여간 골치 아픈 경기 운영 방식이 아니었나 보다. 레이커스는 그 해 챔피언에 등극했기 때문이다. 아는 만큼 보이고, 보이는 만큼 재미를 느낀다 했듯이, 위 데이터를 활용하면 아무리 농구 초심자도 전술까지 살펴보며 관람의 재미를 금세 느낄 수 있을 것이다.

복잡한 상황을 단순화해서 의사소통하는 역량은 경영 컨설턴트에게 매우 중요하다. 근래 들어 기업들이 경영 컨설턴트들을 고용하는 이유가 변화되고 있다. 경영 환경의 변화 자체를 파악하지 못해서라기

LA 레이커스의 삼각 편대 공격

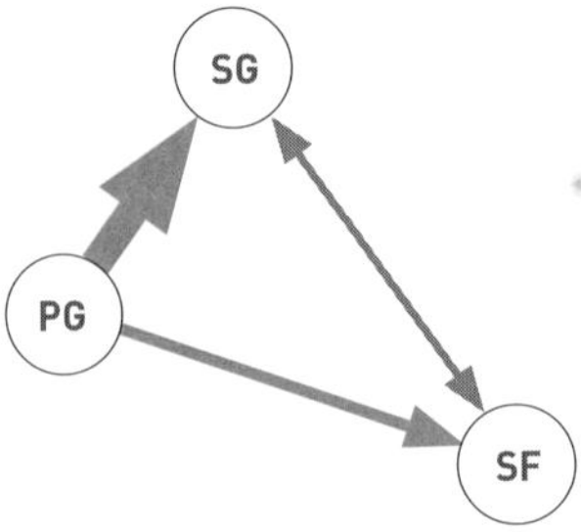

보다는 점점 복잡해지는 상황을 단순화해서 의사결정의 효율성을 높이려는 이유가 커지고 있다. 이런 상황에서도 역시 데이터가 가진 단순화의 미학은 빛을 발한다.

다음 데이터는 기업 구조조정 성공 사례의 대명사인 IBM사가 1985년부터 1996년까지 약 10년 동안 어떻게 험난한 구조조정 과정을 마쳤는지를 요약해서 보여주고 있다. 왜 험난했는지를 온전히 이해하기 위해 몇 가지 부연이 필요할 것 같다. 먼저 X 축은 연간 총투자 성장률로, 쉽게 말해 지난해보다 투자를 얼마나 많이 했는지를 나타내며 그 값이 클수록 전년 대비 투자를 늘렸음을 의미한다. Y 축은 현금 흐름 투자수익률(CFROI)로 그 해 기업에 들어오고 나간 현금이 얼마나 더 많은 돈을 벌었는지를 나타내며, 역시 그 값이 클수록

IBM 구조조정 사례

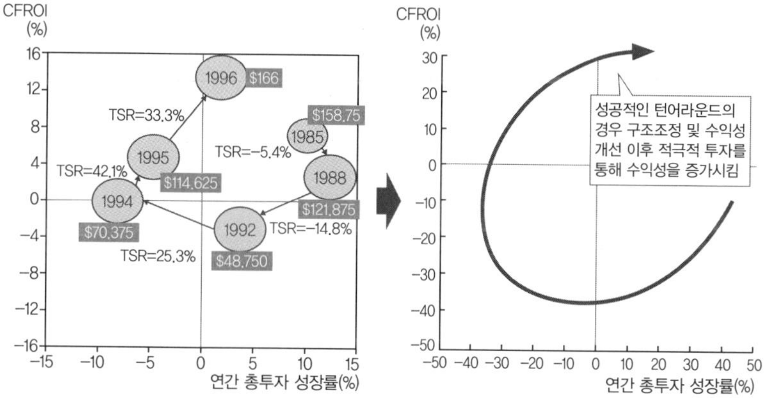

TSR(Total shareholder return) : 총 주가수익률
CFROI(Cash Flow Return On Investment) : 현금 흐름 투자수익률
달러($)는 주가를 의미하며, TSR은 연평균 환산수치임.

출처: IBM

더 많은 돈을 벌었음을 뜻한다. 마지막으로 총 주가수익률(TSR)은 주주들이 일정 기간 얻을 수 있는 총수익률로 배당소득과 주식평가이익을 더해 계산되며, 단순 주가변동 비교보다 유용해 경영자를 평가하는 수단으로 쓰이는 지표다. 당연히 그 숫자가 클수록 주주들에게 더 많은 돈을 안겨줬을 가능성이 높다는 의미다.

이 난해한 지표들로 이해할 수 있는 IBM의 험난한 구조조정 역사를 한마디로 요약하면, 오른쪽 차트에 나와 있는 알파벳 'C'로 압축된다. 총투자 성장률과 현금 흐름 투자수익률에 의한 궤적을 본뜬 C 곡선의 의미는 'IBM사의 성공적인 구조조정의 역사는 군더더기 사업을 정리해서(1985~1982년) 기업 전체의 수익률이 견고해지도록 완성한 이후(1992~1994년) 과감한 투자를 통해(1994년~1996년) 다시 규모를 늘리는 방안으로 주주들에게 큰 이익을 안겨주었음'이다. '회원님은 지방이 많으니 일단 지방을 줄인 후 근육을 붙이세요'라는 헬스클럽 코치의 조언과 같은 이치다. 이 말도 길다고 생각하는가? 그래서 C 곡선이라는 상징화가 필요한 것이다.

"귀사에 IBM TSR C 곡선 형식의 회생 전략이 필요한 시점입니다."

이 상징이 상징으로서의 힘을 갖게 된다면 그다음부터는 매우 효과적인 상황 인식과 의사소통이 가능해진다. 경영 컨설턴트들이 성공적인 IBM 구조조정 사례를 기반으로 타 기업의 구조조정 현황을 압축적으로 설명한 예를 살펴보자.

다음의 데이터는 IBM과 같은 방식으로 국내 A 식품사의 TSR 궤적을 분석한 자료다. 성공적 구조조정의 상징인 C 곡선과는 영 거리가 먼 가치 창출 경로를 접한 A사는 여간 난감한 게 아니었을 것이다. C형

한 국내 식품기업의 구조조정 사례

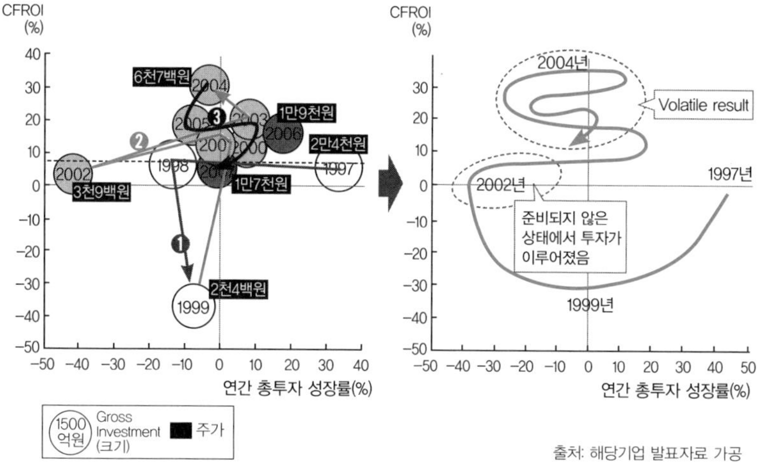

출처: 해당기업 발표자료 가공

구조조정 경로와 자사의 경로가 눈에 띄게 차이를 보이기 때문이다. 하지만 이런 결과에 무조건 비관하기보다는 자신의 경로를 어떻게 재설정하면 좋을지에 대한 큰 그림을 그렸다면 그것만으로도 큰 소득이다. 만약 경영 컨설턴트가 상징화 단계 없이 매번 저 험난한 지표들을 구구절절 설명한다고 생각해보자. 고객사에서 "그래서 하고 싶은 말이 뭔가요?"라는 말을 듣기 십상이다. 장황하기 때문이다.

이 밖에도 우리 주변에는 복잡다단한 개념을 상징화한 데이터가 많이 사용되고 있다. 이것들은 같은 정보를 전달할 때 표준화되지 않은 정보보다 훨씬 높은 효과성을 발휘한다. 가끔 그 엄청난 효율성 때문에 원래의 의미를 벗어나 오용되는 경우가 발생하기는 하나, 그 역시 데이터의 상징적 이해가 상황 인지 및 의사소통에 얼마나 효과적인 수단인지 보여주는 반증일 것이다. 데이터가 이런 효과를 발휘할 수 있는 것은 정량화와 구조화가 연속적으로 진행됐을 때 보이는 패턴이 있기 때문이다. 그 패턴이 하나의 상징으로 작용하는 것이다. 그런 의미에서 LA 레이커스의 삼각 편대나 IBM의 C 곡선은 더할 나위 없이 멋진 픽토그램이다.

"아! 저 팀의 삼각형은 너무 견고해서 상대 선수들이 매우 당황해하고 있어요!"

"C 곡선 가치창출 경로 관점으로 봤을 때, 저희 회사에 과감한 투자가 필요한 시기입니다."

데이터는 결국 그 고유의 특성으로 인해 우리가 세상을 정확하고 빠르게 이해하는 데 매우 큰 도움을 준다.

데이터의 특성과 인지력

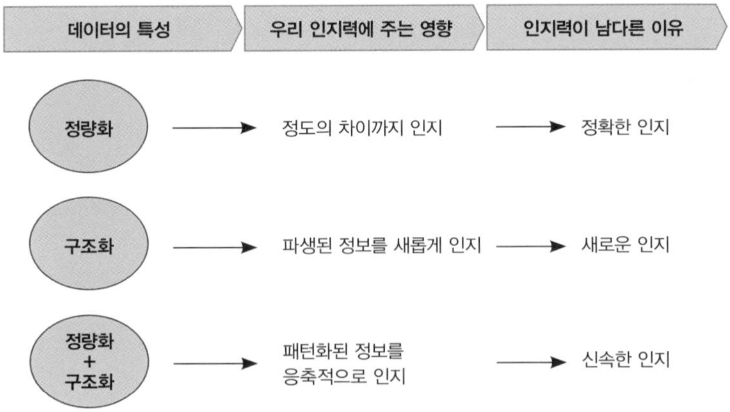

2장
판단의 근거로 삼아라

지금껏 살펴본 인지력은 판단력의 기초가 된다. 냉철하게 판단하려면 먼저 상황을 냉철하게 인지해야 하기 때문이다. 하지만 좋은 인지가 언제나 좋은 판단을 담보하는 것은 아니다. 판단한다는 것은 단순히 어떤 상황에 대해 안다는 것을 넘어 '결정'이라는 결과물을 내놓는, 전혀 성격이 다른 과정이다. 그러므로 데이터와 친해지면 과연 판단력 제고에까지 도움이 되는지 알기 위해서는 다음처럼 판단력에 특화된 별도의 질문이 필요할 것 같다.

첫째, 불확실성하에서도 좋은 판단을 할 수 있는가?
둘째, 남들은 하지 못하는 판단을 할 수 있게 하는가?
셋째, 성급한 판단을 막아줄 수 있는가?

우선, 불확실성하의 판단(첫째 질문)에 도움이 된다면 데이터가 미래를 예측하는 데 매우 좋은 도구라는 의미다. 이는 데이터가 과거를 미래로 연장시킬 수 있는 고유의 특성이 있기 때문에 가능한 것이다. 남들이 하지 못하는 판단(둘째)과 신중한 판단(셋째)은 데이터 자체가 가진 힘이라기보다는 이것을 이용하는 사용자의 능력, 즉 데이터 활용 감각에 따라 좌지우지되는 게 사실이다. 하지만 그런 능력도 데이터로 더욱 증폭되어 발휘되므로 데이터가 그 토대 역할을 하는 것은 틀림없다. 남다르게, 미래를, 신중하게 판단하는 데 도움을 준다면, 그 데이터와 친해질 이유는 충분하지 않을까?

미래를 알려주는 미래학자

만일 초능력을 딱 한 가지만 가질 수 있다면, 여러분은 어떤 능력을 가지고 싶은가? 미래를 미리 보는 능력만큼 매력적인 것도 없을 것이다. 우리 삶은 무수한 불확실성의 연속으로 이뤄졌기 때문에 내가 언제 사고를 당할지, 또 언제 복권에 당첨될지 알 리 만무하다. 어찌 보면, 이런 불확실성이 선택과 판단의 근본 원인이라고 볼 수 있다. 그러므로 데이터가 판단력 제고에 도움을 주는 다양한 이유 가운데 불확실성하의 판단에 대해 먼저 얘기해보자.

불확실성을 조금이나마 확실하게 만들려는 비(非)초능력자들의 판단을 '예측'이라 부를 수 있다. 그러므로 예측의 본질은 '불확실성을 최소화하기 위한 불확실한 작업' 정도 된다. 과연 그 작업이 어떻게 가능할까? 의외로 간단할 것도 같다. 확실한 것을 기반으로 불확실한 것을 유추해보는 것이다. 그러면 세상에 확실한 것이 있단 말인가? 있다. 바로 과거다. 이미 일어난 일들은 물리적 실체가 있기 때문에 확실성이 아주 높다. 그러므로 과거를 기반으로 미래를 예측하는 방법이 우리의 차선책으로 가장 순위가 높다고 할 수 있다.

그렇다면 과거의 확실성을 미래의 불확실성 최소화에 이용하기 위한 첫걸음은 무엇일까? 그것 또한 간단하다. 일단, 과거의 확실성을 가장 확실한 수준으로 올려놓는 것이다. 잘 알다시피, 우리의 인식은 워낙 자유분방해서 동일한 과거에 대해서도 서로 달리 인식하고 해석하는 경우가 많다. 이런 인식의 훼방을 최소화하기 위한 표준화된 정보 집합체가 필요한데 그것이 바로 데이터다. 일반적으로 산개한 정보들을 표준화된 방법으로 집계하면 인식에 의한 불확실성이 줄어들고, 객관성이 확보될 수 있다. 이렇게 확보된 객관성이 데이터가 미래 예측에 도움을 주는 첫 번째 고유의 특성이다.

둘째로, 객관성 이외에도 미래를 예측하는 데 있어 데이터가 가진 가장 큰 장점은 가공성이다. 가공성은 객관성을 유지한 채 변형, 즉 쪼개고 합치고 늘리고가 가능하다는 것이다. 그리고 이 쪼개고 합치고 늘리고를 자유자재로 할 수 있게 되면 과거의 확실성을 미래로 연장하는 능력을 얻게 된다.

간단한 예로 예측을 시도해보자. 만약 여러분이 다음 네 개의 데이터를 손에 쥐고 있다고 가정했을 때, 어떻게 쪼개고 합치고 늘려야 3년 뒤 국내 생수 시장 규모를 추정할 수 있을까?

① 지난 5년간 1인당 GDP(원/년)

② 지난 5년간 1인당 생수 소비량(500ml병/년)

③ 지난 5년간 GDP(원/년)

④ 지난 5년간 생수 평균 단가(원/년)

시장의 규모를 결정짓는 가장 큰 구조는 가격과 물량의 곱이다. 가격은 생수 한 병당 평균 가격으로 대체 가능하고, 물량은 소비량이다. 한데 시장 전체 소비량에 관한 데이터가 없으므로, 별도로 구해야 한다. 전체 소비량은 1인당 소비량에 인구를 곱하면 나올 것 같다. 이를 간략히 정리하면 아래 그림과 같다.

여기서 주목할 점은 데이터의 가공성이 가진 힘이다. 시장 전체 생수 소비량과 인구는 주어진 네 개 데이터에 존재하지 않았다. 인구는 GDP를 1인당 GDP로 쪼개서, 시장 전체 생수 소비량은 1인당 생수

생수 시장 규모 구하기

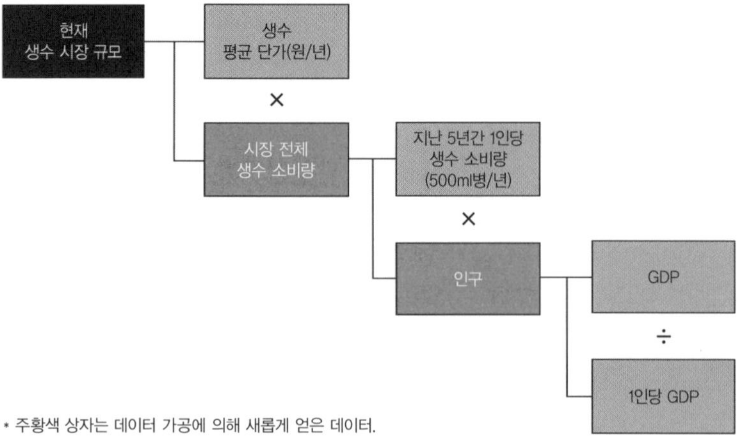

* 주황색 상자는 데이터 가공에 의해 새롭게 얻은 데이터.

소비량과 인구를 합쳐서 만들어낼 수 있던 것이다. 누구나 할 수 있을 법한 간단한 작업이지만 누군가 합치고 쪼개기의 요소가 된 시장 데이터들을 일목요연하게 정리해놓지 않았다면 불가능했던 결과다. 만약 생수 단가, 1인당 소비량, GDP 등이 '상당히 크다, 빠르게 성장한다, 일본보다 작고 중국보다 크다' 등으로 표현되어 있었더라면 가공은 꿈도 못 꾸었을 것이다.

지금까지의 작업으로 미래를 예측했다고 볼 수는 없다. 합치기와 쪼개기로 현재 생수 시장 규모를 구했을 뿐이다. 이제 남은 것은 늘리기다. 늘리기란 과거의 추세를 기반으로 미래를 예측하는 단계를 말한다. 이 단계는 과거의 현상을 만들어낸 힘이 미래에도 유효한 현상을 만들어낼 거라는 믿음에 기반을 두고 있는데, 물리학에서 말하는 관성의 법칙과 같은 이치다. 즉, 구르던 공은 계속 구르려 하듯 성장하는 시장도 계속 성장하려 한다는 것이다.

국내 생수 시장 규모

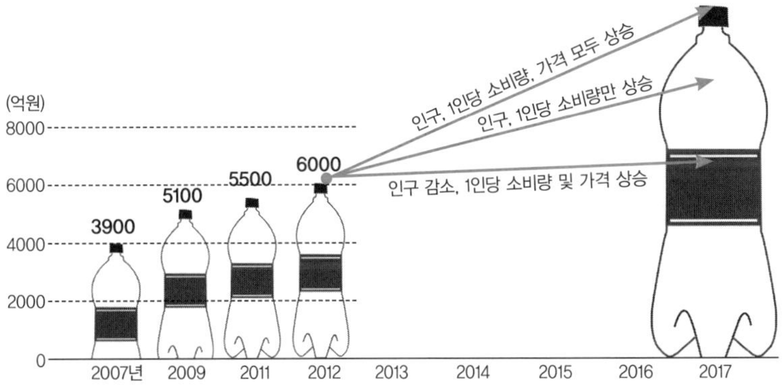

출처: 업계 추산

과거는 미래의 거울이라고 했던가? 과거를 얼마나 잘 이해하느냐는 미래를 얼마나 잘 예측하느냐와 직결되어 있다. 과거 생수 시장 규모가 인구, 1인당 소비량, 평균 가격에 의해 결정된다는 사실은 미래의 생수 시장을 예측할 때도 그대로 활용될 수 있다. 즉, 시장 규모 결정 요인들은 각자의 추세를 보이고 있어 그 조합이 어떻게 되느냐에 따라 생수 시장 규모가 결정되는 것이다. 인구의 증가세 속에서 소득수준의 향상으로 1인당 소비량 및 가격이 모두 상승할 수도 있고, 인구는 감소하고 산업 내 경쟁 심화로 가격은 하락하지만 1인당 소비량의 증가로 시장이 성장할 수도 있다.

이런 추세의 조합을 우리는 시나리오라고 부른다. 기계적인 조합에 의한 시나리오 수는 수십 또는 수백 가지에 달할 수 있겠지만, 이 가운데 가장 유력하다고 생각하는 소수를 정해 합리적인 범위의 시장 규모를 예측해볼 수 있다. 미래 생수 시장을 예측하는 생각의 구조를 만들었기 때문에 새로운 시장 변화를 감지할 때마다 기존 예측치에 보정을 가하면서 규모 변화를 자동적으로 추적할 수도 있게 된다. 이를테면, 수돗물 안정성에 대한 사회적 우려는 1인당 생수 소비량과, 고급 수입 생수 브랜드의 점유율 상승은 평균 가격 상승과 연결 지어 파악 가능하다. 과거를 파악하기 위해 사용했던 데이터 쪼개기, 합치기, 늘리기 구조를 미래 예측의 구조로 그대로 활용한 셈이다.

지금껏 살펴본 미래 예측 방식은 국내 생수 시장 규모보다 거창한 것들을 점칠 때도 똑같이 사용된다. 사용되는 데이터의 종류와 양에만 차이가 있을 뿐 기본적인 접근법은 같다고 보면 된다. 충분히 거창한 예측으로 '중국의 군사력은 언제쯤 미국의 군사력을 추월할 것인가'를 살펴보자. 다음 데이터는 2013년 〈이코노미스트〉에 소개된 중국과 미국의 군사비 추이를 분석한 것이다. 경제력, 군사력, 정치력, 문화적 영향력에 의해 초강대국의 지위가 결정되므로 중국의 군사비가 미국의 군사비를 언제 추월할 것인가는 여간 중요한 예측이 아니다.

데이터에 나타난 미국과 중국의 군사비는 각각 세 개의 추이로 예측되어 있다. 그러므로 각국의 추세선이 교체되는 시점은 총 아홉 개가 되는데 이 점들은 짧게는 십여 년에서 길게는 삼십여 년의 범위 안에 포함된다. 적어도 삼십 년 안에 중국은 미국을 제치고 군사적

다양한 가정의 조합에 따른 향후 중국 국방비의 미국 국방비 초과 시점 분석

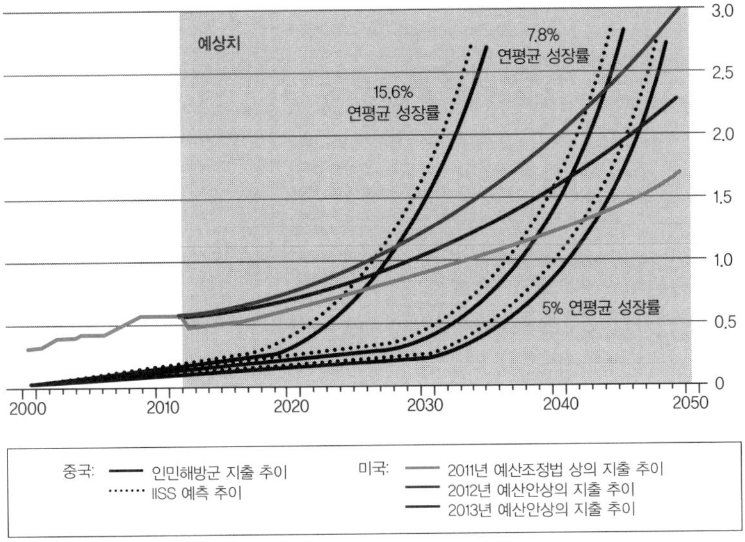

* 2013년 현재 물가 및 환율 적용, 회계 연도 기준, 2031년까지 15.6%의 상승세 유지 가정
* 2011년 예산조정법(the Budget Control Act 2011) : 미국 연방정부의 예산을 통제해 2013년부터 10년간 총 1조 2000억 달러의 적자를 줄이기로 한 합의
* 출처: International Institute for Strategic Studies, 국제 안전보장 문제를 연구하는 영국 소재 민간 전략 연구기관

초강대국이 될 거라고 미래를 점친 것이다. 그뿐만 아니라 각국의 군사비 규모가 매년 수정될 때마다 우리는 30년이 얼마나 앞당겨질 것인지 또한 세밀하게 예측할 수 있게 된다.

미래를 예측한 데이터는 수많은 데이터 가운데 가장 값진 데이터라고 볼 수도 있다. 과거와 미래에 대한 판단이 동시에 담겨 있기 때문이다. 이것들을 모두 담을 수 있던 것은 데이터가 객관성과 가공성이란 특징을 가지기 때문이다. 미래 예측에 대한 신뢰성은 과거 데이터가 가진 객관성에 그 뿌리를 두고 있으며, 과거 추이가 가진 운동 에너지를 미래로 그대로 연장시킬 수 있는 것은 데이터를 레고 조각처럼 조립할 수 있기 때문이다. 사람이 태어난 년, 월, 일, 시를 기본 데이터 구조로 삼고 기타 환경적인 요인들로 인생 시나리오를 도출해보는 사주팔자의 운명 예측 방식이 우리에게 친숙하듯이 국내 생수 시장 규모나 중국의 군사 대국 등극 시점도 유사한 방식으로 예측된다. 그러고 보면, 어떤 데이터를 손에 쥐느냐가 어떤 미래를 볼 수 있느냐를 결정하는 시대가 온 듯하다. 과연 데이터 그 자체가 미래학자라 할 만하다.

은밀한 비밀요원

우리가 남들이 하지 못하는 독보적인 판단을 할 수 있다면, 크게 두 가지 이유가 있을 것이다. 아예 남들에게 없는 정보를 가지고 있거나, 설사 동일한 정보를 갖고 있다 하더라도 더 많은 정보를 얻어내는 특별한 능력이 있거나 말이다. 우선, 더 많은 정보는 일정 부분 노력과 운이 따르는 영역이므로 굳이 우리의 궁금증을 크게 자아내지 못할 것 같다. 그래서 여기서는 두 번째 이유의 특별한 능력이란 과연 무엇이고, 그런 능력은 데이터와 어떤 관련이 있는 것인지에 주목해 보자.

일단 동일한 정보를 보고도 더 좋은 판단을 이끌어내는 능력은 여러 가지 데이터 감각 가운데 통찰에 해당한다. 앞에서 이미 데이터 감각이란 데이터를 활용하여 남다른 인지, 판단, 설득을 하는 데 반드시 필요한 사고력이라고 소개한 적이 있다. 하지만 이런 딱딱한 방식의 정의는 설명하는 사람이나 듣는 사람에게나 썩 내키지 않는다. 쉽사리 와닿지 않기 때문이다. 데이터와 관련한 감각적 통찰이라는 능력을 여러분이 이해할 수 있는 방법은 하나뿐이다. 바로 사례를 통해 공감하는 것이다.

다음 데이터는 2005년부터 2010년까지 국내 주요 테마파크별 입장객 추이를 나타낸 것이다. X 축은 연도로 나타낸 시간 축이고 Y 축은 입장객 수다.

다양한 사람들에게 "이 데이터의 메시지는 무엇일까요"하고 물어보았다. 그 결과는 다음과 같았다.

A. 우리나라 테마파크 산업은 에버랜드가 이끌어간다고 봐도 무방할 것 같아요.

B. 전체 테마파크 입장객 추이를 보면 국내 테마파크 산업은 정체되어 있습니다.

국내 주요 테마파크별 입장객 추이

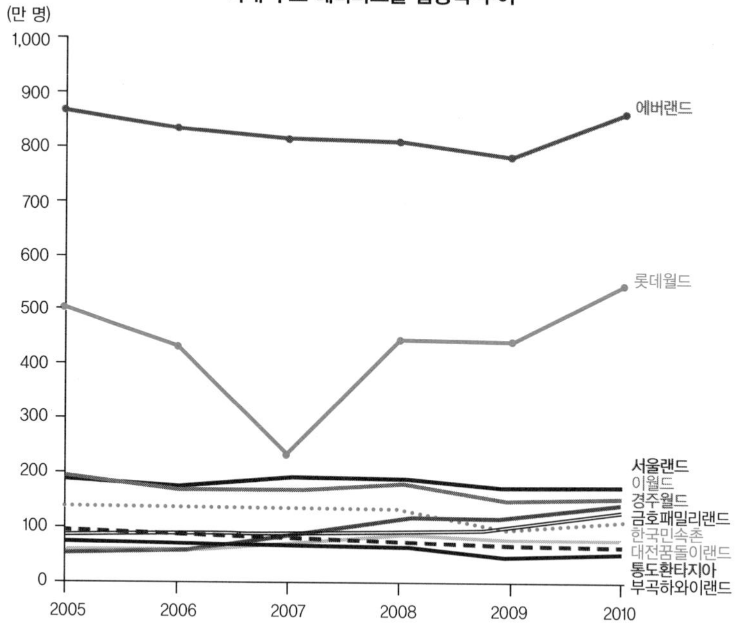

출처: 문화체육관광부, 2011

C. 테마파크를 수도권과 지방 두 그룹으로 나누고 그 입장객을 비교해 봤을 때, 수도권 테마파크에 집중도가 매우 높군요.

D. 경주월드는 입장객이 최근 지속적인 성장세를 보이니 주목할 필요가 있겠어요.

E. 시장점유율이나 성장률 측면에서 부곡하와이랜드는 경영정상화를 위한 특단의 경영조치가 필요합니다.

F. 2007년에 롯데월드의 입장객수가 이례적으로 줄어든 것을 보건대 어떤 사건이 발생했을 수 있습니다.

동일한 데이터를 보고도 사람들은 각기 다른 해석을 내놓는다. 누군가는 산업의 성장 관점이 중요하다고 인지할 때, 다른 누군가는 1위 기업의 성과 관점, 수도권과 지방의 지리적 시장 분할 관점, 특정 테마파크의 입장객 변동 관점 등을 중요하게 인지하고 있다. 당연히 사람마다 중요하다고 생각하는 측면이 다르기 때문이겠지만 신기하기만 하다. 그런데 '서로 다른 인지'라는 그 당연한 사실이 어떤 상황에서는 천지 차이의 결과를 가져오기도 한다. 바로 무언가를 판단해야 할 때다. 어떤 인지는 판단에 도움이 되고, 어떤 인지는 그렇지 못하기 때문이다. 자, 정말 그런지 여섯 가지 답변을 한 사람들이 다음 상황에서 각각 어떻게 적절한 판단을 할 수 있을지 예측해보자.

당신이 얼마전 롯데월드 최고경영자로 부임했다고 가정해보자. 당신은 정체된 테마파크 산업에서 어떻게 방문객을 증가시킬지 늘 고심이 많다. 이런 고민이 깊어가던 중 동종 산업 내 최고 경쟁자로 지목되던 에버랜드가 수백억을 들여 새로운 놀이 시설을 만들었다는 기사를 접했다. 해서, 이에 상응하는 전략으로 롯데월드도 수백억 규모의 투자 계획을 세워야 할지 말지 결정해야 하는 상황이다. 알고 있는 시장 데이터는 앞서 제시된 지난 5년간 입장객 추이 그래프밖에 없다면, 과연 신규 투자 결정을 어떻게 하는 것이 합리적일까?

이런 상황에서 만약 당신이 주어진 데이터를 앞서 나온 여섯 개의 답변처럼 해석했다면 어떤 도움이 되는지 살펴보자. 'A. 에버랜드는 국내 테마파크 산업 강자다'와 'B. 국내 테마파크 산업은 정체기다', 그리고 'C. 국내 테마파크 산업은 수도권과 비수도권으로 구분된다'는 답변은 현재 우려감을 확인해줄 뿐 해결책을 마련하기 위한 이렇다 할 실마리를 주지 못하고 있다. D와 E 역시 에버랜드에 대한 롯데월드의 대응 전략과 관련이 없는 제3의 테마파크(부곡하와이랜드, 경주월드)에 대한 지엽적인 인지일 뿐이며, 2007년 롯데월드 입장객 폭락 사건에 대한 F는 오히려 초조한 마음을 부추길 뿐이다. 판단에 도움을 주지 못하는 인지들이다.

만약 누군가 고심에 싸여 있는 당신에게 다음과 같은 메시지를 제시했다면 어떨까?

G. 롯데월드와 에버랜드는 실제로는 경쟁 관계가 아니므로, 무리한 경쟁적 투자는 의미가 없습니다.

이 무슨 뚱딴지같은 메시지란 말인가? 롯데월드와 에버랜드가 경쟁자가 아니라니? 동종 산업에서 경쟁 관계가 아닌 기업들이 있단 말인가? 어떻게 이런 해석이 단순한 입장객 추이 데이터에서 나올 수 있단 말인가? 만약 그게 사실이라면 롯데월드는 에버랜드의 대단위 투자 계획에 일희일비할 필요가 없다는 것을 의미하는데 말이다! 어떤 고민에 대한 완벽한 해결책은 그 고민이 애초부터 그다지 의미가 없음을 밝혀주는 것 아닌가?

혼란스럽기 그지없겠지만, G 메시지는 유효해 보인다. 그 이유는 바로 2007년 롯데월드 입장객 수 급락에 따른 여타 테마파크 입장객 수의 '반응(response)'에 있다. 잘 살펴보니, 신기하게도 2007년에 약 200만 명에 달하는 롯데월드 입장객 감소는 다른 테마파크 입장객 증가에 전혀 영향을 주지 못했다. 200만 명은 당시 테마파크 산업 전체 입장객의 약 10퍼센트에 해당하는 어마어마한 규모다. 게다가 테마파크 산업은 거의 성장이 정체해서 테마파크 간 고객 뺏기 경쟁이 치열할 텐데도 말이다. 그럼에도 지리적으로 인접한 서울랜드 입장객 수는 같은 해 아주 미미하게 증가하는 데 그쳤고, 강력한 경쟁자로 알고 있던 에버랜드의 입장객은 오히려 소폭 감소하기까지 했다. 롯데월드가 놓친 입장객들이 다른 테마파크로 가지 않고 증발해버린 것이다! 물론 두 테마파크 간 경쟁 강도에 대해서는 더 면밀한 분석이 필요하겠으나, 일단 지난 5년간 테마파크별 입장객 추이 데이터만을 근거로 한 메시지는 적어도 테마파크 업계는 여타 산업과는 다르게 산

이제부터 이 데이터의 별명은 '사라진 200만 명은 어디로 갔는가'다.

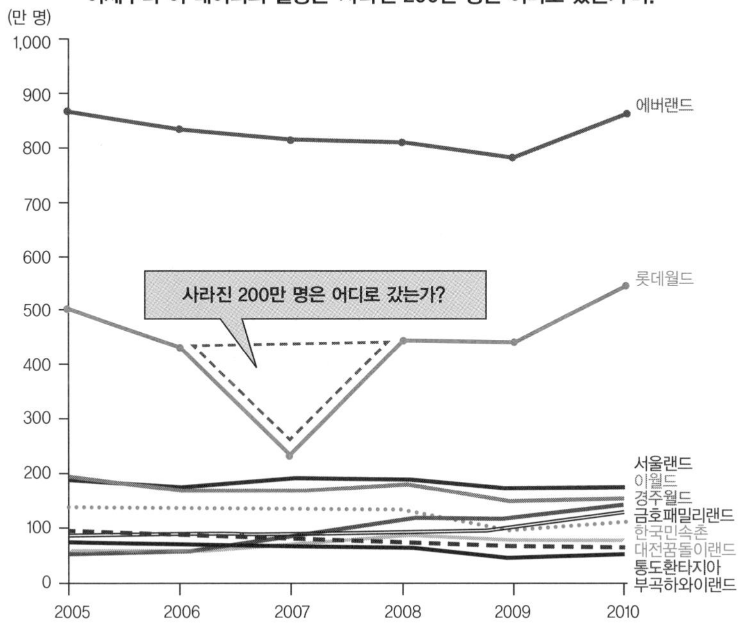

출처: 문화체육관광부, 2011

업 내 매우 약한 경쟁 관계를 형성하고 있음을 강하게 시사한다. 이거야말로 신임 롯데월드 최고경영자에게 산업의 본질적 특성을 이해하는 데 가장 값진 메시지 아니겠는가!

그렇다면 도대체 테마파크 산업에서 무슨 일이 일어나고 있는 것인가? 사라진 입장객은 과연 어디로 간 것일까?

다음에 추가로 제시된 두 개의 데이터를 보면 아마도 사라진 200만 명은 테마파크가 아닌 다른 레저/여가 시설을 활용했을 가능성이 높다. 소득수준 향상에 따라 레저 활동이 다양화되어 레저 활동 내에서 테마파크가 차지하는 중요성이 점차 하락하는 대신 여행 등 레저형 여가 활동이 증가하고 있기 때문이다. 이는 테마파크 산업 수요는 동종 산업(테마파크) 내 상호대체성이 크지 않음을 암시하기

소득수준별 선호 레저 활동

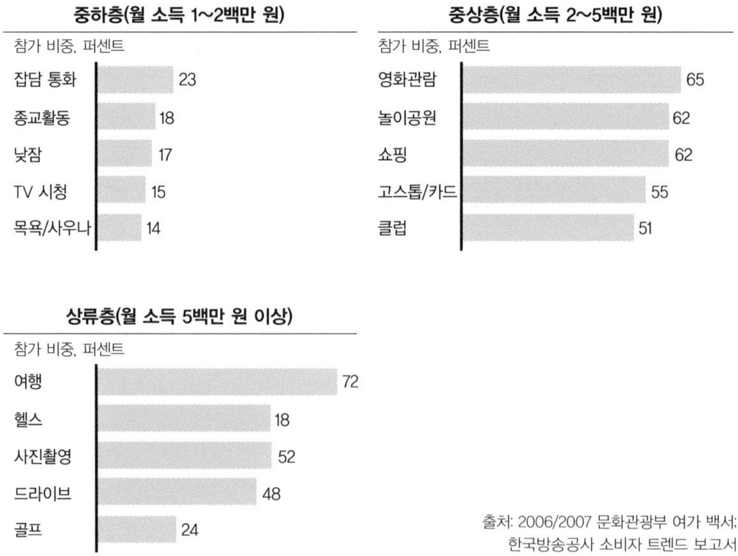

출처: 2006/2007 문화관광부 여가 백서; 한국방송공사 소비자 트렌드 보고서

월 가구 소득에 따른 가구 분류

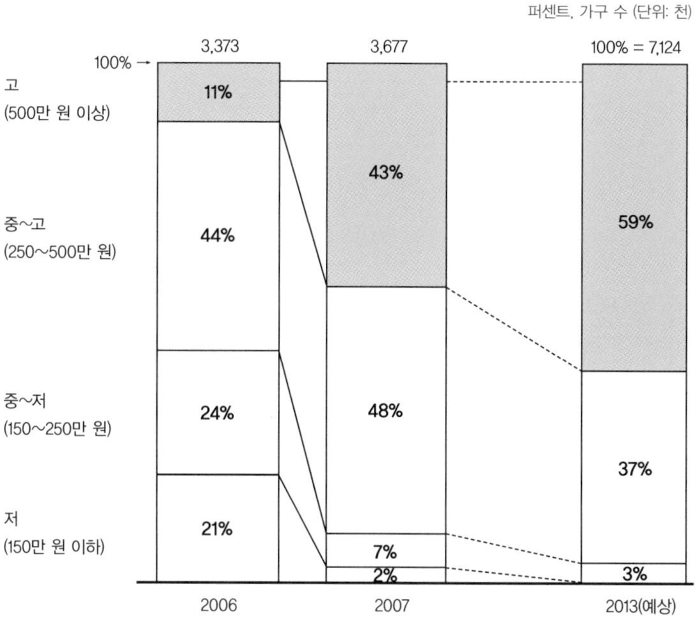

출처: 통계청 2007년 레저백서

도 한다. 쉽게 말해, 롯데월드 입장객과 여타 테마파크 입장객은 애초부터 잘 겹치지 않는다는 것이다. 테마파크 산업의 수요는 레저산업 전체의 관점에서 분석해야지, 테마파크 산업 내에서만 이해하려 하면 안 된다는 중요한 시사점을 주기도 한다. 한때 나이키의 경쟁 상대가 닌텐도라는 사실이 흥미로웠던 것처럼 롯데월드와 에버랜드가 실제로 경쟁 상대가 아닐 수 있다는 사실이 흥미롭다. 나아가 기업 경쟁 전략의 첫 단추를 성공적으로 끼었다는 의미이기도 하다. 경쟁 전략의 첫 단추는 정확한 경쟁자 지목(Whom to compete)인데, 첫 단추를 제대로 채우지 않으면 어디에서(Where to compete), 언제(When to compete), 어떤 방법으로(How to compete) 등 여타 전략이 다 어그러질 게 뻔하기 때문이다. 우리는 단순한 입장객 추이 데이터 하나로 테마파크 경쟁 전략의 큰 틀을 이해할 수 있게 된 셈이다.

데이터와 관련한 감각적 통찰이란 이런 것이다. 동일한 데이터를 보고도 A부터 F의 메시지를 뽑아낸 사람들은 갖지 못했으나, 사라진 200만 명에 주목한 사람이 가진 탁월한 감각 말이다. 간단한 데이터 하나를 접하더라도 겉이 아닌 이면의 본질적인 내용에 착안하고, 목적에 맞게 해석하여 결국은 남들이 하지 못하는 의사결정을 내릴 수 있는 남다른 판단력의 필수 요소다. 이런 능력을 가지고 있다면 세상의 모든 데이터는 기꺼이 당신에게만 특급 정보를 제공하는 비밀 요원이 되어줄 것이다.

침묵형 거짓말 탐색하기

아무리 많은 정보를 가졌다 한들 모든 정보가 효과적인 설득을 위한 훌륭한 근거가 되는 것은 아니다. 그렇다면 메시지를 훌륭히 지지하기 위한 올바른 근거의 필수 조건에는 어떤 것들이 있을까?

우선 사실을 사실대로 전달해야 한다. 이를 '사실성(factuality)'라고 부른다. 그리고 그 사실이 내가 정말 원하는 메시지와 '연관성(relevancy)'이 있는지 확인하는 것도 중요하다. 그럼 주어진 정보가 모두 사실에 입각하고 내가 원했던 내용이라 해서 올바른 정보라 할 수

올바른 근거의 3대 필수 조건

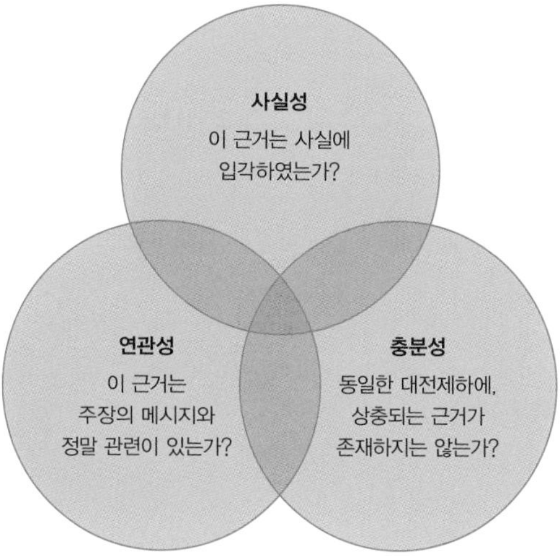

있을까? 아니다. 중요한 덕목 하나가 더 필요한데 그것은 바로 '충분성(exhaustiveness)'이다. 직접 동원된 근거 이외에 동일한 전제에 기반을 두면서도 동일하지 않은 메시지를 지향하는 근거들이 아예 없거나, 있다손 치더라도 적절히 설명될 수 있어야 한다는 의미다. 한마디로 생각지도 못했던 제3의 근거로 뒤통수 맞을 경우까지 없어야 한다는 것이다.

여러분이 한 가지 주장을 하고 이를 지지하기 위해 어떤 근거를 댔다고 해보자. 만약 상대방이 그 근거에 대해 "야! 그게 이거하고 무슨 상관이야?"라고 말했다면 근거의 연관성을 의심하는 것이고, "야! 그건 네가 잘못 알고 있는 거야"라고 말했으면 사실성을, 마지막으로 "그 이유는 어차피 일부에 지나지 않아. 그 반대되는 이유도 얼마나 많은 줄 알아?"라고 말했다면 충분성을 공격하는 것이다. 이 세 가지

근거의 매트릭스

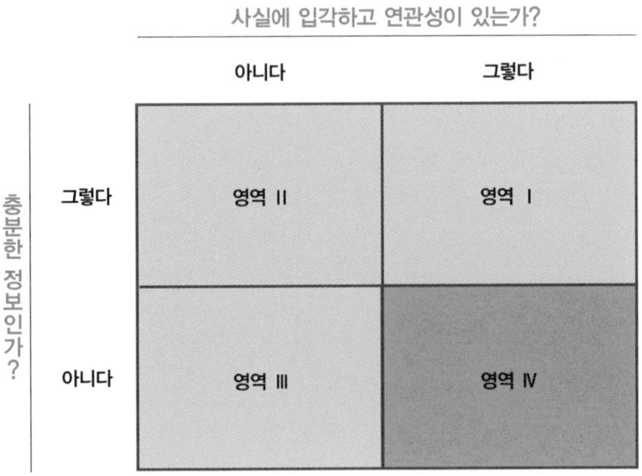

요건을 모두 만족했을 때만이 비로소 훌륭한 근거가 된다. 역으로 말하면, 이 세 요건 가운데 하나라도 결여된 메시지는 합리적인 판단을 지지하지 못한다는 점에서 거짓과 다름없다.

아마도 사실성과 연관성은 쉽사리 이해가 가지만, 충분성은 여전히 모호하게 들릴 것이다. 그렇다면 내 메시지를 남에게 전달하거나, 다른 사람의 메시지를 합리적으로 비판할 때 충분성이 얼마나 중요한 역할을 하는지 간단한 매트릭스를 통해 알아보자. 우리는 사실에 입각하지 않거나 사실이라 하더라도 연관성이 없는 근거에 기반을 둔 II와 III 영역의 메시지들을 잘못된 주장 또는 거짓말이라고 부르는 데 익숙하다.

그렇다면 IV 영역의 메시지도 거짓말이라고 하면 너무 가혹할까? 거짓말을 새롭게 정의하고 싶은 마음은 없으나, 우리 주변에서 흔히 보이는 교묘한 거짓은 대부분 IV 영역에서 속한다는 사실은 꼭 말해주고 싶다. 이는 부동산 계약 시 적용되는 중개인의 고지 의무(Duty of Declaration)와 유사한 것으로, 계약 당사자들이 부동산 거래 성사를 결정하는 데 충분히 영향을 미칠 것으로 판단되는 정보를 사전에 계약 당사자들에게 말해주지 않았다면 그 침묵 자체에 법적 책임이 부과되는 원리와 같은 것이다. 중요한 정보에 대한 의도적인 침묵은 법적으로도 거짓말로 다뤄질 만큼 어떤 메시지를 전달하거나 평가할 때 그 근거를 충분히 제시하는 것은 매우 중요하다.

진실은 입체적이라고 한다. '하나뿐인 사실'은 그 입체를 완성하기에 턱없이 부족하다. 하나뿐인 사실로 진실을 주장하는 사람은 우리 주변에 매우 많다. IV 영역에 있는 사람들이다. 그런 사람들은 우리를 설득할 때 전형적으로 "이건 명백한 사실입니다"라는 말을 의도적으로 반복한다. 충분성을 뒤로 한 채 지엽적 사실의 사실성만을 강조하는 것이다. 이름만 들어도 믿음이 가는 유명 연구소나 과학자의 권위를 빌어 의도적으로 좁혀 전달하고 있는 '하나뿐인 사실'의 사실성을 최대한 부각시킨다. 그러는 사이 우리는 '다양한 관점에서 충분히 사실인가'라는 의심을 잃어버리게 된다. IV 영역의 거짓이 고도의 거짓말이라고 불리는 이유다.

그러면 충분성을 갖추고 성급하지 않게 판단하는 것이 얼마나 중요한지와 이때 데이터와 직관 등이 어떤 기여를 할 수 있는지 사례를 통해 알아보자. 두 명의 대학생이 있다. 한 사람은 졸업 후 네트워크 판매(다단계) 사업을 전업으로 해보고 싶어했고, 다른 사람은 검사가 되고 싶다고 했다. 각자 목표에 대한 확신은 더없이 강했고 어떻게 이

목표를 빨리 달성할까만 고민하는 단계에 있었다. 마치 건너온 다리를 불사른 사람들처럼 열정에 넘쳐 있었다. 먼저, 네트워크 사업을 전업으로 하겠다는 후배는 자신의 확신을 이렇게 설명했다.

"형, 직장생활 해서 부자 되기가 왜 힘든 줄 알아? 경험과 노력이 자본화가 안 되기 때문이야. 쌓이질 않는다고. 회사 그만두면 그냥 그대로 끊기잖아? 그런데 다단계 사업은 좀 다른 거 같아. 내 노력이 판매자 네트워크 형태로 차곡차곡 쌓이고 유지만 잘하면 평생 든든한 버팀목이 돼주잖아. 그러니 한 살이라도 젊었을 때 뛰어드는 게 답인 거 같아."

한때 유명 다단계 회사의 프로젝트를 수행하면서 다단계 사업의 혁신성과 효율성을 매우 잘 알게 된 터라 이 확신에 크게 동조한다. 그러면서도 꼭 보여주고 싶은 데이터가 있다.

다음의 데이터는 공정거래위원회에 등록된 전체 다단계 업체 가운데 매출 기준 상위 10대 업체에서 후원수당을 지급받은 회원 그룹별 2011년 수당 합계 비중을 나타낸 것이다. 상위 10대 업체는 다단계 산업 전체 매출에서 약 82퍼센트의 비중을 차지해 높은 집중도를 보이고 있었다. 더욱 놀라운 것은 이들 업체의 후원수당 상위 6퍼센트에 속하는 회원들이 전체 후원수당의 90퍼센트를 받고 있다는 점과 이를 회원 그룹별 평균 소득으로 환산해보면, 하위 60퍼센트 회원은 일 년에 고작 2만 원 수준의 소득을 올리고 있다는 점이었다. 다단계 사업이 사업 모델로 보유한 놀라운 혁신성은 차치하고 이미 10대 업체에 의해 업계 재편이 완료된 상황에서 신규 회원이 고액 배당 회원으로 성장하기는 생각만큼 쉽지 않을 것이라는 메시지를 담고 있다.

2011 다단계 산업 상위 10개 업체 각 그룹별 후원수당 지급액 및 그 비중

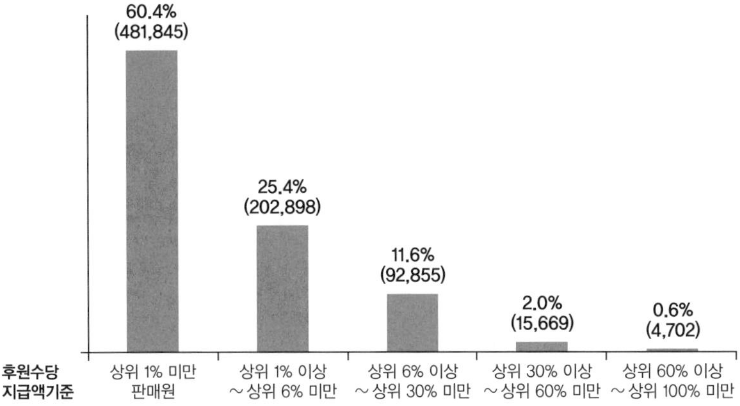

* 2011년 다단계 산업 총 매출 2.9조, 상위 10개 업체 매출 합 2.4조

이 데이터는 공정거래위원회 홈페이지에서 누구나 쉽게 얻을 수 있는 데이터를 가공한 것이지만, 정작 다단계 회원 가운데 이 사실을 아는 사람은 많지 않다는 게 그 후배가 알려준 또다른 진실의 입체성이었다. 결국 그 후배는 전업이 아닌 부업 수준에서 다단계 사업을 받아들였다.

"우리 사회에는 부조리가 너무 많아. 아마 정의감으로 똘똘 뭉치지 않으면 물들어버리기 십상일 거야. 그래서 난 그 정의감의 핵심에 서고자 검사가 되기로 결심했어, 형."

검사가 되고자 한 다른 후배의 출사표다. 개인의 영달을 위해 사법고시를 준비하는 여느 다른 후배들에 비하면 매우 훌륭했다. 정의감이라는 높은 기상에 훼방을 놓고 싶은 생각은 없었으나, 사실은 다양한 각도에서 충분히 전달되어야 한다는 정의감도 못지않게 중요하다

중앙행정기관 종합청렴도

구분	수사·단속·규제기관(14개)	일반 행정기관(25개)
	평균 7.62 / 표준편차 0.52	**평균 8.00 / 표준편차 0.30**
1 등급	**(8.40 이상)**	법제처(8.61, −0.22) 여성가족부(8.57, −0.07) **(8.45점 이상)**
2 등급	병무청(8.36, −) 금융위원회(8.02, −) 환경부(8.02, −0.54) 공정거래위원회(7.91, −0.70) 국토해양부(7.91, −0.62) 농림수산식품부(7.90, −0.13) **(7.88~8.39점)**	소방방재청(8.42, −) 행정중심복합도시건설청 통일부(8.24, −0.52) 통계청(8.19, −0.64) 문화체육관광부(8.15, −0.08) **(8.15~8.44점)**
3 등급	방송통신위원회(7.83, −0.64) 관세청(7.77, −0.83) 식품의약품안전청(7.75, −0.81) 해양경찰청(7.56, −0.67) 고용노동부(7.49, −0.98) **(7.36~7.87점)**	농촌진흥청(8.1, −0.25) 조달청(8.07, −0.45) 기상청(8.06, −0.68) 보건복지부(8.04, −0.17) 방위사업청(7.94, −0.33) 지식경제부(7.94, −0.67) 기획재정부(7.92, −0.62) 행정안전부(7.91, −0.62) 교육과학기술부(7.89, −0.45) 국가보훈처(7.87, −0.54) 국무총리실(7.87, −0.50) **(7.85~8.14점)**
4 등급	국세청(7.02, −1.44) **(6.84~7.35점)**	특허청(7.83, −0.15) 국방부(7.83, −0.69) 중소기업청(7.80, −0.41) 외교통상부(7.78, −0.7) 문화재청(7.74, −0.36) 산림청(7.69, −0.84) **(7.55~7.84점)**
5 등급	검찰청(6.81, −0.72) 경찰청(6.36, −1.72) **(6.84점 미만)**	법무부(7.13, −1.25) **(7.55점 미만)**

: 중앙행정기관, 공직 유관단체는 기관별 업무 성격, 측정 대상 업무가 상이하여 서열화하여 순위를 비교할 수 없음.
: 종합청렴도 점수는 외부 청렴도, 내부 청렴도, 정책고객평가 점수를 가중 평균한 후, 부패사건 발생 현황 감점 및 신뢰도 저해 행위 감점을 반영한 점수임.
: 기관별 외부 청렴도는 부패 발생 가능성이 높은 주요 업무 민원인을 대상으로 측정한 조사결과이며, 측정 대상 기관의 모든 업무를 대상으로 한 것은 아님.
: 조사 대상 기관: 총 627개 기관, 총 2495개 업무, 총 24만 2897명 대상 조사(민원인/공직자, 측정 대상 기관 소속 직원, 학자, 출입기자, 국회보좌관, 시민단체, 산하기관, 직능단체 관계자 등)

생각했다. 그래서 옆의 데이터를 보여줬다.

이 데이터는 2012년 국민권익위원회가 조사 발표한 공공기관 청렴도 결과로, 대표적인 법 집행기관인 검찰청, 경찰청, 법무부가 오히려 최하 등급을 받아 '중이 제 머리 못 깎는다'는 안타까운 메시지를 담고 있었다. 다행히 이 데이터를 접한 후배의 기상은 더 높아졌다. 때론 꿈을 좇을 때 '그러므로' 유형의 이유보다 '그럼에도' 유형의 이유가 더 강력한 동기부여를 주기 때문이다. 어찌 보면, 데이터를 보고 '그럼에도' 유형의 이유까지 가졌다는 것은 큰 행운일 것이다.

정보의 양이 증가할수록 더 경계해야 할 유형의 거짓말은 사실성에 오류가 있는 '명백한 거짓말'보다는 충분성이 부족한 '침묵형 거짓말'이다. 침묵형 거짓말이 더욱 일상적이고 그럴싸하기 때문이기도 하지만, 정보가 늘어갈수록 더 골고루 파악해야 하는 수고로움이 늘어 간과하기 쉽기 때문이다. 이를 극복하기 위해 침묵의 가능성에 대해 의구심을 품는 습관을 들여야 한다. 그리고 그 내용을 명명백백히 밝히는 다양한 관점의 사실으로 스스로를 무장하는 수밖에 없다.

그런 무장에 데이터의 역할이 의미 있는 것이다. 누군가 사실성에 근거를 둔 특정 데이터를 지나치게 강조한다면, 그 반대 주장도 지지할 수 있는 다른 데이터가 있을 가능성이 높다. 수많은 데이터가 매일같이 생산되는 세상이기 때문이다. 그래서 데이터를 이용한 기만은 데이터를 통해서만 효과적으로 무력화될 수 있다. 만약 여러분이 무언가를 결정해야 한다면 그 결정 내용을 상반된 방향으로 지지하는 데이터를 찾아보는 습관을 갖도록 하자. 두 데이터에서 하나는 반드시 거짓말 탐지기 역할을 해줄 것이다.

\2부\

데이터로 상처 없이 설득하라

지금까지 상황을 인지하고 그에 기초해 판단을 내릴 때 데이터가 표준화되지 않은 다른 정보 유형보다 얼마나 우월한지 살펴보았다. 좋은 설득의 기초에는 좋은 인지와 판단이 있어야 한다는 점에서 데이터는 설득을 위한 좋은 도구다. 여기서 한걸음 더 나아가 데이터는 설득 자체에도 더할 나위 없이 좋은 도구다. 설득이란 결국 상대방이 가진 믿음의 관성에 변화를 가져오는 것인데, 이때 데이터가 가진 '사실성'이란 특성이 그 변화를 가져오는 데 특효약이기 때문이다.

3장
설득을 위한 데이터

누군가를 설득하는 것은 매력적인 일이다. 나의 인식과 판단을 상대방에게 이식하는 과정이기 때문이다. 그러므로 인식과 판단은 설득과 떼려야 뗄 수 없는 관계에 있다. 자신의 영향력을 상대방에게 전달시키는, 이 난이도 높은 행위가 효과적으로 이뤄지기 위해서는 크게 두 가지 요건이 필요하다. 하나는 '명확한 조준'으로, 설득 지점을 잡아내는 과정이다. 상대방의 논리적 허점을 찾아내거나, 나의 주장을 받아들이는 데 가장 거부감을 보이는 지점을 잡아내는 것을 핵심으로 한다. 그 명확한 조준 지점에 상대방의 심리적 저항감을 최소화할 수 있는 객관적 근거를 퍼부으면서 설득은 마무리된다. 이것이 '충분한 화력'이라 불리는 두 번째 요건이다. 이때 명확한 조준에는 상대방의 논리적 허점을 찾아내는 동물적 감각이, 충분한 화력에는 데이터가 환상의 콤비를 이루며 큰 역할을 해낸다.

이들 콤비 앞에서 상대방은 다음처럼 생각하게 된다.

'나는 너에게 설득되는 게 아니라, 네가 전달한 사실을 받아들이는 거야.'

이렇게 이내 뜻을 같이하게 되도록 반응을 이끌어내는 것이 데이터를 통한, 상처주지 않는 설득의 핵심이다. 자, 그럼 어떻게 감각적으로 설득 지점을 잡아내게 되는지, 또 데이터가 어떻게 사실성을 극대화하여 상대방의 심리적 저항감을 완화하는지에 초점을 맞춰 '남다른 설득력'에 대해 알아보자.

원샷 원킬 스나이퍼

"회장님, 이것 보십시오. 국내 농기계 시장은 성장의 여지가 거의 없습니다. 농기계 보유 대수가 아예 줄고 있고, 벼농사건 밭농사건 농업기계화율이 거의 정체되었습니다. 성장을 위한 새로운 시장이 필요한 상황입니다. 그룹 차원의 적극적인 지원 역시 절실합니다."

회장이 동조하듯 말했다.

"음, 그렇군. 그러면 염두에 둔 신규 시장이라도 있습니까?"

"네. 있습니다."

"오 그래, 어딘가요?"

기회가 찾아왔다는 듯 농기계 자회사 사장은 자신 있게 답했다.

"북한입니다."

"응? 어디?"

국내 농기계 보유 대수

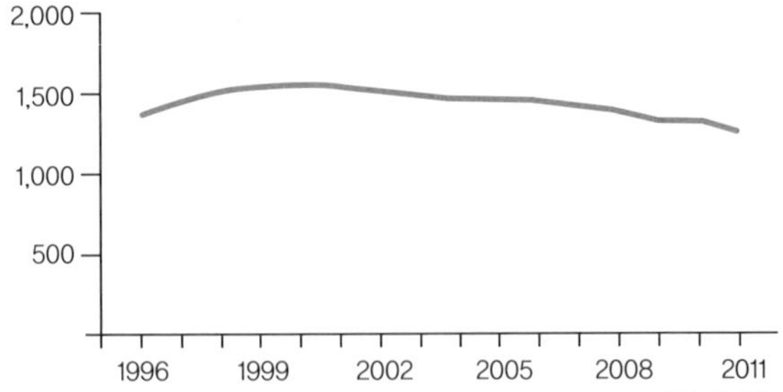

출처: 통계청

국내 농업기계화율

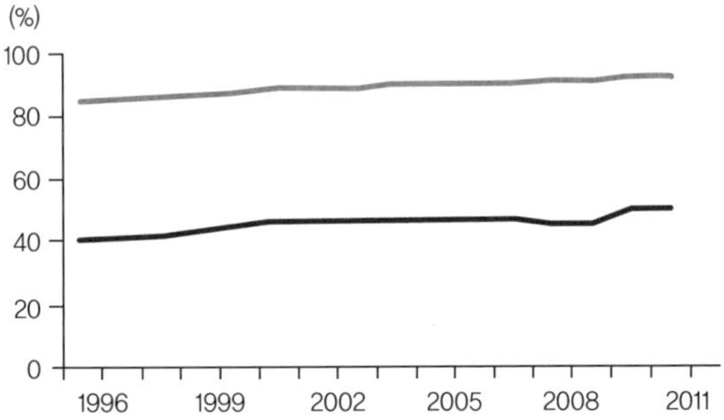

출처: 통계청

"북한이요. 농업기계화율이 매우 낮은 북한 시장은 그야말로 블루 오션입니다. 게다가 우리 동포 아닙니까?"

"음, 그게 참 ……. 다른 계열사 사장님들은 어떻게 생각하나요?"

"……."

이 대화는 2009년경 국내 재계 순위 약 30위권 그룹의 회장 및 사장단 회의장에서 실제로 오간 내용을 각색한 것이다. 이 대화를 시발로 해서 북한 시장에 진출할 수 있도록 지원해달라는 농기계 자회사 사장의 요구는 계속되었고, 시장논리만으로 접근하기는 쉽지 않은 북한 시장이 못마땅했던 회장은 자회사 사장의 계획을 확실히 만류하고 싶었다. 하지만 완강하기만 한 사장의 요구에 회장 및 사장단 전체의 고민은 깊어만 갔고, 이 고민은 당시 그룹 중장기 전략 수립 프로젝트를 수행하기 위해 상주하고 있던 외부 컨설팅 팀에도 전해졌다.

과연 북한 시장 진출이 합리적인 성장 돌파구인가를 두고 컨설턴트들 사이에서도 토론과 분석이 끊이지 않던 도중 뜻밖의 데이터 하나로 '북한 시장 진출 불가'라는 결론이 간단히 도출되었다. 이 데이터는 이후에 열린 회장 및 사장단 회의 자리에 즉시 제출되었고, 그로 인해 회장은 원하는 결과를 얻는 데 성공했다. 수십 장짜리 북한 농기계 시장 진출 타당성 분석 보고서가 아니라 단 한 장짜리 데이터인데 말이다. 후문에 의하면, 그 데이터는 막 대학을 졸업한 신입 컨설턴트가 제시한 것이었다고 한다. 도대체 그 데이터는 어떤 말을 하고 있었을까? 여러분도 같이 생각해보자. '북한 시장 진출 불가'라는 결론을 단박에 이끌어낼 수 있는 촌철살인형 데이터의 메시지는 과연 무엇이었을까?

- 북한 정권의 개입으로 실제 시장 진출이 쉽지 않을 것이다.
- 북한 농기계의 수요가 크지 않을 것이다.
- 진출한다 하더라도 개성공단같이 정치적 위험에 의해 사업의 정상적 운영이 많은 영향을 받을 것이다.
- 우리 정부의 승인 및 지원이 불투명해 시도 자체가 좌절될 수 있다.

여러분이 떠올린 답변도 혹시 이와 같은가? 이런 반대 근거들을 자회사 사장이 모르고 있었을까? 이런 문제는 장기간의 노력으로 극복될 수 있다고 여전히 강변한다면 어떻게 답해야 할까? 추가적인 반박을 허용한다는 것 자체가 이미 촌철살인형 데이터가 아니라는 증거다. 우리가 찾고자 하는 좀더 날카로운 유형의 데이터는 사장이 사전에 인지하지 못했을 법하고 일개 회사의 노력으로 도저히 극복할 수 없는 좀더 구조적인 장애 요인을 나타내야 한다. 이 점을 잘 이해하고 있던 신입 컨설턴트가 주목한 부분은 바로 '북한의 유류 상황'이었다. 그가 제시한 한 장의 데이터가 말하는 메시지는 '북한은 군사 목적으로 사용할 기름도 모자란 형편임'이었다. 농기계의 '농' 자도 언급하지 않은 채 하고 싶은 모든 말을 마친 것이다. 정말 대단하다.

철학자 볼테르는 "신(神)은 많은 병력 편이 아니라 정확한 사수의 편에 선다"라고 말했다. 전쟁과도 같은 비즈니스 현장에서는 부득불 내가 맞으면 당신이 틀리고, 당신이 맞으면 내가 틀리는 이분법적 상황이 많이 발생한다. 이런 상황에서 정확한 사수, 요즘 말로 저격수의 힘은 설득을 통한 비즈니스의 전쟁터에서도 똑같이 중요하다. 그럼 이런 저격수식 설득이 가능한 이유는 무엇일까? 그것은 바로 상대방이 전개한 논리 구조의 맥을 정확히 공략할 수 있기 때문이다. 그럼 그 맥이 어떻게 형성되는지 알아보자.

세상의 모든 주장은 그 근거를 동반한다. 근거가 필요 없는 주장은 단 두 종류다. 믿음에 근거를 둔 종교적 교리거나 억지 주장이 그것이다. 그 외의 모든 주장과 그 주장을 지지하는 근거의 아래에는 보이지 않는 전제, 즉 가정(assumption)이 존재한다. 이런 방식으로 설득은 가정, 근거, 주장의 내용(메시지)을 기본 요소로 하고 있으며 훌륭한 설득일수록 이 셋은 서로 견고하게 지지하고 있다. 논리의 맥은 이 세 요소들의 관계를 말하는 것이며, 이 맥이 저격수에게는 조준점이 된다. 이 틀에 농기계 자회사 사장의 주장을 부어보면, 다음 '메시지 피라미드'처럼 나타난다.

메시지 피라미드

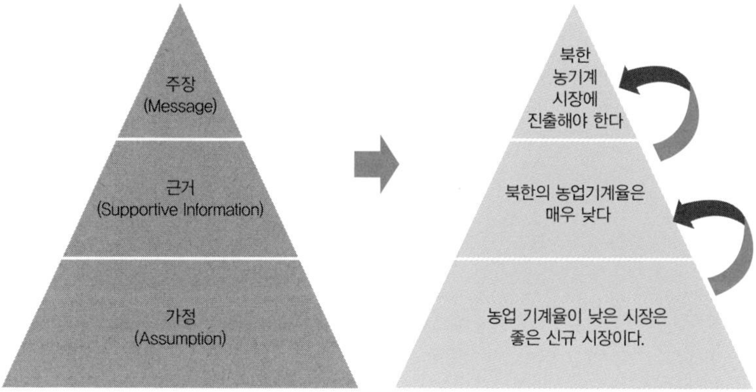

일반적인 메시지 피라미드 **농기계 자회사 사장의 메시지 피라미드**

이 주장 구조의 특징은 근거와 주장이 더할 나위 없이 견고한 지지 관계를 맺고 있다는 것이다. 이런 경우 아무리 근거와 주장 사이의 맥을 공략한다 하더라도 논쟁은 끝없는 평행선을 그리게 된다. 이럴 때는 전혀 다른 관점의 공략이 필요한데 그것이 바로 가정과 근거 사이를 공략하는 것이다. 북한 시장이 일반적인 시장 여건과는 다른 특수한 구조에 있다는 사실은 상식이다. 이런 상식은 농기계 자회사 사장의 주장-근거 구조에 미처 반영되지 않은 것으로 공격의 여지가 충분하다. 신입 컨설턴트의 '북한 유류 상황' 데이터는 이를 매우 잘 이해한 반박이었다.

가정과 근거의 맥을 끊으면 근거와 주장의 맥도 자연스럽게 끊기는 것, 이것이 저격의 핵심이었다. 눈에 훤히 보이는 메시지나 근거에만 집중하지 않고, 눈에 보이지는 않으나 더 효과적인 공격 지점을 찾아내는 감각이 빛을 발하는 순간이다. 농기계를 팔면서 기름까지 구해다 줄 수는 없지 않은가?

물론, 북한 농기계 시장 진출 시도라는 해프닝이 동물적 감각만으로 만류되었다고 보기는 힘들다. 정확한 조준이 제 역할을 성실히 수행했다 한들, 그 위력이 충분하지 못하면 저격에 성공할 수 없기 때문이다. 다시 말해, 상대방의 논리적 허점이나 설득 지점을 정확히 짚어낸들 그 화력이 충분하지 못하면 깔끔한 설득을 완성하기 힘들다. 그 이유는 사람의 믿음과 의견에 관성이 있기 때문이다. 일단 한번 믿은 것은 계속 믿고 싶어하고, 한번 믿지 않던 것은 계속 믿고 싶지 않아하는 특성 말이다. 아이러니하게도 이런 관성은 자신의 논리적 취약점이 상대방에게 포착되었을 때 더 강하게 작용하곤 한다. 정곡을 찔렸다는 판단하에 심리적 아집이 더 크게 작용하는 것이다. 그러므로 저격수식 설득에서는 조준이 정확할수록 그에 더해 화력이 더더욱 위력적으로 뒷받침돼야 한다.

이렇듯 정확한 조준과 강력한 화력은 남다른 설득을 완성하는 데 떼려야 뗄 수 없는 관계다. 설득의 맥을 꿰뚫어보고 조준하는 저격수의 감각과 단 한 발로 상대를 압도하는 저격 소총과 같은 데이터가 반드시 필요한 것이다. 지금부터 그 감각적 조준과 데이터의 화력에 대해 차근차근 알아보자.

조준점을 명확히

동물적 감각은 경험, 믿음 등이 응집되어 나타난 사고력의 총체다. 경험과 믿음이 바탕에 있기 때문에 상당히 주관적이지만, 통찰을 기반으로 해서 매우 빠르고 응축적이다. 이런 직관은 메시지를 상대방에게 효과적으로 전달할 때, 또는 상대방의 메시지를 비판적으로 받아들일 때 그 강점과 약점을 감지해내는 레이더 역할을 한다. 저격수의 감각, 바로 그것이다.

농기계 자회사 사장의 예에서 우리는 세상에 존재하는 모든 주장의 메시지는 아무리 복잡한 구조를 가졌다 한들 메시지 피라미드로 단순하게 요약될 수 있다는 것을 알게 되었다. 여기서 더 나아가 일반적으로 메시지 피라미드상에 어떤 조준점이 있을 수 있는지 살펴보자. 이 조준점을 잘 알아야 효율적이고 효과적으로 설득할 수 있다. 간혹 비즈니스 현장에서 조준점에 대한 이해 없이 무작정 토론을 진행해 대화에 참여한 모든 사람을 지치게 만드는 사람들이 있다. 무기도 작전도 없이 무턱대고 적진에 뛰어드는 병사처럼 말이다.

일반적으로 직관이 조준할 수 있는 조준점은 피라미드에서 총 네 개 정도다. 이 조준점들은 그 위치가 제각각 다르지만, 궁극적으로 메시지를 강화하거나 무력화하기 위해 존재한다는 공통된 특징이 있다.

메시지 피라미드 상의 메시지, 근거, 가정 사이의 관계는
설득과 비판을 위해 중요한 직관의 조준점이 된다.

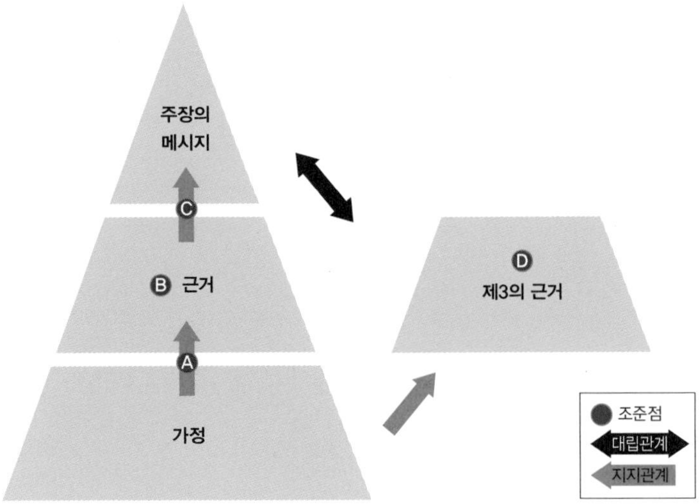

첫째 A는 가정과 근거의 맥을 차단하는 지점으로, 주장하는 메시지와 근거의 관계(C)가 견고하다고 자부할수록 놓치기 쉽다. 농기계 자회사 사장의 사례에서 북한이 아무리 농업기계화율이 낮다 하더라도 농기계 판매 이후 정상적으로 사용하기 위한 최소한의 환경이 갖춰지지 않았다면 도루묵인 것처럼 말이다.

B 조준점에서 중요하게 살펴봐야 할 점은 근거의 사실성과 연관성이다. 말했다시피 메시지는 근거라는 기반 위에 존재한다. 그러므로 근거의 무력화는 곧 메시지의 무력화를 의미한다. 근거를 무력화할 수 있는 방법은 근거가 온전한 근거로서 갖춰야 할 덕목과 깊은 연관을 가지고 있다.

마지막 D는 충분성과 관련된 부분이다. 충분성 이슈는 메시지 피

라미드에 겉으로 드러나 있지 않기 때문에 포착하기가 쉽지 않은 특징이 있다. 설득하려는 사람 입장에서는 자신도 모르게 무리한 가정을 근거로 삼고 있지는 않은지 또는 자신의 주장과 동일한 가정에 기반하고 있으나 혹시 자신이 제시한 근거와 충돌하는 근거가 존재하지 않는지를 늘 챙겨야 한다. 상대방의 근거와 제3의 근거 간에 옳고 그름이 무 자르듯 명확히 갈리지 않아 더욱 난해한 경우도 있다. 그만큼 중요하다는 뜻이기도 하다. 이 사실성, 연관성, 충분성에 대해 잘 설명해줄 사례를 보자.

2011년 여름, 하늘에 구멍이 뚫린 듯 비가 쏟아졌다. 계속된 강우로 결국 서울 우면산에서 산사태가 일어나 열여섯 명이 목숨을 잃고 말았다. 좀체 볼 수 없던 서울 도심 지역 산사태의 책임 소재를 두고 즉각 논쟁이 일었다. 공방의 핵심은 '우면산 산사태는 천재(天災)인가 인재(人災)인가'였다. 서울시는 조사단을 꾸려 2011년 9월에 조사 결과를 발표했지만, 시민사회는 부실 조사라고 거세게 비판했다. 비판을 무시할 수 없던 서울시는 제2차 조사단을 꾸려 1년여가 흐른 2012년 11월에 조사 결과를 다시 발표했다. 2차 조사단은 당시 기상청 남현관측소에서 120년 만에 시간당 강우량 114㎜의 폭우가 기록되었으며, 이는 산사태가 천재(天災)임을 밝혀주는 대표적인 근거라고 주장했다. 이를 메시지 피라미드로 그려보면 다음과 같다.

누가 보더라도 견고한 메시지 피라미드다. 근거에 등장한 120년 만이라는 표현이 더할 나위 없이 설득력 있어 보인다. 하지만 이런 메시지 구조에 대해 당시 서울시의회 도시안전위원회 소속 김연선 의원이

우면산 사태 메시지 피라미드

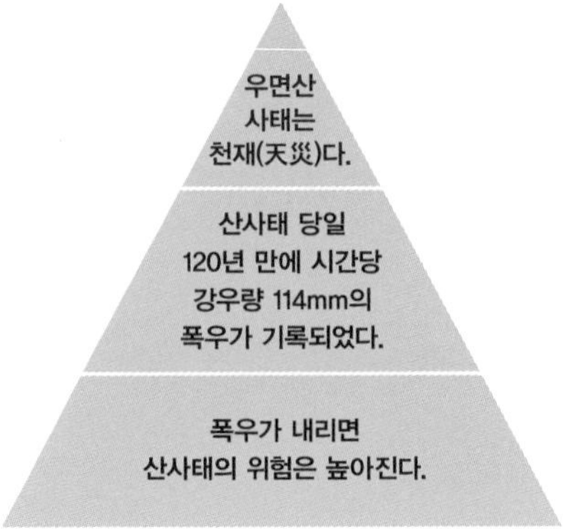

세 가지 반박을 제시했다.

첫째, 사고 당시 하루 강우량은 230㎜로 2006년과 2010년에 기록된 하루 강우량보다 적었지만 조사단은 이를 묵살하고 의도적으로 시간당 강우량 114㎜만을 부각시켰다. 기상청 자료에 따르면 지난 40년간 서울에서 하루 강우량이 150㎜를 넘은 경우는 모두 열 번이다. 산사태 주의보 발령과 관련해 하루 강우량도 중요한 지표인데, 이를 간과했다는 게 김 의원의 주장이었다.

둘째, 조사단이 발표한 기록적인 시간당 폭우, 114㎜는 사고 당일 오전 7시 40분부터 8시 40분까지 기록된 강우량이다. 하지만 시간당 강우량은 한 시간 단위로 조사되기 때문에 이 시간대의 임의지정 기록은 신뢰할 수 없으며 이 과정에서 강우량이 과다 계산됐을 것이라는 중요한 조준이었다. 또한, 기상청 강우량 기록에는 오전 8시부터 9시까지 남현관측소에 한 시간에 80.5㎜가 내렸다고 한다.

마지막으로, 남현관측소가 2010년에 생겼으니 120년 만의 폭우라 조준점을 가지고 비판하고 설득하면 매우 효과적이다.

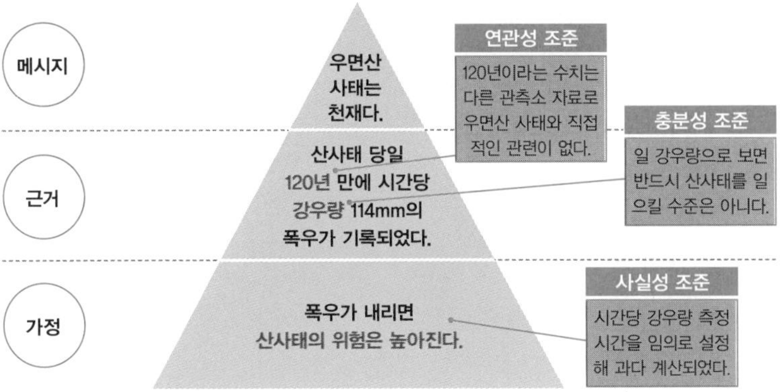

는 결론을 내릴 수 없다는 점이다. 김 의원은 이 세 가지 강우량 왜곡을 기반으로 하여 우면산 산사태가 천재(天災)라는 잘못된 결론에 도달하게 됐음을 지적했다. 조사단의 근거를 공격함으로써 메시지 약화를 시도한 것이다.

이런 세 가지 반박은 우리가 논의하던 근거의 사실성, 연관성, 충분성을 잘 말해주고 있다. 첫째는 산사태를 일으키는 폭우의 기준을 공략한 예로, 하루 강우량 관점으로 볼 경우 산사태를 일으킬 만한 폭우가 아닐 수 있다는 게 핵심이었다. 이는 동일한 가정하에서 제시될 수 있는 제3의 반대 근거를 제시한 것으로 서울시의 메시지를 측면에서 흔들었다. 즉, 서울시가 내놓은 근거가 충분하지 못함(not exhaustive)을 지적한 것이다. 또한, 둘째 반박은 과다 계산에 의한 근거의 사실성(not factual) 부족을, 셋째 반박은 120년이라는 수치는 다른 관측소 자료이며 우면산 사태와 직접적인 관련이 없음(not relevant)을 조준했다.

이런 합리적이고 적절한 조준들 때문인지, 우면산 사태 관련 진상 조사를 펼치고 있던 서울시 산하 서울연구원은 2013년 3월 최종 보고서에서 이번 사태는 온전히 천재만은 아니라는 취지의 결론을 발표하게 된다. 저격이 성공한 것이다.

조준점을 포착하는 것은 분명 사고력의 영역이다. 하지만 설득과 비판에 사용되는 감각은 절대 막연한 개념이 아니다. 적어도 나와 상대방의 메시지를 이런 피라미드처럼 적절히 재구성할 수 있다면 연관성, 충분성, 사실성에 따라 자유롭게 조준해볼 수 있기 때문이다. 자신의 메시지를 전달하고 상대방의 메시지를 비판적으로 받아들이는 데 있어 그 감각을 꼼꼼히 작동해보고 싶다면 다음 표에 정리된 질문들이 도움이 될 것이다.

직관을 꼼꼼하게 활용하기 위한 필수 질문

		사실성	연관성	충분성
조준점	A	설사 메시지가 근거에 의해 적절히 지지받는다 하더라도, 혹시 사실관계가 모호한 가정에 근거하지는 않는가?	상대방이 근거와 관련 없는 내용을 가정으로 삼고 있지는 않은가? 또는 상대방의 가정 자체가 무리하진 않은가?	
	B	가정과 메시지의 관계를 차치하고서라도 근거 자체가 사실인가?		
	C		잘 따져보면 상대방의 근거가 메시지와 관련이 없지는 않은가?	
	D			상대방과 동일한 가정에 근거하고 있으나, 메시지와 상충하는 근거가 있지 않은가?

화력은 필수

자, 다시 데이터 이야기로 돌아와보자. 저격수가 아무리 조준을 잘한다 한들 가지고 있는 총의 화력이 충분하지 않다면 어떻게 될까? 아무리 훌륭한 조준 실력을 자랑한대도 저격수라 불리기 힘들 것이다. 그럼 메시지 전달 과정에서 충분한 화력이란 무엇을 의미하는 것일까? 그것은 바로 설득하는 힘을 의미한다. 설득의 방향을 결정하는 것이 조준이었다면, 실제 설득을 이뤄내느냐는 근거 데이터의 힘에 좌우된다. 그만큼 설득의 가능성은 얼마나 설득력 있는 증거를 가지고 있느냐라는 문제와 직결되어 있다.

메시지를 지지하기 위한 근거는 감성적인 호소부터 표준화된 데이터까지 천차만별이며, 일반적으로 표준화된 데이터에 가까울수록 더 높은 설득력을 갖는다. 표준화될수록 구체적, 체계적, 객관적 정보라는 인상을 주기 때문이며, 정성적인 정보가 정량화되려면 실제로 구체성, 체계성, 객관성이 일정 수준 이상 확보되어야만 하기 때문이다. 그럼, 그런 인상은 어떤 때에 쓸모 있을까? 결론부터 말하면, 생각의 관성을 움직일 때 매우 유효하다. 생각의 관성이란, 믿고 있던 것은 계속 믿으려고 하고 한번 믿지 않던 것은 계속 믿지 않으려는 성질을 말한다. 정도의 차이만 있을 뿐, 우리 모두 생각의 관성을 가지고 있다. 결국 설득력의 실체는 그 관성의 방향을 바꿔놓는 것을 말하며, 화력이 강할수록 새로운 방향은 원래의 방향과 멀리 떨어져 있게 된다.

다음 그림의 왼쪽은 먼지벌레붙이 유충(mealworm)을 확대해서 찍은 사진이다. 특별히 곤충을 사랑하는 사람이 아니라면, 대부분 역겨운 느낌을 받을 것이다. 오른쪽 사진은 한 네덜란드 여성이 그 유충을 시식하는 장면을 포착한 것이다. 그것도 정성스레 쿠키로 만들어서 말이다. 이 두 사진에서 드러나는 벌레에 대한 생각 차이는 대체 얼마나 멀리 떨어져 있을까? 곤충에 대한 우리의 관성이 쿠키로 옮겨 가기까지 도대체 얼마나 강한 화력이 필요할까?

만약 저 쿠키가 최근 유엔(UN)이 권장하는 단백질 섭취 방식이라면 생각을 전환하기에 충분할까? 2013년에 유엔 식량농업기구(FAO)에서 발표한 공식 보고서는 인류의 식량 확보 전략에서 먼지벌레붙이 유충을 비롯한 여타 곤충을 무척이나 중요하게 여기고 있다. 심지어 그 곤충들을 대체 식품으로 섭취하는 것을 적극 권장하기까지 한다. 도대체 왜일까? 그 보고서에 제시된 이유를 요약하면, 곤충은 자기 몸에서 식용으로 활용될 수 있는 비중이 소 또는 닭보다 압도적으로 높아 동일한 양의 단백질을 생산하는 데 훨씬 효율적이라는 것이다. 사육 과정에서 이산화탄소 발생량도 적어 단순한 식량 자원을 넘어 '지속 가능한 식량 자원'으로까지 칭송받고 있다.

먼지벌레붙이의 유충인 밀웜과 밀웜 쿠키를 시식하는 장면

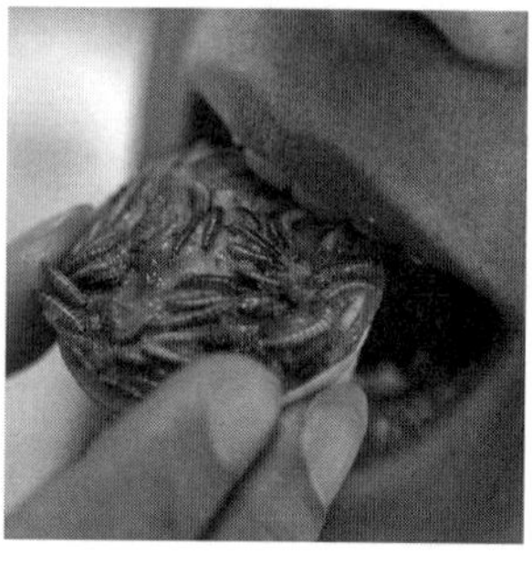

인간이 먹을 수 있는 1kg을 생산하기 위해 필요한 사료의 무게(kg)

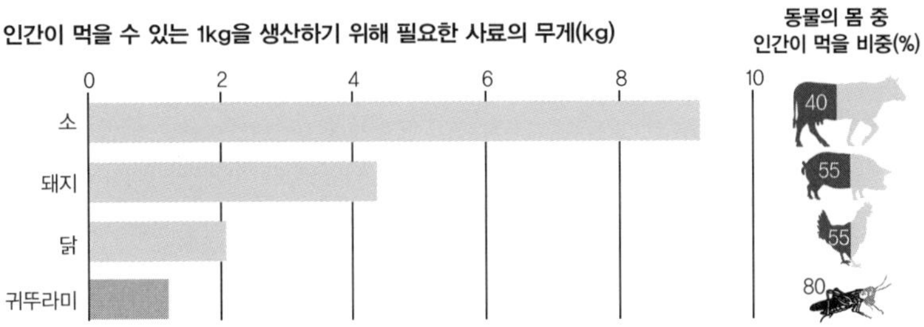

단백질 1kg을 생산하는 데 발생하는 온실가스의 양 CO_2 등가 kg(equivalent kg)

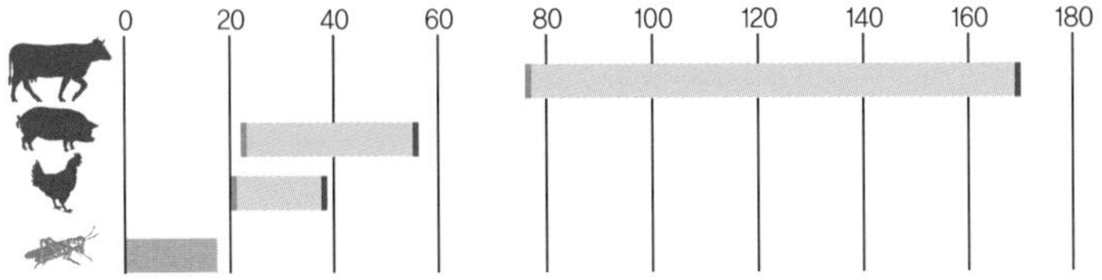

생중량 100g당 단백질 함유량(g)

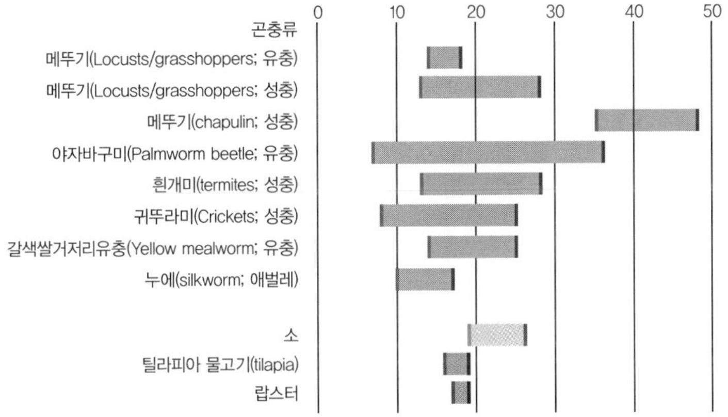

출처: UN 식량농업기구

전 세계 인구의 무려 30퍼센트에 해당하는 사람들이 이미 오래전부터 곤충을 섭취해왔다고 한다. 아무리 그 모양새가 역겹다 한들, 이렇게도 장점이 많다 하니 살짝 마음이 흔들리는 게 사실이다. 그러고 보면 우리가 어렸을 때부터 간식으로 즐긴 번데기도 곤충이다. 게다가 유엔에서 발표한 데이터 아닌가?

데이터는 이렇게 생각의 관성에 변화를 주는 데 아주 특별한 능력을 발휘하고 있다. 혹시 앞서 나온 벌레 이미지가 여전히 떠올라 이 결론에 동의할 수 없다면, 좀더 전문적인 방법으로 데이터 활용을 시도한 사례를 살펴보자. 2011년 다트머스대의 브렌던 나이한(Brendan Nyhan)과 조지아주립대의 제이슨 리플러(Jason Reifler)는 아주 재미있는 실험 결과를 발표했다. 보고서 제목은 '정치적 견해 바꿔보기'로, 실험 대상자들이 특정 정치 이슈에 대한 견해를 바꿀 때 설득 방식이 어떤 영향을 미치는지를 알아본 것이다. 설득 방식은 실험 대상자들에게 특정 주제에 대해 생각을 바꿀 수 있는 새로운 근거를 제시했느냐로 구분되었다.

실험 기획 당시 미국 사회에서 정치적으로 가장 첨예한 이슈는 '이라크 지역에 대한 병력 증파가 과연 올바른 판단이었는가'였다. 실험 대상자들은 다음 질문을 받았다.

"병력 증파가 이라크 내 반미 세력의 미군 공격을 저지하는 데 효과적이었다는 사실을 믿습니까?"

실험 대상자들에게는 이라크 반군의 주간 공격 횟수 그래프가 근거 데이터로 제시되었다. 병력 증파 이후 미군에 대한 공격이 현격히 줄었음을 명확하게 확인할 수 있는 데이터였다.

출처: 이라크 내 다국적군 발표 자료

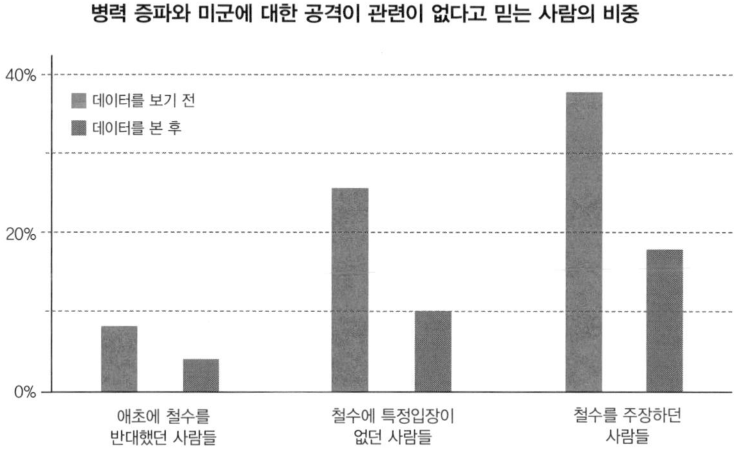

결과는 생각보다 흥미로웠다. 기존에도 이라크 내 미군 철수에 반대해왔던 실험 대상자들은 기존 입장에 큰 변화가 없었다. 본래 자신의 정치적 신념과 일치하는 자료였기 때문이다. 중립적 입장이거나,

철수에 찬성해왔던 대상자들은 데이터를 본 후 대부분 기존 입장에서 변화를 보였다. 생각이 움직인 것이다.

누구나 적절한 근거를 만나면 생각을 바꿀 여지가 있다. 하지만 내가 원하는 수준만큼 바꿔놓기 위해서는 별도의 도구가 필요한 게 사실이다. 더 객관적이고 더 구체적이며 더 체계적으로 보이는 도구 말이다. 그것이 바로 데이터다. 그리하여 '한 장의 데이터는 천 마디 말보다 강하다'라는 말이 등장하게 되었다.

계산 없이 발사된 만 발의 화살보다 적당히 조준된 천 발의 화살이 효과적이다. 하지만 비즈니스 전쟁터에서는 천 발도 너무 많다. 진정으로 원하는 것은 정밀 조준되고 위력까지 갖춘 단 한 발이다. 데이터는 근거의 사실성을 극대화한다. 근거의 사실성 극대화, 이것이 바로 데이터 화력의 핵심이다. 직관에 따른 조준과, 데이터가 뒷받침해주는 화력이면 늘 이길 수 있다.

자, 긴 여행을 정리할 시간이다. 데이터와 친해지면 왜 좋은지에 대한 답을 얻으러 떠난 여행 말이다.

데이터로 말하면 설득력이 커진다.

	남다른 인지력				남다른 판단력			남다른 설득력
	관점이 있는 이해	정도의 차이까지 아는 이해	구조적 이해	상징적 이해	독보적인 판단	불확실성에서의 판단	균형잡힌 판단	강력한 설득
상징	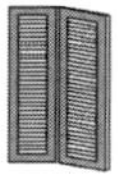 창문 (Window)	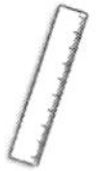 자 (Ruler)	 현미경 (Microscope)	 픽토그램 (Pictogram)	 비밀요원 (Screte Agent)	 미래학자 (Futurist)	 거짓말 탐지기 (Lie detector)	 저격용 소총 (Sniper Rifle)
중요성 배경	세상이 점점 복잡해져서 한번에 이해하기 어려워지고 있음	정도의 차이까지 알아야 가능한 의사 결정이 증가하고 있음	다양한 관점을 담은 데이터가 점차 급증하고 있음	모든 정보를 애초 존재하던 형태로 전달하기에는 너무 복잡하고 비 효율적임	얼마나 많은 정보를 가졌는가보다 목적에 맞게 얼마나 효과적으로 활용할 수 있는가의 역량이 중요해짐	좋은 판단을 하기 위해 불확실성을 얼마나 잘 통제하느냐가 중요해지고 있음	사실성과 연관성만을 극대화한 채, 충분성을 교묘히 감춘 메시지들이 점점 증가하고 있음	최소한의 노력을 들여 상대방을 설득하는 것이 매우 중요해지고 있음
데이터의 본질적 성격	아무리 간단한 데이터도 작성 당시 작성자의 관점이 반영될 수밖에 없음	정량 데이터는 표준화의 대표적인 경우임	데이터는 복수의 관점을 교차시켜 구조화가 가능함	정형화된 데이터는 패턴을 가짐	데이터는 읽는 사람의 능력에 따라 습득 가능한 정보의 양이 다름	데이터는 자르고, 합치고, 늘이고, 줄이는 가공이 가능함	세상에는 동일한 사항에 대한 다양한 관점을 가진 데이터들이 공존함	데이터는 전달하는 내용의 사실성을 부각시킴
데이터의 역할	데이터에 담긴 관점을 이용해 세상을 쪼개서 이해할 수 있음	정량화된 데이터는 정도의 차이까지 이해하는 데 매우 효과적임	구조화된 데이터들 사이에서 제 3의 못 보던 정보를 발견해 낼 수 있음	복잡한 상황을 패턴화하여 상징적으로 쉽게 이해할 수 있음	하나의 데이터만으로도 때론 매우 본질적인 내용에 접근할 수 있음	불확실성이 적은 과거 데이터를 가공하여 미래를 예측할 수 있음	360도 사고를 통해, 충분성을 갖추지 못한 주장에 현혹되지 않을 수 있음	직관의 조준과 데이터의 화력으로 정확하고 강력한 메시지 전달이 가능해짐

실수는 반격의 기회를 준다

설득을 할 때 데이터가 얼마나 가공할 만한 힘을 발휘하는지 제일 잘 터득한 사람들은 바로 정치인이다. 토론과 협상이 그들의 일상이기 때문이라기보다는, 그들의 태생적 사명이 국민의 목소리를 모아 제도화하는 고도의 메시지 전달이기 때문이다. 반대로 말하면, 메시지 전달을 잘하지 못하는 정치인은 더이상 정치인이 아니라고 볼 수도 있다. 이렇게 메시지 전달 여부로 정치력을 평가받다보니, 그들의 메시지 전달 과정에서 데이터 활용의 천태만상이 보이곤 한다.

1870년대 영국의 수상을 지낸 벤저민 디즈레일리(Benjamin Disraeli)는 보수적 정치 성향에도 불구하고 재임 시절 선거권 확대 등 개혁적 법안을 주도해 보수적 실용주의 정치인의 역할 모델로 일컬어진다. 늘 데이터를 통해 이야기하는 것으로 유명했던 그는 국회에서 의원들이 날카로운 질문을 던지면 각종 통계수치를 조목조목 인용해 대답함으로써 의원들의 예봉을 잘 피해나갔다고 한다. 그리고 대답할 때마다 항상 메모지를 보면서 각종 통계수치를 인용했다고 한다. 국회에서 답변을 하던 어느 날, 디즈레일리는 자신의 특기를 살려 숫자로 가득 찬 조리 있는 대답으로 의원들의 말문을 막고 있었다. 그런데 자기 자리로 돌아올 때 실수로 그 메모지를 땅에 떨어뜨리고 말았다. 그러자 평소에 수상의 통계수치 인용에 대해 감탄해온 호기심 많은 국회의원이 그것을 주웠다. 도대체 메모지에 무엇이 써 있을까 매우 궁금했던 것이다. 메모지를 본 의원은 깜짝 놀랐다. 수상이 열심히 들여다보며 참고한 메모지는 숫자 하나 적혀 있지 않은 백지였던 것이다.

디즈레일리 수상이 답변에 활용한 갖가지 데이터가 어느 정도 신빙성 있는 것이었는지 알 길이 없으나, 한 가지 확실한 것은 그가 데이터로 말하기가 정적마저도 무방비 상태로 만들 정도로 효과적이란 사실을 잘 아는 정치인이었다는 것이다. 보수적 실용주의 정치인에 '수사적 데이터 활용의 달인'이란 역할 모델을 추가해야 할 것 같다.

그를 역할 모델로 삼든 삼지 않든 간에 적어도 그 수사적 데이터 활용 능력을 닮고자 하는 정치인은 많은 것 같다. 아래의 왼쪽 사진은 이스라엘 총리 베냐민 네타냐후(Benjamin Netanyahu)가 폭탄 모양의 데이터로 이란 핵무기 제조의 위험성을 매우 직설적으로 전달하는 장면이다. 오른쪽 사진은 미국 하원의원 에드워드 마키(Edward Markey)가 에너지 정책과 관련한 자신의 메시지를 알록달록한 데이터를 통해 전달하는 모습이다. 이들이 사용한 패널 데이터가 얼마나 우스꽝스러워 보이는지는 중요한 것 같지 않다. 적어도 그들은 자신의 메시지에 최적화된 데이터를 효과적으로 활용할 줄 알기 때문이다.

데이터를 효과적으로 활용하지 못한 사례는 안타깝게도 국내에서 찾아볼 수 있었다. 2009년 6월은 시국선언의 달이었다. 이명박 정부의 국정 운영 방식이 민주주의의 후퇴를 초래한다는 요지의 시국선언

발표가 서울대를 시작으로 전국 대학 및 각계로 확산되어가는 한편, 그것은 민주주의의 후퇴가 아니라 '법치 회복'이라는 상반된 시국선언이 연일 대립각을 세워가고 있었다. '민주주의가 과연 후퇴하고 있는가'라는 질문에 갈등이 심화되던 혼란의 시기였다. 이런 갈등이 한창 달궈지던 그해 6월, 한 시사토론 프로그램에서 '시국 불안 풀 길 없나?'라는 주제로 여야 의원과 전문가로 구성된 네 명의 토론자 간에 열띤 토론이 벌어졌다.

이명박 정부가 민주주의를 훼손하고 있다는 입장을 밝힌 야당 A 의원과 전혀 그렇지 않다는 입장의 여당 B 의원은 서로의 주장과 근거를 무수히 공격하고 방어하며 치열하게 토론을 벌였다. 이 가운데 핵심적인 부분의 공방을 정리해보았다.

A. (A 의원) 추상적 개념을 데이터로 표준화하기

'민주주의 후퇴'라는 추상적인 개념을 '이명박 정부 기간 내 서울광장 집회 불허용 건수'라는 데이터로 표준화하여 공격을 시도함.

B. (B 의원) 유리한 데이터로 전환하기

'서울광장 불허용 건수'는 이전 정부인 노무현 정부와 별 차이가 없어 근거로 유효하지 않음. 오히려 '허용 건수'를 보면 이명박 정부 시기에 더 높이 나타나 더 민주화됐다고 볼 수 있음.

C1. (A 의원) 가정 공격하기

불허용 건수를 양적 관점으로만 보고 별 차이가 없다는 것은 데이

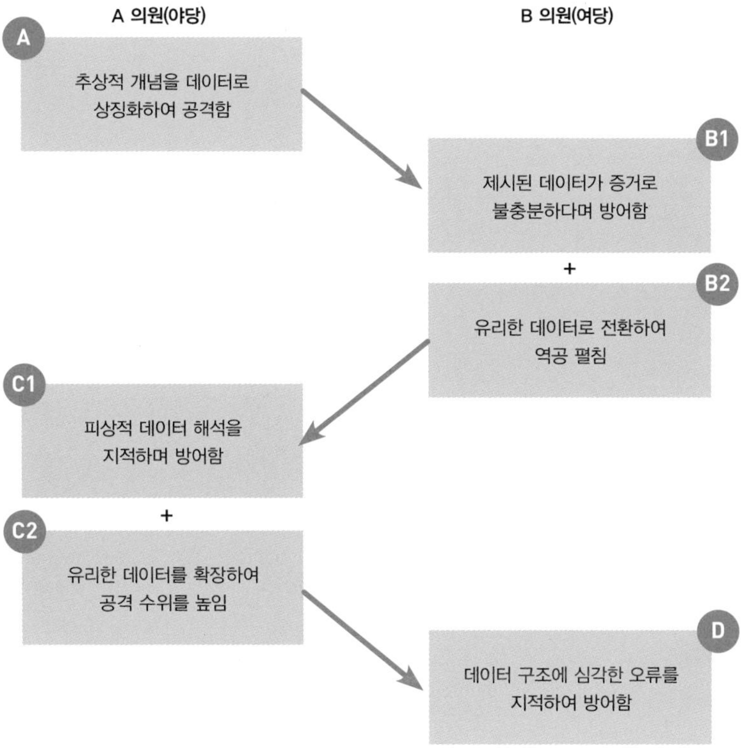

터를 피상적으로만 이해한 것임. 노무현 정부 시 불허용 건수의 70퍼센트가 아시아태평양경제협력체(APEC) 정상회담 기간에 집중된 것을 감안한다면 여전히 이명박 정부의 불허용 건수는 민주주의 후퇴를 상징함.

C2. (A 의원) 유리한 데이터 확장하기

계좌추적 영장 발부 건수 등 서울광장 집회 불허용 건수와 유사한 지표들이 노무현 정부 대비 심각하게 증대되는 것을 볼 때 전 방위에서 민주주의가 후퇴하고 있다며 공격의 수위를 높임.

D. (B 의원) 데이터의 사실성 오류 지적하기

지표별 변화를 계산한 기준 시점이 두 정권의 교체 시점과 일치하지 않아 '노무현 정부 vs 이명박 정부'가 아니라 '노무현 정부 vs 노무현 정부'라고 지적함.

약 6분간 오간 이 짧은 대화는 정말 좋은 토론 교과서다. 데이터를 통해 메시지를 전달하는 데 성공하고 실패하는 상황을 모두 잘 보여주기 때문이다. 여기서 최고의 공격과 최악의 공격 모두 A 의원이 차지했다. 먼저 최고의 공격으로는, B 의원의 '불허용 건수' 데이터 해석 방법이 그 내막을 모른 채 단순 수치 비교에 불과하다는 내용의 메시지(C1)를 들 수 있다. 상대방 근거의 연관성을 멋지게 공략함으로써,

A 의원이 제시한 데이터

구분	2007		2008		증감	비고
계좌추적 영장 발부 건수	년간	47,918	1~6월	27,612	15%	저인망식 수사 결과
	월평균	3,993	월평균	4,602		
통신제한조치 인용 건수	년간	135	1~6월	85	26%	엿듣기 증가
	월평균	11	월평균	14		
출국금지 건수	년간	1,862	1~8월	1,395	12%	출국금지 남발
	월평균	155	월평균	174		
압수수색영장발부 건수	년간	73,839	1~8월	64,757	32%	무리한 수사 급증
	월평균	6,153	월평균	8,095		
집시법위반자 기소 건수	년간	318	1~12월	470	48%	집회의 자유 후퇴

출처: 법원행정처, 2008년 발간 사법연감

상대방의 역공(B)을 일시에 잠재우고 자신의 토론 전선을 넓히는 훌륭한 계기를 마련했기 때문이다. 그런데 호사다마라 했던가? A 의원은 이 호기를 가장 무모한 방법으로 활용하고 말았다. C2에서 제시한 데이터가 그 화근이었다. 왜 그런지 자세히 살펴보자.

앞의 데이터는 A 의원이 토론 중(C2)에 패널 형태로 제시한 것이다. 계좌추적 영장 발부 건수를 비롯해 총 다섯 개의 지표가 일 년 사이에 12~48퍼센트 증가하고 있다. 그리고 각 데이터에 대한 메시지가 비고란에 적혀 있다. 높은 증가치와 비고의 메시지만 보면 과연 민주주의의 후퇴가 우려된다. 문제는 증감률이 계산된 시점이다. B 의원의 지적대로 이명박 정부는 2008년 2월 말에 출범했다. 그러므로 2007년과 2008년은 년(年) 단위로 비교될 수 없다. 이 문제를 이미 간파한 A 의원은 두 연도간 월평균이라는 지표를 별도로 계산해 증감률을 산출했다. 자, 여기서 질문이다. 지표별 월평균 증감률은 두 정권의 차이를 나타내기에 적합한가? 그렇지 못하다. 아무리 월평균이라 해도 2008년 1~2월 사이 노무현 정부의 평균이 이명박 정부의 평균에 영향을 주기 때문이다. 한마디로 잘못 섞인 것이다.

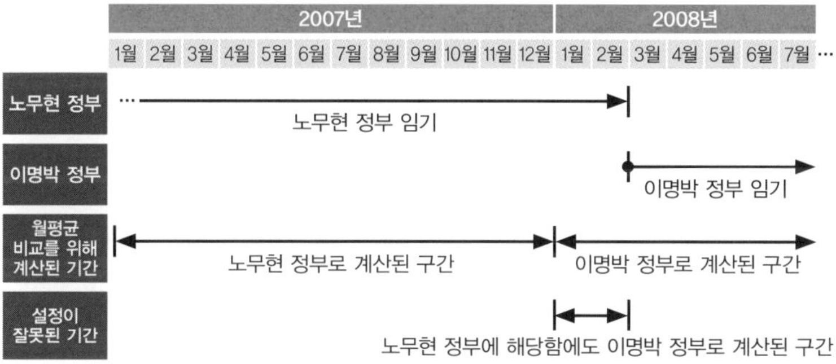

고작 두 달 잘못 계산한 것 가지고 너무한다는 느낌이 들지도 모르겠다. 분석 결과에서 약간의 오차는 늘 허용될 수 있다. 하지만 분석 구조는 더 틀리고 덜 틀리고가 없다. 그냥 틀린 거다. 결국 이 데이터로 인해 A 의원은 B 의원에게 '엉터리 주장'이라는 엄청난 공격을 받게 된다. 근거의 사실성이 위협받았기 때문이다.

1860년대 수사적 데이터 활용의 달인이던 벤저민 디즈레일리를 21세기 정치 후배들은 다양한 방법으로 닮아가려고 노력하고 있다. 어떤 이들은 매우 우스꽝스러운 데이터로도 본인이 하고 싶은 말을 효과적으로 전달하는 반면, 다른 이는 겉만 번지르르해 보이는 데이터 때문에 자신이 하고 싶은 말까지 통째로 의심받았다. 데이터가 우리의 인지력과 판단력을 종합적으로 향상시켜주고 저격수같이 날카로운 설득을 가능하게 해주는 훌륭한 도구인 건 사실이다. 하지만 그건 데이터를 약으로 쓰는 사람들의 이야기일 뿐 오히려 독으로 쓰는 사람도 많다는 점을 명심하자.

4장
설득의 효과를 극대화하는 방법

데이터를 통해 인지와 판단력, 설득력을 높여 말할 수 있다. 이때 데이터의 장점 때문에 자칫 데이터 고유의 한계들을 시야에서 놓칠 수도 있는데, 이는 데이터를 다루는 동물적 감각으로 잘 극복해야 한다. 그래서 정보의 홍수 시대를 살아가는 우리에게 '데이터 + 감각 = 설득'이라는 등식은 매우 큰 의미가 있다. 이 등식은 1부와 2부의 내용을 함축적으로 표현한 것이다.

그래도 여전히 모호한 게 있다. 과연 데이터를 통해 자신의 메시지를 전달하고 타인의 메시지를 비판한다는 게 어떤 모습일까? 지금껏 논의된 모든 과정을 담아 '소통을 위한 데이터'의 생생한 모습을 이번 장에서 살펴보자. 데이터를 활용한 대화의 효율성을 간접적으로나마 맛보게 될 것이다.

데이터는 명확한 근거 없이 메시지를 주고받을 때 발생하는 '메시지의 모호함, 근거의 희박함, 논점의 두서없음을 해소하는 데 상당한 도움을 준다. 잘 짜여진 데이터를 근거로 활용하다보면, 그만큼 소통의 초점도 명확해진다. 이것이야말로 이 책이 추구하는 우리의 최종 미래 모습이기도 하다.

스토리는 힘이 세다: 데이터 스토리텔링

데이터가 가진 수많은 장점을 극대화해주는 방법이 있다. 바로 스토리를 갖는 것이다. 스토리를 가진 정보는 그렇지 않은 정보보다 훨씬 침투력이 강하다. 그러므로 복수의 데이터를 자유자재로 활용하여 메시지 전달을 달성하는 데이터 스토리텔링 능력이야말로 데이터를 활용하여 의사소통하는 방법 가운데 가장 진화된 형태다. 데이터 하나하나가 가진 사실성이 한 장면 한 장면 극대화되면서 전체적으로 하나의 메시지로 수렴할 때의 설득력은 잘 구성된 영화 한 편을 보고 난 후 밀려오는 감동에 비견할 만하다.

간단한 예로 데이터 스토리텔링의 힘을 확인해보자. 미 국방부의 자료를 바탕으로 만들어진 다음 열한 개의 데이터는 '전쟁터보다 무서운 것은 마음의 병입니다'라는 메시지를 더욱 극적으로 전달하기 위해 스토리를 형성하며 배열된 좋은 예시다.

1. 전 세계에 파병된 미군의 숫자는 2000년 초반부터 꾸준히 증가해왔습니다.

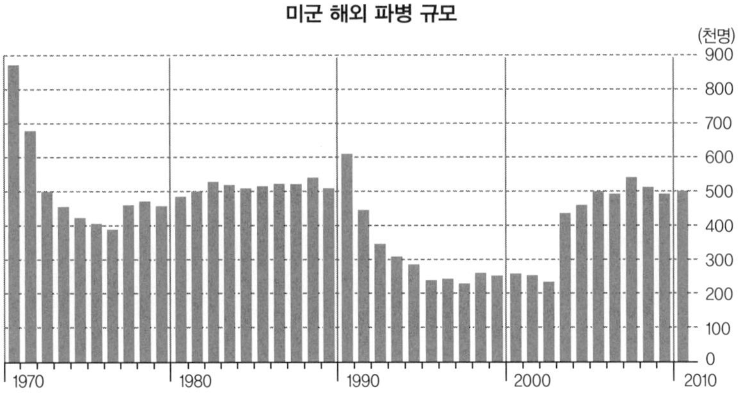

2. 하지만 부상자 규모는 2000년대 중반 최고조에 이르다, 다행스럽게 최근 감소세에 있습니다.

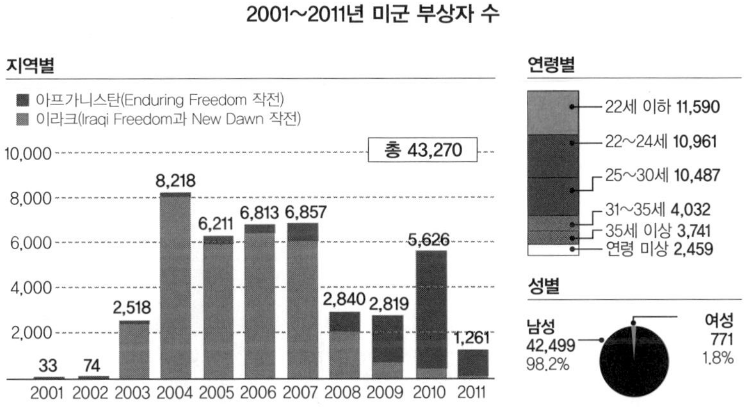

3. 사망자 수 역시 최근 급감했습니다.

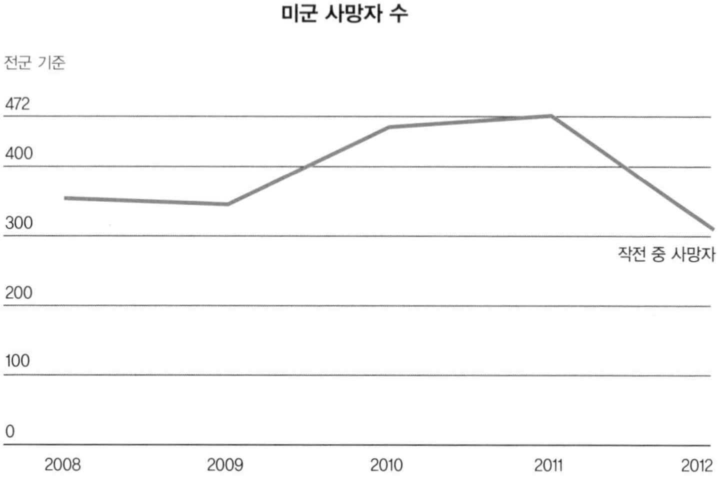

4. 이상하게도 미군 전체에서 자살로 인한 사망자 수는 꾸준한 증가세를 보이고 있습니다.

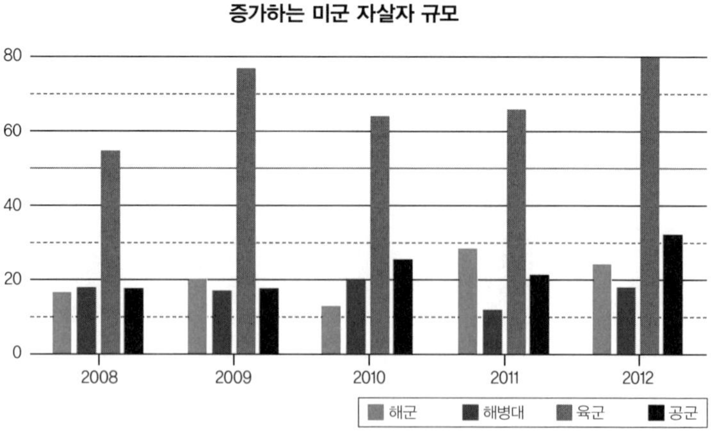

5. 이들 중 해외 파병이나 교전을 직접 경험한 사람의 비중은 그다지 높지 않습니다.

2011년 301명의 현역 복무 후 제대 자살자 중 특성별 비중

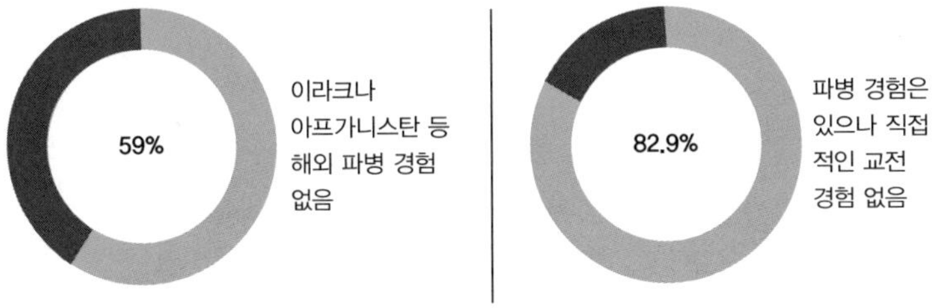

6. 이들은 주로 혈기 왕성한 20대 청년으로……

연령별 자살자 규모

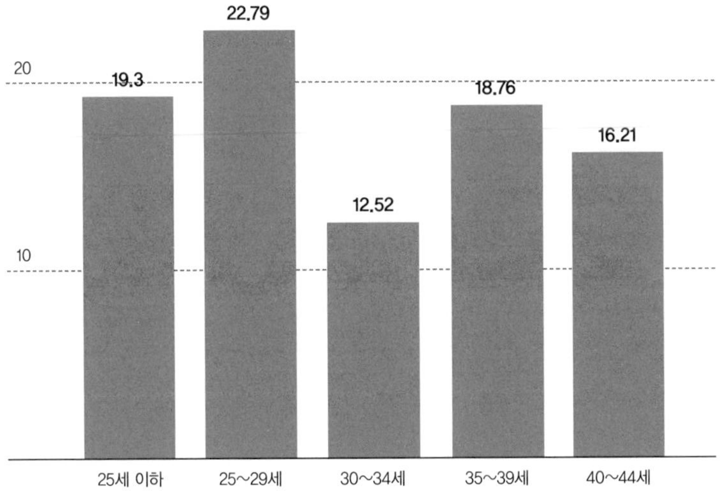

7. 가정의 파괴와……

군 자살자 결혼 여부

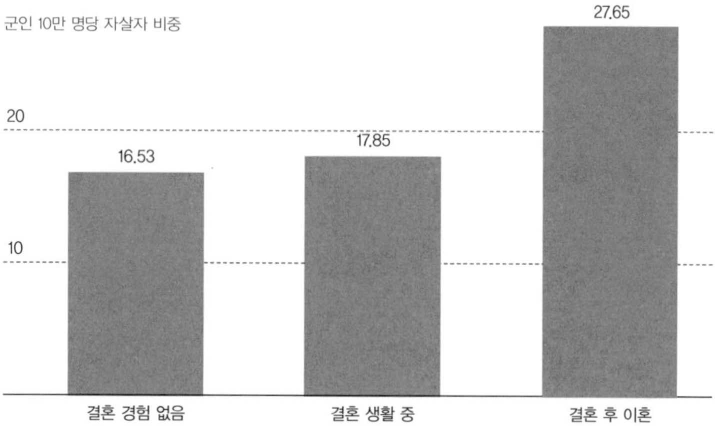

8. 신체 장애 그리고 약물 오용 등으로 고통받아왔던 이들이며……

자살자 중 유형별 비중

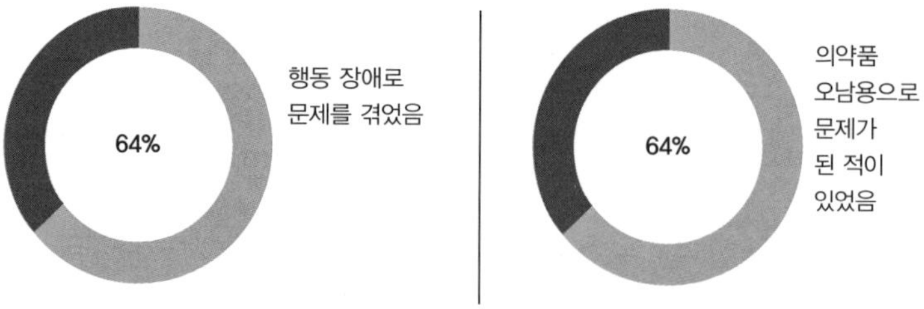

9. 전쟁터가 아닌 미국 땅에서……

10. 그것도 자신의 막사 또는 거주지에서 극단적인 선택을 했다고 합니다.

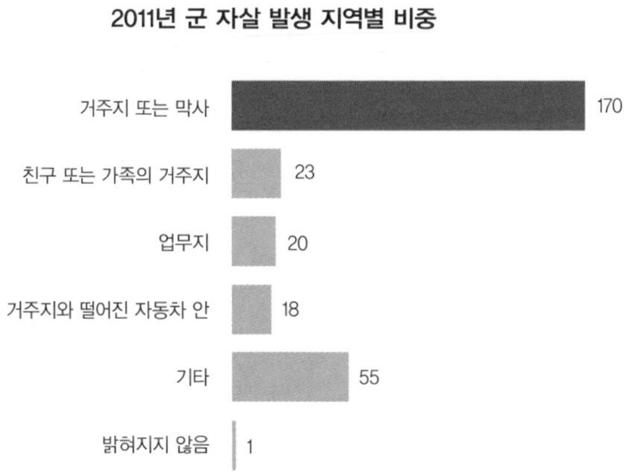

11. 더욱 놀라운 것은 최근 그 극단적 선택을 한 군인의 규모가 작전 중 전사한 군인의 숫자를 앞질렀을 정도라는 것입니다.

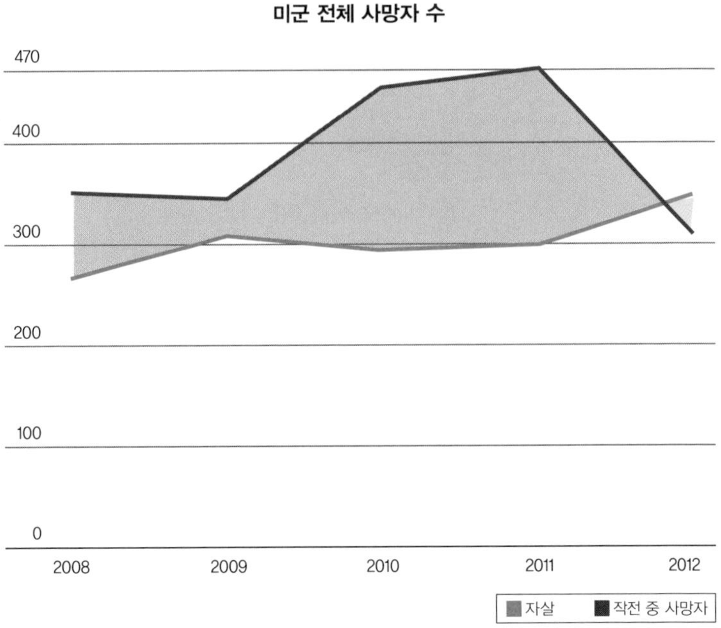

어쩌면 전쟁보다 무서운 것은 마음의 병일지 모릅니다.

다수의 데이터가 연이어 활용되었다고 해서, 메시지 피라미드에 근본적인 변화를 가져오는 것은 아니다. 다만, 연관성이 있는 다수의 데이터를 동원해 사실성을 극대화하고 충분성을 확보하는 정도가 강화되었을 뿐이다. 즉, 메시지의 전달력이 높아지는 것이다.

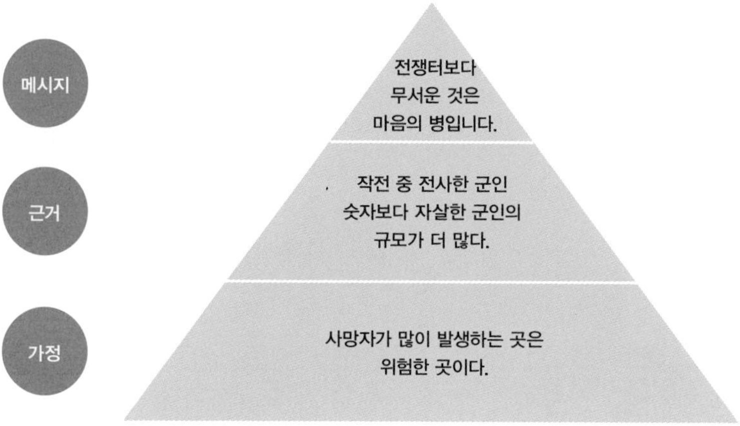

이처럼 데이터들이 줄거리를 형성할 경우에는 메시지의 전달력이 극대화된다. 사실 미군 자살의 심각성은 열한 번째 데이터인 '미군 전사자와 자살자 규모의 역전' 하나로도 무리 없이 전달할 수 있다. 하지만 같은 메시지라도 좀더 드라마틱하게 전달하기 위해 나머지 데이터들이 나름의 목적을 가지고 포진된 것이다. 그럼 그 전달력이 어떻게 증폭될 수 있었는지 하나씩 뜯어 살펴보자.

이 데이터 스토리의 최종 메시지인 '전쟁보다 무서운 것은 마음의 병입니다'는 기본적으로 전쟁 관련 사망과 비(非)관련 사망을 대조시키는 형식을 띠고 있다. 이는 전쟁 비관련 사망 원인의 중요성을 극대화하기 위해 고안된 구조인데, 그도 그럴 것이 군인의 사망 원인 가운데 전사 이외 더 큰 원인이 있다는 사실은 우리의 상식과 적잖이 배치되기 때문에 듣는 이의 관심도를 순간적으로 높이게 된다.

다시 말해서 극적으로 등장하는 열한 번째 데이터를 위해 사전에 여타 데이터들의 역할이 있었다는 것이다. 다른 데이터들은 역할별로

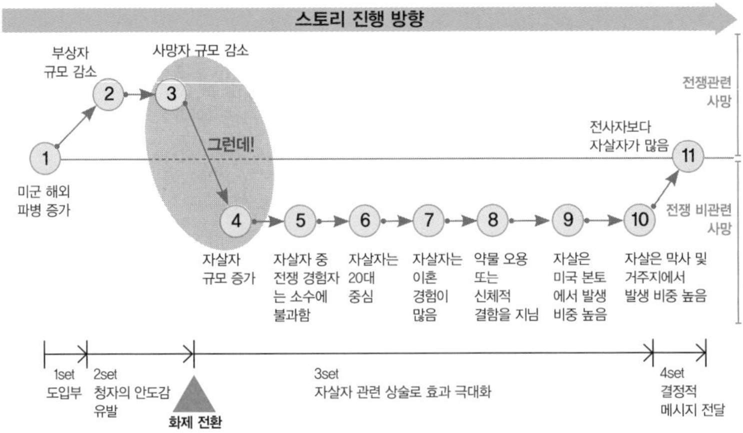

크게 네 덩어리로 나누어진다. 첫째 덩어리는 도입부에 해당하는 1번 데이터로, '미군, 파병, 증가'라는 키워드로 듣는 이의 관심을 환기한다. 두 번째는 전쟁 관련 사상자 규모를 설명하는 2, 3번 데이터로, 도입부의 미군 파병 증가 상황에도 불구하고 사상자 규모의 최근 감소세를 전달해 듣는 이의 안도감 형성에 기여한다. 하지만 곧바로 뒤에 등장하는 4번부터 10번 데이터는 그 안도감을 최대한 역이용한다. '마음의 병'이라는 더 무서운 사망 원인의 가능성을 표현하기 위해서 말이다. 즉, 2, 3번 데이터에 의해 형성된 안도감은 '마음의 병'이라는 새로운 사망 원인의 심각성을 극대화하기 위해 의도적으로 형성된 희생양인 셈이다. 마지막으로 11번 데이터는 그 두 원인을 직접 비교함으로써 설마 했던 듣는 이의 의구심을 강하게 확인시켜주며 강력한 메시지 전달이 완료되는 것이다.

만약 이 데이터들을 프레젠테이션 형식으로 전달한다면, 아마도 발표자는 3번과 4번 데이터 사이에서 듣는 이의 집중도를 최고조로

끌어올리고, 4번부터 10번까지의 데이터를 빠른 속도로 전개해 몰입도를 더욱 증가시킨 후, 극적으로 11번 데이터를 보여주며 메시지를 마무리했을 것이다. 이렇게 스토리를 잘 구성하면 듣는 이의 집중도를 쥐락펴락할 수 있고, 집중도가 최고조로 유지됐다고 판단되는 그때, 메시지를 전달하면 된다. 이것이 바로 데이터가 스토리를 만났을 때 힘이 증폭되는 경우다.

데이터 커뮤니케이션 사례 연구

소통에는 늘 상대가 있다. 그러므로 데이터 소통을 자유자재로 하기 위해서는 상대방이 있는 데이터 스토리텔링에 익숙해져야 한다. 쌍방향 데이터 스토리텔링, 즉 데이터 커뮤니케이션이 그것이다.

데이터 커뮤니케이션을 할 때는 나와 상대방이 서로 제시한 데이터에 의해 각자의 메시지를 지지해줄 사실성, 연관성, 충분성이 얼마나 충족되어가는지 잘 살펴보는 것이 중요하다. 이 셋 중에 하나라도 부족한 데이터를 근거로 제시했다가는 설사 메시지가 만고불변의 진리라 할지라도 인정받지 못한다. 이것이 바로 데이터 커뮤니케이션의 핵심이다. 즉, 메시지의 유효성은 철저하게 근거의 유효성에 의해서만 결정된다는 것이다.

데이터 커뮤니케이션이 어떻게 이루어지는지 볼 수 있게 세 가지 사례를 준비했다. 첫 번째 사례에서는 '북한하고 전쟁 하면 진다는 거야'를, 두 번째에서는 '삼성 라이온즈가 낫냐. 두산 베어스가 낫냐'를,

마지막 사례에서는 '그래서 미국 경기가 회복하고 있다는 거야'를 두고 두 토론자가 주고받는 공방을 살펴본다. 첫 사례에서는 근거 데이터의 충분성 관점을, 두 번째에서는 연관성 관점을, 마지막 사례에서는 사실성, 연관성, 충분성 관점을 골고루 따져볼 기회를 갖게 될 것이다.

사례 #1: 북한하고 전쟁 하면 진다는 거야?

아직 군대를 다녀오지 않은 고등학생 조카와 군대를 다녀온 삼촌이 나누는 대화다. 남북간의 긴장과 화해가 반복되는 가운데, 두 사람의 화두는 만에 하나 전쟁이 난다면 북한과 우리나라 중 어디가 이길 것 같으냐는 것이었다. 군대를 다녀온 삼촌은 자신의 경험을 바탕으로 군사력에 대한 훨씬 많은 지식을 가지고 있었다. 남북한 군사력 비교 데이터가 두 사람의 대화에서 어떤 소동을 일으키는지 지켜보자.

조카: 와! 삼촌! 이것 봐. 2012년에 국방부에서 발간한 국방백서인데, 이거 본 적 있어? 삼촌은 군대도 갔다 왔으니까 당연히 본 적 있겠지?

삼촌: 국방백서? 아, 그런 게 있다는 말은 들었지만, 직접 본 적은 없는데……. 왜 그래?

조카: 아이 뭐야, 군대 다녀온 사람이 군 관련 데이터의 집합체인 국방백서도 본 적이 없단 말이야? 나 원 참. 뭐 그건 그렇다 치고. 이 데이터 좀 봐. 북한과 우리나라의 군사력을 한눈에 볼 수 있도록 정리한 데이터인데. 정말 놀랠 노자인데?

삼촌: 응, 정말 일목요연하게 잘 정리되어 있네. 근데 뭐가 놀랍다는 거야?

남북 군사력 비교

병력(평시)	남 한	북 한
육군	50만 6천여 명	120만여 명
해군	6만 8천여 명(해병대 포함)	6만여 명
공군	6만 5천여 명	11만여 명
계	63만 9천여 명	119만여 명
	육 군	
군단(급)	12개(특전사 포함)	15개
사단	46개(해병대 포함)	88개
기동여단	14개(해병대 포함)	72개(교도여단 미포함)
전차	2,400여 대(해병대 포함)	4,200여 대
장갑차	2,700여 대(해병대 포함)	2,200여 대
야포	5,300여 문(해병대 포함)	8,600여 문
다연장/방사포	200여 문	4,800여 문
지대지유도무기	30여 기(발사대)	100여 기(발사대)
	해 군	
전투함정	120여 척	420여 척
상륙함정	10여 척	260여 척
기뢰전 함정	10여 척	30여 척
지원함정	20여 척	30여 척
잠수함정	10여 척	70여 척
	공 군	
전투임무기	460여 대	820여 대
감시통제기	50여 대(해군 항공기 포함)	30여 대
공중기동기	40여 대	330여 대
훈련기	190여 대	170여 대
헬기	680여 대(육해공군)	300여 대
예비병력	320만여 명 (사관후보생, 전시근로소집, 전환/대체 복무인원 포함)	770만여 명 (교도대, 노동적위대, 붉은청년근위대 포함)

조카: 우리나라의 군사력이 북한에 비해 너무 형편없잖아! 북한의 육해공 병사 숫자는 우리나라의 2배가 넘고. 아니 이게 뭐야? 다연장 방사포는 24배, 상륙함정은 26배나 많잖아! 육해공 어느 군대에서도 우세한 전력

을 보이는 곳이 딱히 눈에 띄질 않아! 완전 열세라고!

삼촌: 그래도 헬기와 감시통제기는 우리가 훨씬 많은데?

조카: 무슨 소리야, 삼촌! 삼촌은 군대를 갔다왔으면서도 나보다 몰라. 적어도 스타크래프트를 통해 배운 전쟁에 대한 내 상식으로는 특정한 무기 체계만 우수하다고 해서 이기는 게 절대 아니라고! 중요한 건 전반적인 우세야. 밸런스라고! 이러다 북한하고 전쟁 나면 우리나라 정말 큰 일 날 거 같아!

조카의 메시지 피라미드

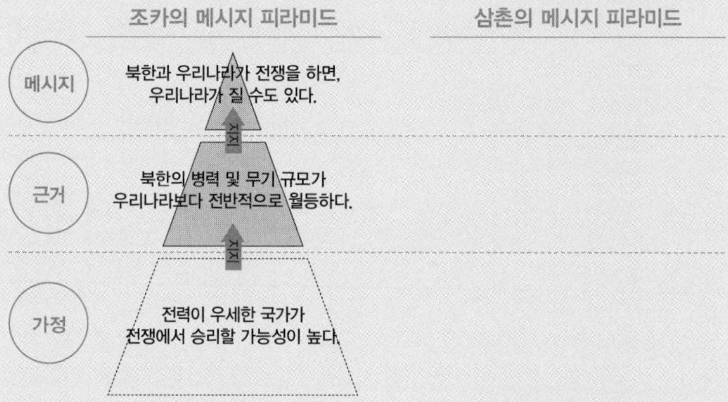

- 조카는 국방백서라는 매우 신뢰성 있는 출처에서 나온 남북한 무기 및 병력 규모를 근거로 하여 전쟁 발발 시 북한이 우세할 수 있다는 메시지를 전달함.
- 이때 숨겨진 가정은 전력이 우세한 국가가 전쟁에 승리할 가능성이 높다며, 이 메시지 피라미드의 핵심은 전력이라는 모호한 개념이 병력 및 무기 숫자라는 데이터로 충분히 대변될 수 있느냐에 있음.

삼촌: 하하! 군대도 안 갔다온 네가 나라 생각하는 마음이 참 지극하구나. 그런데 말이야. 네가 그렇게 흥분할 필요가 없을 것 같다는 느낌이

드는구나. 그 이유는 이미 네가 이미 말한 거 같은데. 전쟁은 말 그대로 나라와 나라가 하는 싸움이기 때문에 결코 장비와 사람이 얼마나 많은지만 가지고 평가하는 것은 무리가 있을 것 같아.

조카: 무슨 말이야. 장비와 사람 말고 더 필요한 게 있단 말이야?

삼촌: 그럼. 전면전 수행에는 병력과 무기 이외에도 군수 보급 및 재정 측면도 당연히 고려되어야 할 거 같은데? 더군다나 네가 제시한 데이터는 각 병력과 장비의 질적 차이까지는 표현하지 못하는 것 같구나. 그래서 군 경험이 있는 삼촌의 직관으로는 우리나라가 무조건 불리하다는 식의 결론에는 다소 무리가 있어 보여.

조카: 뭐, 군필자로서 삼촌의 직관은 존중하지만 …… 근거 있어?

삼촌: 하하 하하! 그래. 여기 있지! 근거!

이 데이터는 군사 전문가 사이에서 가장 공신력을 인정받고 있는 글로벌 파이어파워(GFP)의 군사력 순위인데, 미국 국회도서관 및 미국 중앙정보부(CIA)의 자료를 바탕으로 작성된다고 해. 특이할 만한 점은, 국가별로 전면전을 수행하기 위한 군수 보급 및 재정 측면의 데이터까지 매우 종합적으로 반영했다는 점이지. 즉, 네가 말한 전력의 밸런스란 관점을 더 크게 넓혀서 충족한 데이터라고 볼 수 있다, 이거야. 어때? 우리나라는 8위, 북한은 29위에 불과해서 이 데이터를 보면 오히려 우리나라가 더 유리해 보이는데? 전쟁은 분명 피해야 할 것이지만, 전력의 양적 비교 데이터만 보고 전체 승패를 논하는 것은 그다지 충분한 판단은 아닌 것 같구나.

세계 군사력 순위		
1	미국	0.2475
2	러시아	0.2618
3	중국	0.3351
4	인도	0.4346
5	영국	0.5185
6	프랑스	0.6163
7	독일	0.6491
8	대한민국	0.6547
9	이탈리아	0.6838
10	브라질	0.6912
11	터키	0.7059
12	파키스탄	0.7331
13	이스라엘	0.7559
14	이집트	0.7569
15	인도네시아	0.7614
16	이란	0.7794
17	일본	0.7918
18	대만	0.8632
19	캐나다	0.8638
20	태국	0.8979
21	멕시코	0.9144
22	우크라이나	0.9167
23	오스트레일리아	0.9386
24	폴란드	0.9518
25	베트남	1.0676
26	스웨덴	1.0841
27	사우디아라비아	1.1038
28	에티오피아	1.1725
29	북한	1.1754

출처: www.globalfirepower.com

삼촌, 조카의 근거 데이터의 불충분성 공격

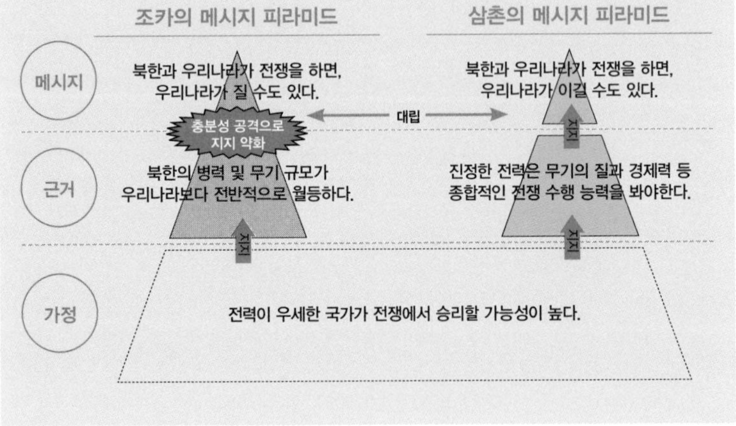

- 조카의 메시지 피라미드에 대한 삼촌의 반격은 군 생활 경험자로서의 직관으로 촉발됨.
- 이 직관은 삼촌의 군 생활 경험에 따른 것으로, 전쟁의 승패는 단순히 병력 및 무기 숫자와 같은 양적 능력만으로 결정된다기보다는 무기의 성능, 전술 운영 능력 및 물자 동원 능력 같은 좀더 종합적인 질적 역량에 의해 결정된다는 것을 알기 때문임.
- 그리고 삼촌은 자신의 직관에 근거한 새로운 메시지를 지지하기 위해 글로벌파이어파워의 주요 국가별 종합 전쟁 수행 능력 순위 데이터를 적절히 제시함.

조카: 휴~ 그래, 삼촌! 내가 한 데이터에만 너무 집중했던 것 같아. 좀더 넓은 시야를 가지려면 다양한 데이터를 기반으로 충분히 판단해봐야 한다는 사실을 잠시 잊었네! 고마워!

삼촌의 데이터 커뮤니케이션 성공 비결

- 첫째, 충분성의 우세

삼촌과 조카 모두 '전력'이라는 모호한 개념을 가정했는데, 삼촌은 더 종합적으로 해석한 데이터를 제공해 충분성 관점에서 조카에게 앞섰음.

- 둘째, 의심의 발동

조카가 제시한 양적 비교 데이터가 아무리 훌륭하게 구성되고 출처가 명확하다 하더라도 충분성을 지닌 데이터가 아니라는 의심이 적절히 발동했음.

- 셋째, 적절한 데이터 제시

마지막으로, 자신의 직관적 의구심을 말끔히 지지해줄 수 있는 적절한 근거 데이터를 제시함.

사례 #2: 삼성 라이온즈가 낫냐? 두산 베어스가 낫냐?

2013년 프로야구는 그야말로 한 편의 드라마처럼 끝났다. 정규 시즌을 4위로 마감한 두산 베어스는 포스트 시즌에서 3위 넥센 히어로즈, 2위 LG 트윈스를 파죽지세로 격파한 후 대망의 한국시리즈에서 1위 삼성 라이온즈를 향해 무서운 기세로 돌진해왔다. 삼성 라이온즈 역시 2011년과 2012년에 한국시리즈 우승컵을 두 차례나 거머쥔 전통의 강호여서, 그야말로 매섭게 돌진하는 창과 두텁디 두터운 방패의 격돌이었다. 결국 최종 승부는 삼성의 우승으로 끝났지만, 한국시리즈에서조차 삼성에게 3승을 먼저 따냈을 정도로 두산의 투혼은 모든 야구팬에게 깊은 인상을 남겼다. 다음 대화는 두 팀의 팬이 나눈 대화다. '과연 두 팀 중 누가 나으냐'라는 매우 주관적이면서도 모호한 대화가 데이터를 통해 어떤 양상으로 변하는지 살펴보자.

삼성 팬: 역시 삼성 라이온즈야! 물론 두산의 초반 몰아침이 매서웠던 건 사실이지만, 내가 볼 땐 역시 오랜 세월 팀에 녹아 있는 승리 DNA는 무시할 수 없는 거거든. 한국시리즈 연속 3회 우승이라는 위업을 누가 감히 무시할 수 있겠어? 대한민국 최고 야구 구단이라면 단연 삼성이지! 실력 앞에 장사 있어? 2012년 구단별 승률 데이터만 봐도 대번에 알 수 있잖아? 이번 우승이 우연은 아닌 거지.

2012년 구단별 승률 데이터

2012	경기	승	패	무	승률
삼성 라이온즈	133	80	51	2	0.611
SK 와이번스	133	71	59	3	0.546
두산 베어스	133	68	62	3	0.523
롯데 자이언츠	133	65	62	6	0.512
KIA 타이거즈	133	62	65	6	0.488
넥센 히어로즈	133	61	69	3	0.469
LG 트윈스	133	57	72	4	0.442
한화 이글스	133	53	77	3	0.408

삼성 팬의 메시지 피라미드

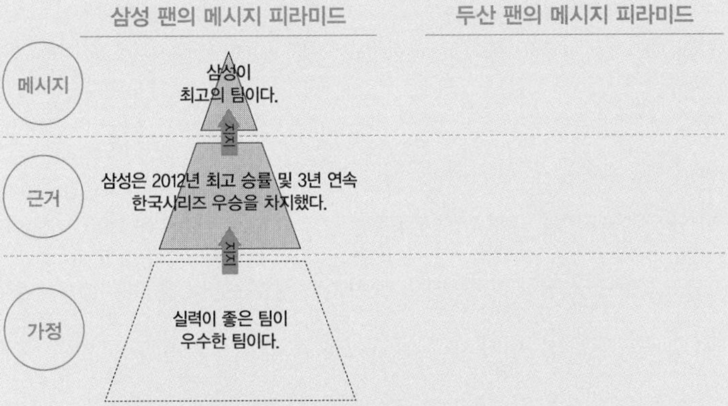

- 삼성 팬은 실력이 좋은 팀이 우수한 팀이라는 가정으로 삼성 라이온즈의 최근 우수한 성적을 근거로 최고의 팀이라는 메시지를 형성함.
- '최고의 팀'이라는 모호한 개념을 '성적'이라는 표준화 데이터로 대표하려고 시도했다고 볼 수 있음.

두산 팬: 일단 축하하고, 두산 팬 입장에서도 큰 미련이 남지 않을 정도로 정말 한 경기 한 경기가 명경기였던 거 같아. 특히 두산이 삼성을 한국시리즈에서 세 경기 먼저 이겨냈을 땐 정말 두산 팬으로서가 아니라 야구 팬으로서 경이롭기까지 하드라니까. 근데, 한국 최고의 팀이 어디냐에 대해서는 좀더 고민이 필요한 거 같아.

삼성 팬: 그게 무슨 소리야. 최근 팀 승률 면에서나 우승 횟수로나 당연히 삼성이지.

두산 팬: 뭐, 삼성의 실력이 뛰어난 건 알겠는데. 과연 실력만으로 최고라 할 수 있냐는 거야. 야구는 왜…… 인생의 축소판이라고 하잖아. 결국 인생의 희로애락이 그 플레이에 얼마나 녹아 있느냐가 더 중요한 거

같아. 그런 관점으로 보면, 플레이에 기반한 흥행성이 최고 팀의 기준이 돼야 하지 않겠어?

삼성 팬: 골수 야구 팬다운 지적이군. 일부는 인정해. 근데 흥행성의 기준은 뭔데?

두산 팬: 입장객 수 등이 좋은 예가 되겠지.

이 데이터들이 내 말을 이해하는 데 도움이 될 것 같은데. 봐, 2012년과 2013년 구단별 관중 수를 봐도 두산의 관중 수가 삼성보다 얼마나 많은 줄 알 수 있잖아? 이게 바로 플레이에 스토리가 묻어 있는 팀의 힘 아니겠어? 보다시피 삼성의 관중 수는 전체 구단 가운데 하위권 수준이라고. 어떻게 이런 팀이 최고 팀이라고 할 수 있겠어?

구단별 입장객 수(명)

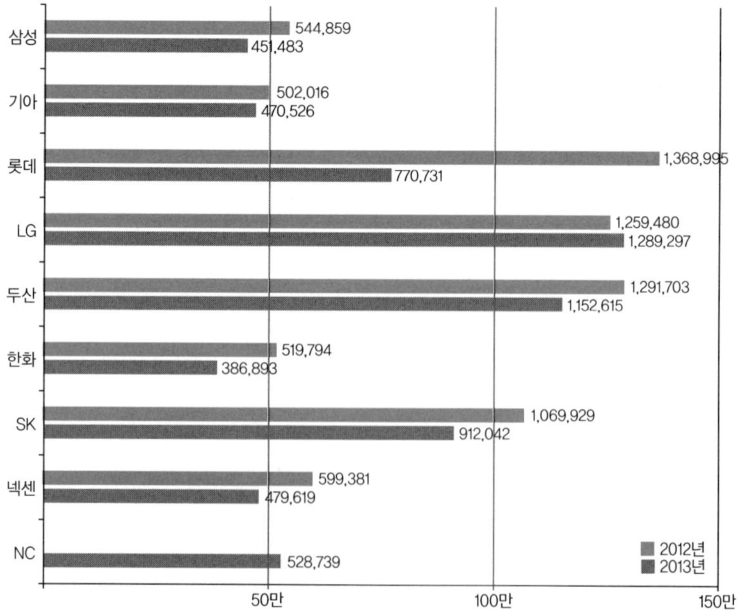

출처: KBO

두산 팬, 삼성 팬과 가정부터 대립되는 메시지 피라미드

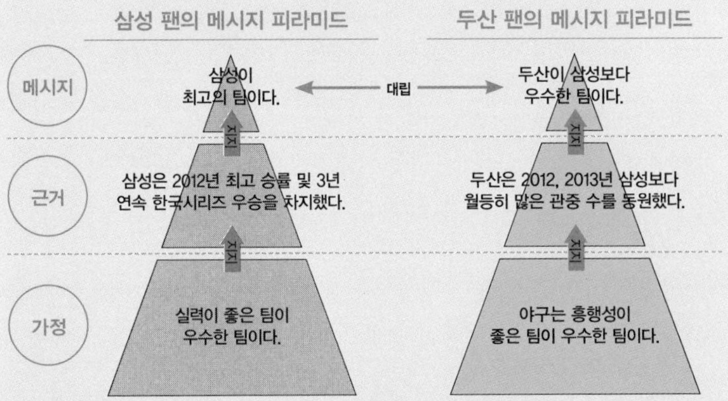

- 두산 팬은 삼성 팬이 형성한 메시지 피라미드 자체를 공략하기보다는 전혀 다른 가정에 근거를 둔 자신만의 메시지 피라미드를 별도로 형성함.
- 다만, 자신이 제시한 메시지 피라미드의 구조에서는 오히려 삼성이 여러 구단 가운데 하위권임을 제시하여 결과적으로 삼성 팬의 메시지를 약화시키려고 시도함.

삼성 팬: 음…… 정말 관중 수로 보면 삼성이 하위권이네. 그런데 말이야. 구단별 관중 수를 어떻게 집계하지? 왠지 저 데이터가 구단의 흥행성과는 연관이 없을 것 같다는 느낌이 드는데?

두산 팬: 무슨 말이야. 한국야구위원회(KBO) 공식 자료라고.

삼성 팬: 아니, 출처가 확실한 건 나도 알겠지만, 상식적으로 그렇잖아. 너나 나나 오랫동안 수많은 야구 경기를 직접 야구장에서 관람했지만, 우리가 입장권을 살 때든 경기장에 입장할 때든 언제 우리가 스스로 어느 구단 팬이라고 명확히 밝힌 적이 있든가? 인터넷 예매만 하더라도 그래. 내가 홈 팀 팬으로 예약하는지 원정 팀 팬으로 예약하는지 주최 측이 알 턱이 없잖아. 그런데 어떻게 저런 데이터가 나올 수 있느냐는 거야.

두산 팬: 음…… 너의 문제의식에 나도 이렇다 할 반론을 내놓을 수 있는 건 아닌데, 그래도 저 데이터가 정말 팀의 흥행 정도를 대변하지 못하는 '무관한' 데이터라고 말하려면 좀더 명확한 근거가 필요할 거 같은데?

삼성 팬: 뭐, 현재로서 그 명확한 근거는 구단별 입장객 규모를 작성한 사람에게 물어보지 않는 한 구하기 힘들겠지만, 나름 이렇게는 시도해볼 수 있겠어.

2012년 구단별 승률과 구단별 관중 규모의 상관 관계를 그래프로 그려봤는데, 승률과 관중 수는 아무런 상관이 없는 것으로 나오고 있어. 정말 관중 수가 흥행성을 조금이라도 반영한다고 한다면, 어떻게 팀 성적

2012	관중수	승률
삼성	544,859	61.1%
KIA	502,016	48.8%
롯데	1,368,995	51.2%
한화	519,794	40.8%
넥센	599,381	46.9%
두산	1,291,703	52.3%
LG	1,259,480	44.2%
SK	1,069,929	54.6%

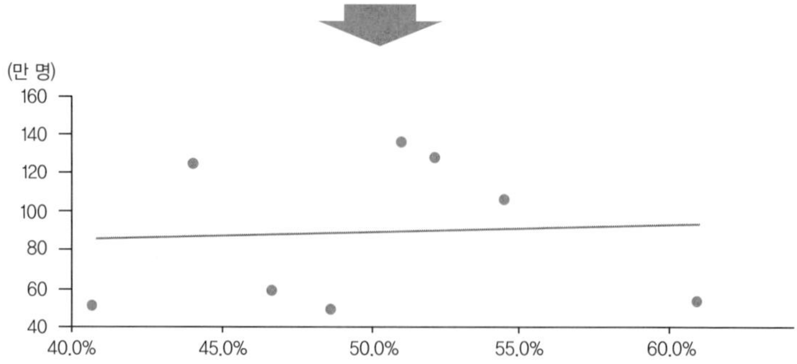

과 저렇게 무관하게 나올 수 있겠어? 직관적으로 너무 말이 안 되지 않아? 여기에서 그치지 않아.

이 데이터를 보면 그런 확신이 더 드는데, 지난 5년간 구단별 관중 선호도와 관중 수 간의 관계를 분석해봐도 이렇게 아무런 관계가 없는 것처럼 나오고 있어. 승률과 비교했을 때처럼 말이야.

그래서 혹시나 하는 느낌에 마지막으로 이런 분석을 해봤는데 말이야. 이것 좀 볼래?

놀랍지 않아? 네가 제시한 구단별 관중 수는 구단별 구장 최대 수용 관

2012	관중수	5개년 평균 구단별 선호도
삼성	544,859	13%
KIA	502,016	12%
롯데	1,368,995	15%
한화	519,794	6%
넥센	599,381	1%
두산	1,291,703	6%
LG	1,259,480	6%
SK	1,069,929	3%

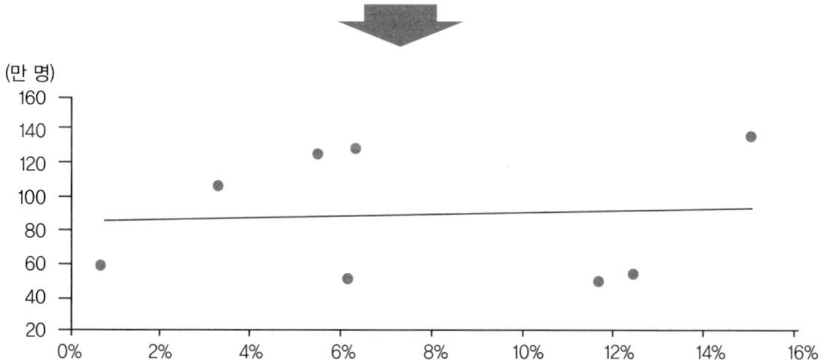

출처: 한국갤럽, 2007~2012년까지 구단별 선호도(%) 평균

2012	관중수	구장 규모
삼성	544,859	12,000
KIA	502,016	13,400
롯데	1,368,995	29,600
한화	519,794	13,000
넥센	599,381	16,000
두산	1,291,703	26,986
LG	1,259,480	26,986
SK	1,069,929	29,500

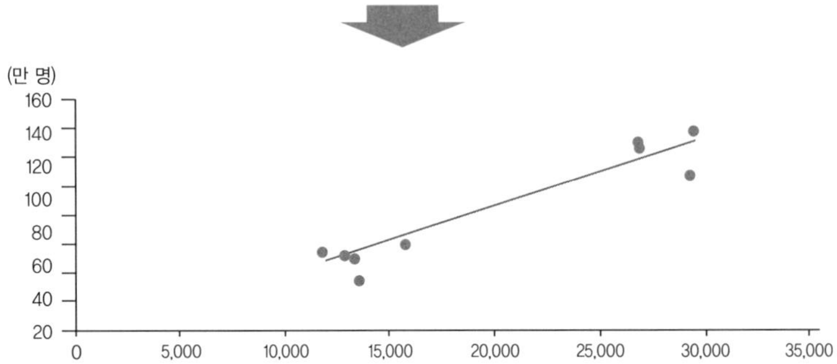

출처: 구장별 최대 수용 관중 규모(구단별 자료)

중 수와 이렇게도 높은 상관관계를 보였어. 즉, 네가 말한 구단별 관중 수는 구단별 흥행 정도를 대변한다기보다는 그냥 구단별 구장의 수용 능력을 대변하고 있을 가능성이 높다는 거지. 어떤 구단의 인기도, 실력도, 선호도도 대변하지 않는, 그냥 무관한 근거일 수 있다는 거야.

두산 팬: 하하 하하! 두산 베어스에 대한 나의 불타는 지지는 여전하지만, 적어도 네 말처럼 구단별 관중 수가 팀의 어떤 흥행도 대변하지 못할 가능성이 높아 보이긴 하네! 이야! 내가 제시한 데이터에서 이상한 낌새를 포착하더니 이렇게까지 밝혀내니 내가 더이상 할 말이 없는데!

삼성 팬, 두산 팬이 제시한 데이터의 연관성 공격

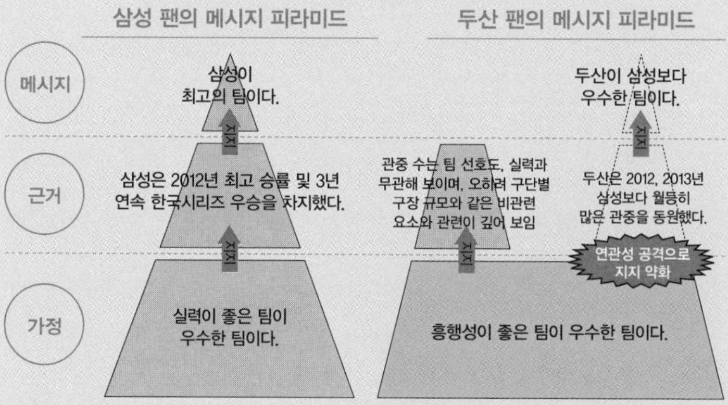

- 삼성 팬은 두산 팬이 제시한 근거에 대해 의구심을 적절히 발동시킴.
- 삼성 팬은 자신의 의구심을 증명하기 위해, 두산 팬이 제시한 근거 데이터가 두산 팬의 가정과 무관함을 증명함으로써, 결과적으로 두산 팬의 메시지 약화에 성공함.

삼성 팬의 데이터 커뮤니케이션 성공 비결

- **첫째, 의구심의 활용**

두산 팬이 제시한 데이터가 자신의 경험에 비추어 봤을 때, 뭔가 이상하다는 직관적 문제의식을 적절히 발동시킴.

- **둘째, 효과적인 데이터 구조화**

자신의 문제의식을 증명하기 위해 다양한 데이터들을 적절히 구조화함으로써 얻어진 파생 정보를 적절히 활용함.

- **셋째, 가정과 근거의 단절**

두산 팬 메시지 피라미드 중 가정의 핵심인 '흥행성'을 그대로 인정하면서도, 제시된 데이터가 흥행성과 무관함을 밝혀냄으로써 효과적으로 메시지를 약화시킴.

사례 #3: 그래서 미국 경기가 회복하고 있다는 거야?

2000년 초반부터 지속되던 세계 경기의 침체 국면은 2013년 말 현재까지도 뚜렷한 회복세를 보이지 못하고 있다. 이런 상황에서 세계경제의 중추를 담당하는 미국 경기가 살아나느냐 마느냐는 매우 중요 지표다. 이 지표가 어떻게 되느냐에 따라 우리나라 경제 정책의 대응 기조가 크게 변할 수 있기 때문이다. 다음은 독특하게도 동일한 가정에서 양립할 수 없는 데이터를 가진 두 학자가 주고받는 대화다. 과연 상반된 두 데이터 가운데 어떤 데이터가 더 적절하게 메시지를 지지하는지 판단해가보자.

실업률 신봉자: 여러분! 2008년 금융위기 이후 세계 경기가 요동치고 있는 가운데, 우리의 초미의 관심사는 당연히 미국 경기가 언제 다시 살아날까에 초점이 맞춰져 있었습니다. 이런 상황에서 제가 오늘 여러분께 보여드리는 이 데이터는 여러분의 환영을 받기에 충분할 것이라 믿어 의심치 않습니다. 2009년까지 극심한 침체에 시달리던 미국 경제가 2010년을 기점으로 점차 회복되고 있음을 확인할 수 있기 때문입니다. 데이터상에 나타난 대로, 2010년을 기점으로 지속적으로 하락하고 있는 미국의 실업률이 그 명백한 증거라고 할 수 있겠습니다. 이제 우리도 미국 경기회복 국면에 대비한 새로운 경제 정책이 필요한 때입니다.

취업률 신봉자: 미국의 실업률이 2010년 이후 점차 떨어지고 있다는 사실에는 동의합니다. 하지만 실업률 하락이 곧 미국 경기회복을 의미한다는 메시지는 문제가 있다고 생각합니다. 그 근거로 실업률 신봉자께서 제시하신 실업률 데이터에 대응하여 다음의 취업률 데이터를 제시하고

미국 실업률 데이터

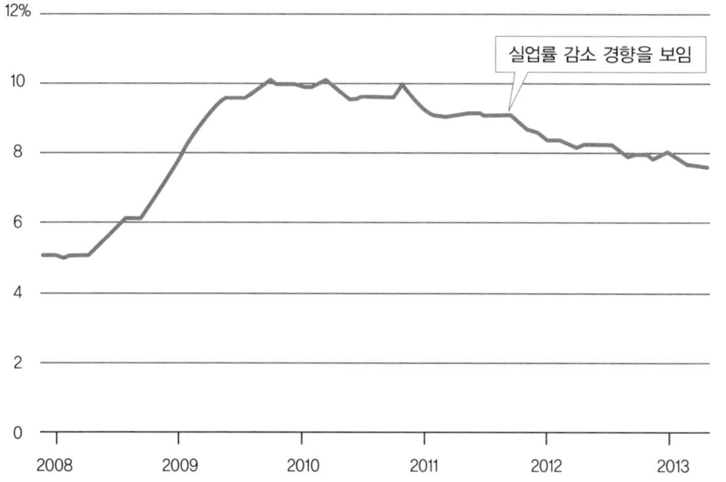

출처: 미국 노동통계국

실업률 신봉자, 미국 실업률 데이터에 근거한 메시지 형성

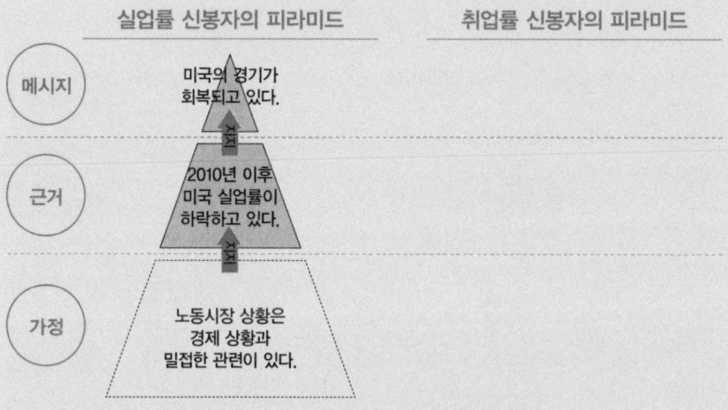

- 실업률 신봉자는 실업률 하락을 근거로 미국 경기가 회복되고 있다는 메시지를 형성함.
- 이때 실업률로 대표되는 노동시장 상황이 경기 상황을 판단하는 데 중요한 지표가 된다는 가정이 자연스럽게 숨어 있다고 볼 수 있음.

미국 취업률 데이터

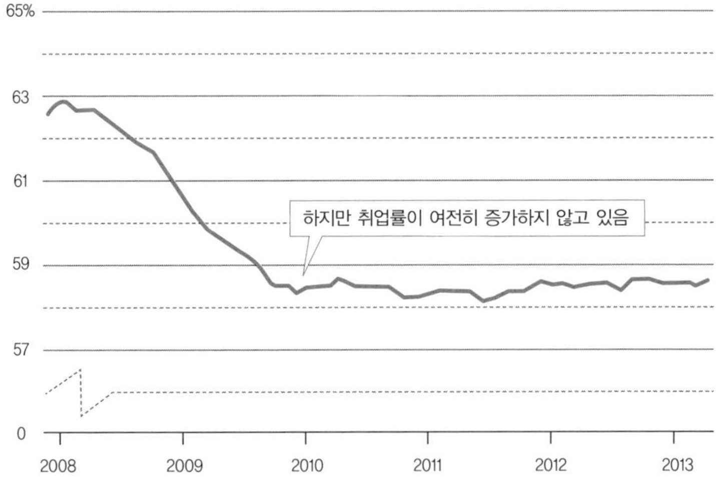

출처: 미국 노동통계국

취업률 신봉자, 실업률 신봉자 실업률 데이터의 충분성 부족 공격

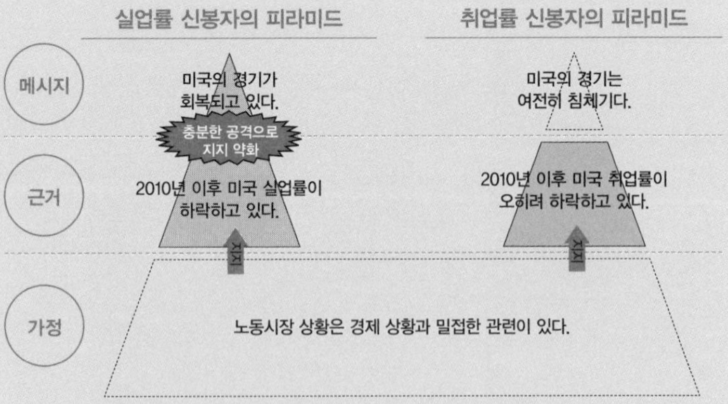

- 취업률 신봉자는 실업률 신봉자가 제시한 '실업률 하락' 개념과 양립하기 쉽지 않은 '유사한 시기 취업률 하락'이라는 데이터를 제시하여, 실업률 신봉자의 근거가 충분성 관점에서 문제가 있음을 지적함.

자 합니다.

보시는 바와 같이 같은 기간 취업률은 오히려 대폭 하락한 이후 여전히 제자리걸음을 면치 못하고 있습니다. 말씀하신 대로 과연 2010년을 기점으로 미국이 경기회복 국면으로 접어들었다면, 취업률 역시 2010년에 상승했어야 맞습니다. 그러므로 실업률을 기반으로 한 실업률 신봉자님의 메시지는 더욱 신중한 검토가 필요할 것 같습니다.

실업률 신봉자: 흥미로운 데이터를 제시해주셔서 감사합니다. 일반적인 상식으로 성장하는 경제에서는 당연히 실업률이 하락하고 취업률이 올라가는 것이 자연스러울 것이라는 사실에 동의합니다. 다만, 취업률 신봉자님이 제공해주신 취업률 자체를 좀더 검토할 필요가 있겠습니다. 아시는 바와 같이 취업률이란 취업 가능 인구 가운데 실제 취업한 사람의 비중을 의미합니다. 그러므로 만약 취업 가능 인구가 매우 빠른 속도로 증가했다면 취업률은 언제나 하락하거나 정체했다고 보일 수 있습니다.

다음 페이지의 데이터들을 한번 보시죠.

일단 위의 데이터를 보시면, 미국에 유입되는 이민자의 수가 1980년대 이후 지속적으로 증가하는 것이 확인됩니다. 이렇게 증가한 미국 내 이민자 수는 2007년을 기준으로 전체 인구에서 약 13퍼센트를 차지하고 있습니다. 이 숫자가 중요한 이유는 아래의 데이터에서 확인하실 수 있습니다.

바로 지속적인 이민 규모 증가로 미국 인구가 꾸준히 늘어 2050년에 약 4억 명을 돌파하는 어마어마한 규모로 성장할 것입니다. 취업률 신봉자님께서도 잘 아시겠지만, 전체 인구의 이러한 증가세는 당연히 취업률 산정의 근간이 되는 취업 가능 인구의 증가세에 직접적인 영향을 미치게 됩니다.

이민 규모 증가에 따른 미국 인구 증가

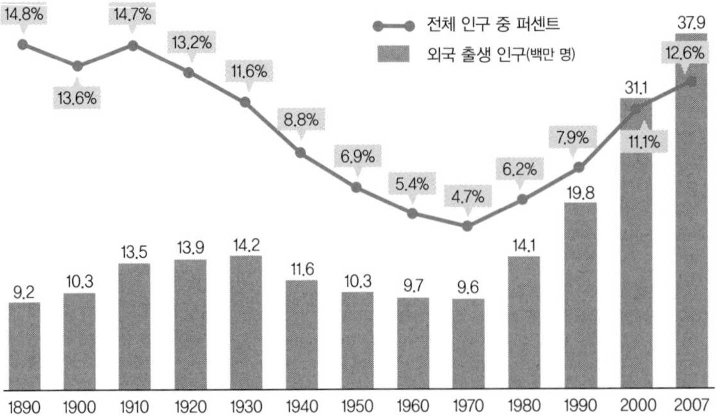

출처: 미국 통계국, 2000. 미국 이민연구센터, 2007.

미국 인구 증가 추이 및 예측

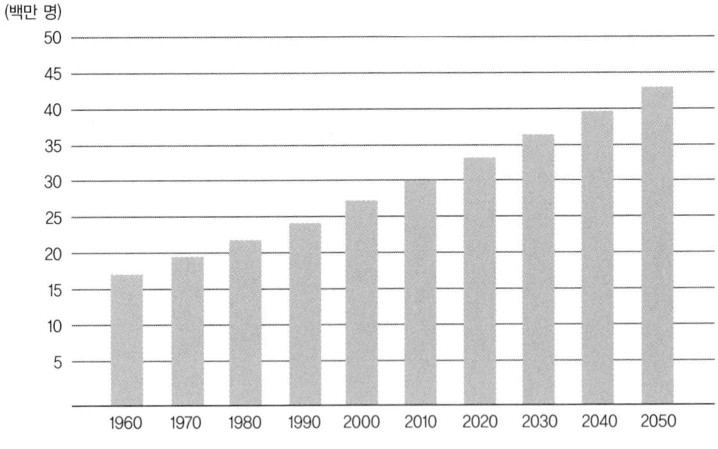

출처: 미시간 대학 사회학과 데이터 분석 네트워크 Census Scope

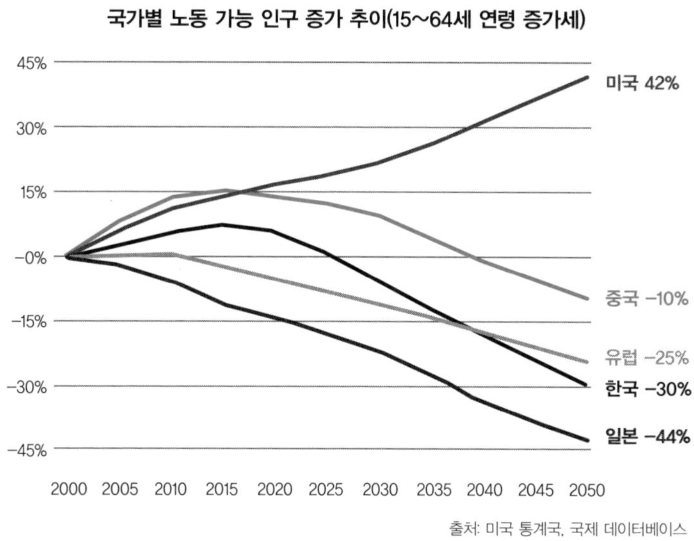

위의 데이터, 정말 놀랍지 않습니까? 우리나라를 포함한 대부분의 국가에서 15~64세로 정의된 취업 가능 인구가 점차 하락하는 가운데에서도 미국의 노동인구는 독보적으로 성장할 것으로 보입니다. 물론 이 현상은 문제의 2010년 당시에도 지속되고 있었구요. 그러므로 취업률 신봉자님이 제시하신 취업률 정체 현상은 오히려 취업 가능 인구의 급속 성장에 따른 착시 현상일 수 있습니다. 다시 말해서 해석의 오류가 있었을 수 있다는 것입니다. 그러므로 실업률 하락에 근거를 둔 제 메시지는 여전히 유효하다고 볼 수 있겠습니다.

취업률 신봉자: 세계경제의 심장 역할을 하는 미국의 노동 가능 인구가 초장기적으로도 건실히 성장할 것이라는 귀중한 정보 감사드립니다. 세계경제 속에서 한국 경제를 걱정해야 하는 제게 충분히 의미 있는 데이터였던 것 같습니다. 하지만 실업률 신봉자님이 제시한 미국 노동 가능

실업률 신봉자, 취업률 신봉자의 취업률 데이터의 사실성 부족 역공

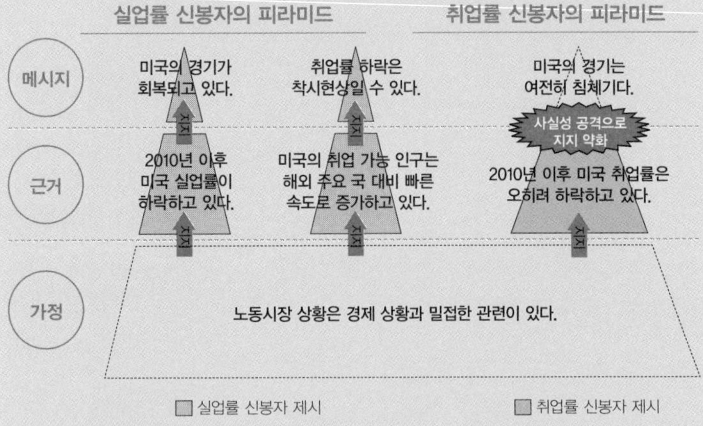

- 실업률 신봉자는 취업률 신봉자가 제시한 취업률 하락이 자신의 메시지가 유지되는 상황에서도 충분히 발생할 수 있음을 밝히려함.
- 즉, 취업률이란 취업 가능 인구 중 취업자의 비중임을 재확인하고, 만약 분모에 해당하는 취업 가능 인구가 급격하게 증가한다면 분모인 취업자 규모와 관계없이 취업률이 하락하는 것처럼 보일 수 있음을 다양한 데이터로 증명 시도함.
- 이때, 실업률 신봉자는 미국의 취업 가능 인구가 빠르게 성장한다는 사실을 해외 국가와 비교하여 제시함으로써 취업률 하락이 실제 경기 상황을 적절히 대변하지 않는, 사실성이 부족한 근거라고 공격함.

인구의 타 국가 대비 빠른 성장에 관한 일련의 데이터는 아쉽게도 저희 논의와 큰 관련이 없어 보입니다.

다시 말해, 비교 대상이 틀린 것 같습니다. 말씀하신 대로 2010년 이후 미국 취업률 정체 현상이 빠르게 증가하는 미국 취업 가능 인구에 의한 착시 현상인지 아닌지를 확인하려면, 미국 취업 인구 규모 증가 속도와 미국 취업 가능 인구 규모 증가를 직접 비교해야 합리적일 것 같습니다. 일본, 유럽 같은 여타 국가와의 비교는 미국 실업률을 좀더 면밀히 이해하는 데 큰 도움을 주지 않는 것 같습니다. 저도 이와 관련해 보여드리고 싶은 데이터가 있습니다.

다음 데이터는 1940년도부터 최근까지 미국의 전체 인구, 취업 가능 인구 그리고 실제 취업 인구의 추이를 보여주고 있습니다. 말씀하신 대로 미국 전체 인구는 지속적으로 증가하고 있음을 확인할 수 있군요. 취업 가능 인구 역시 증가하고 있습니다.

하지만 여기에서 저는 좀더 세밀한 해석을 진행해보고자 합니다. 첫째, 미국 전체 인구 증가 추이와 취업 가능 인구 증가 추이의 간격이 점차 벌어지고 있다는 점입니다. 이는 이민 규모 증가에 따른 미국 인구 증가 속도에 취업 가능 인구의 증가 속도가 못 미치고 있음을 의미합니다. 특히

미국 총 인구와 노동 가능 인구

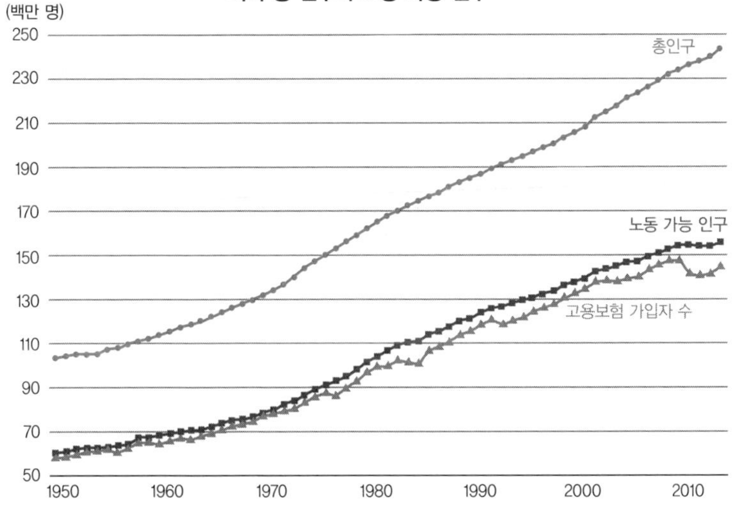

- 총인구는 지속적으로 증가하고 있음.
- 총인구는 역사적으로 증가해왔음에도 최근 5년간 실질적인 노동인구는 성장하지 않았음.
- 2008년 이전에 320만 명까지 성장한 고용인구는 계속 평탄한 상태를 유지하고 있음.

저희가 논의하고 있는 2010년 이후 상황을 보더라도 취업 가능 인구의 성장 곡선이 다소 평평해지고 있음을 육안으로도 확인할 수 있습니다. 해서, 일단 실업률 신봉자님이 지적하신 취업 가능 인구 증가에 따른 취업률 하락 착시 현상에 대한 우려는 기우라고 봐도 좋을 것 같습니다.

둘째, 2010년 이후 실제 미국의 취업자 규모는 취업 가능 인구의 완만한 성장세 속에서도 하락하는 모습을 보였습니다. 이는, 미국의 취업률이 전체 인구나 취업 가능 인구의 증가와 역행하는 모습으로 당연히 경기하강의 명백한 증거로 보입니다. 아직 미국 경기상승을 논할 때는 아닌 것 같습니다.

취업률 신봉자, 실업률 신봉자의 비교 데이터의 연관성 부족 공격

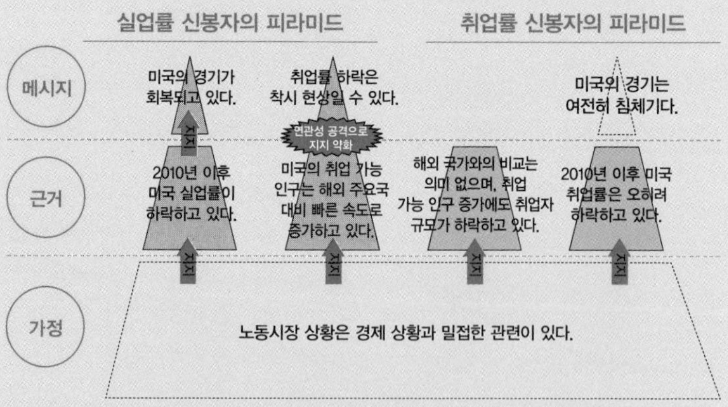

- 취업률 신봉자는 실업률 신봉자가 자신의 취업률 지표의 사실성을 공격한 방식에 대해 방어를 시도함.
- 방법은 취업률의 사실성을 공격하는 데 동원된, 실업률 신봉자의 메시지 피라미드의 근거와 메시지 사이의 연관성을 공격하는 것으로, 실업률 신봉자의 말처럼 미국의 취업률이 급격한 취업 가능 인구의 빠른 증가에 따른 착시 현상이라면, 미국 취업 가능 인구의 증가 속도와 미국 취업자의 증가 속도를 비교해야지, 해외 취업 가능 인구와 비교하는 것은 아무런 의미가 없음을 주장함.

실업률 신봉자: 음…… 분명 취업률 신봉자님이 지적하신 내용은 충분히 일리가 있어 보입니다. 미국 취업률이 여전히 제자리걸음인 것만은 사실인 것 같습니다. 하지만 실업률이 하락했다는 사실과 취업률이 하락했다는 사실은 아직은 평행선을 달리는 증거들일 뿐이라고 생각합니다. 즉, 취업률 하락이 사실이라고 해서, 실업률 하락이 경기회복과 전혀 무관하다고는 여전히 말할 수 없다는 것입니다. 실업률 하락은 그 자체로 분명 좋은 시그널이니까 말입니다.

취업률 신봉자: 네, 맞습니다. 경기가 성장하든 하강하든 실업률과 취업률은 상충관계에 있는 게 일반적일 것입니다. 하지만 저는 실업률 신봉자님이 저의 취업률 근거를 검증하려고 하신 방식을 그대로 이용해 실업

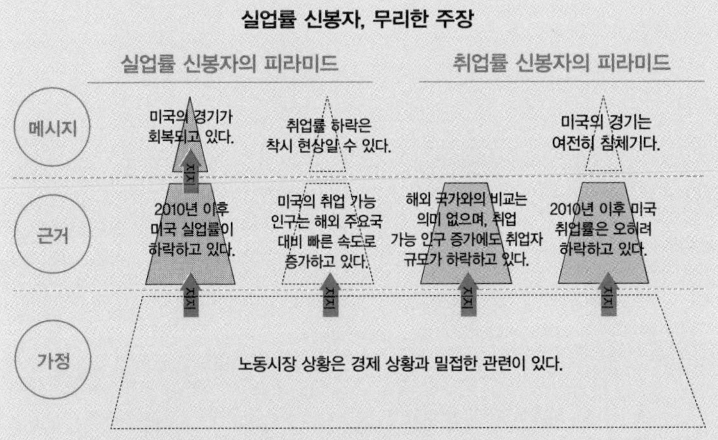

- 실업률 신봉자는 취업률 신봉자의 역공으로 취업률 신봉자의 메시지 피라미드를 공격할 방법을 잃게 됨.
- 이런 상황에서 이렇다 할 대안 없이 자신의 실업률 하락에 따른 미국 경기회복 메시지는 여전히 유효함을 고집함.

률 신봉자님의 실업률 근거를 검증해보고자 합니다. 두 지표가 상충하지 않는다는 사실은 저희 모두의 상식에 매우 거슬리기 때문입니다.

아시다시피 실업률이란 취업 가능 인구 중 취업을 희망하지만 실업 상태에 있는 사람의 비율을 의미합니다. 즉, 실업 상태에 있으나 여러 가지 이유로 굳이 취업을 원하지 않는 사람들은 실업률 계산에 포함되지 않는다는 것이 핵심입니다. 그런데 방금 데이터를 통해 확인한 대로 미국의 취업 가능 인구는 하락하지 않았으므로, 아마도 실업자 규모 자체가 줄어서 실업률이 떨어졌을 것입니다. 이때 만약 실업 상태에 있는 사람 가운데 취업을 아예 포기한 사람의 규모가 늘고 있었다면 실업률이 감소하는 것으로 나올 수도 있는 것입니다. 이것이야말로 실업률 신봉자의 표현을 빌려, '실업률의 착시' 현상이라고 볼 수 있을 것 같습니다. 자, 저는 여기서 그 착시를 암시할 수 있는 데이터를 추가로 제시하겠습니다.

미국 27주 연속 실업 상태 유지 실업자의 비중 추이

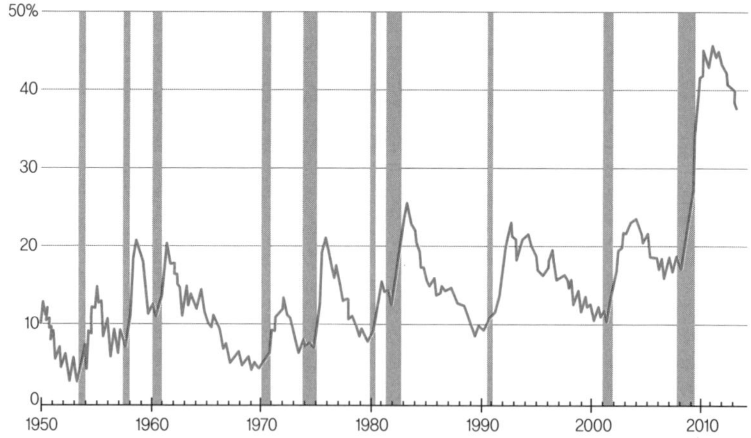

출처: 미국 노동통계국, 미국 경제연구소

이 데이터에서 선은 전체 실업 상태에 있는 사람 중에서 27주 이상 연속해서 실업 상태에 있는 사람의 비중을 나타냅니다. 1930년 미국의 대공황 이후 경기침체라고 부를 수 있는 시기가 열 번 정도 있었는데요, 그 가운데 최근의 경기침체는 미국 경제에 매우 심각한 악영향을 미친 것 같습니다. 그 어느 경기침체 시기보다도 압도적으로 높은 27주 연속 실업자 비중을 보이고 있으니 말입니다. 정말 높지 않습니까? 상황이 이 정도라면 전체 실업자 중에서 취업을 여전히 희망하고 있으나 실업 상태에 머무는 사람보다도, 아예 취업을 포기한 사람의 비중이 높아질 수밖에 없을 것입니다. 자연히 실업률 신봉자님이 근거로 제시하신 실업률 하락 데이터는 미국의 경기상승을 의미하는 것이 아니라, 오히려 지나친 실업으로 취업을 아예 포기한 사람들로 인해 나타난 결과일 가능성이 큰 것입니다. 오히려 심각한 정체 국면을 암시할 수도 있다는 생각이 강하게 들고 있습니다.

실업률 신봉자: 하하하! 여러모로 취업률 신봉자님의 말씀이 더 정확한 판단이신 것 같습니다. 같은 경제 상황에서 한 국가의 실업률과 취업률

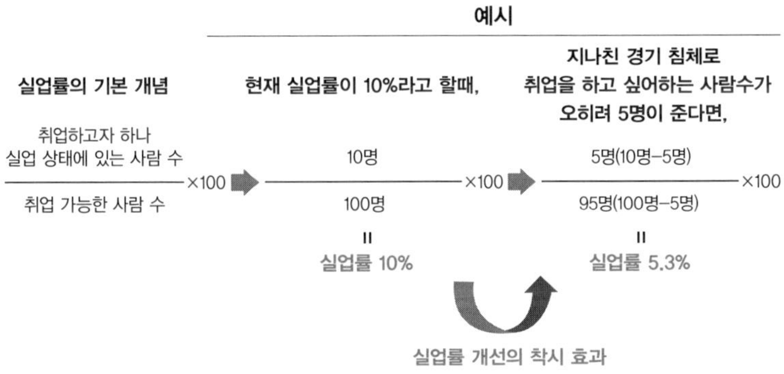

취업률 신봉자, 실업률 신봉자의 실업률 데이터의 사실성 공격

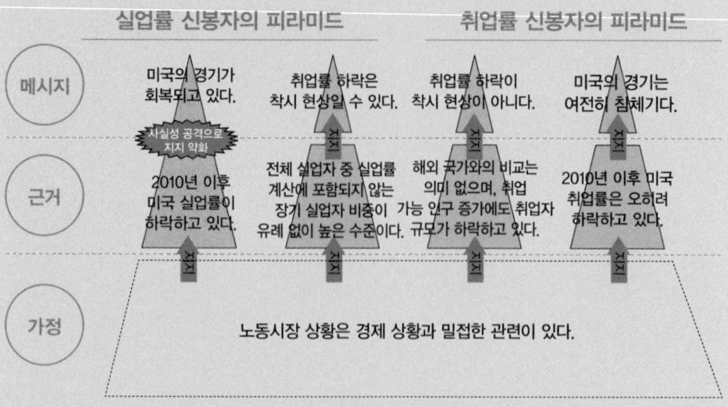

- 취업률 신봉자는 실업률 신봉자가 자신의 취업률 데이터의 사실성을 공격했던 방식을 그대로 사용해서 역공을 펼침.
- 일단, 실업률 신봉자가 제시한 실업률은 취업 가능 인구 중 취업을 희망하지만 실업 상태에 있는 사람의 비율임을 재차 확인한 후, 장기 불황으로 취업을 희망하는 사람의 수가 줄면 오히려 실업률이 개선된 것 같은 착시가 일어날 수 있음을 지적함.
- 그럴 가능성에 대한 근거로 1950년 이후로 27주 이상 실업 상태에 있는 사람의 비중이 가장 높은 수준임을 나타내는 데이터를 제시함.
- 이는 실업률 신봉자가 제시한 데이터가 오히려 사실을 왜곡되게 전달하고 있어 사실성 결여의 가능성을 지적하는 것임.

이 서로 같은 방향으로 움직이는, 흔치 않은 경우였던 것 같습니다. 제가 제시한 실업률은 상황이 오히려 더 악화되어서 발생하는 착시일 수 있음을 인정합니다. 말씀하신 대로 취업률이 여전히 답보 상태에 있는 것을 봐서 주요 노동지표로 본 미국 경기는 아직 정체 국면이라고 봐야 맞을 것 같습니다. 감사합니다.

데이터 커뮤니케이션에서는 제시된 근거를 매우 중요하게 생각한

취업률 신봉자의 데이터 커뮤니케이션 성공 비결

- 첫째, 의구심의 발동

일반적인 경우 경기가 하강하거나 성장하면 취업률과 실업률은 반대 방향으로 움직이기 마련이라는 상식에 기반하여 상대방이 제시한 데이터에 대한 의구심을 잃지 않음.

- 둘째, 자신의 메시지와 근거를 차단하려는 시도에 대한 적절한 방어

자신의 데이터가 착시 현상을 보인다고 주장한 상대방 메시지 피라미드의 허점을 효과적으로 간파함. 즉, 노동인구 급증이라는 현상이 취업률 하락을 일으키려면 미국의 노동인구와 미국의 취업률을 비교해야 한다는 간단한 사실을 놓치지 않고 지적함.

- 셋째, 상대방이 자신을 공략한 방식을 그대로 활용해 상대방 공격

실업률 신봉자가 자신의 데이터를 '착시 현상'이라고 공격한 그 방식을 그대로 역이용하여 오히려 상대방을 효과적으로 공격함.

다. 이런 방식의 의사소통은 누가 목소리가 더 큰지, 누가 더 권위 있다고 기존에 인정받아왔는지, 실제로 누가 더 영향력이 있는지와 관계없이 오로지 누구의 메시지 피라미드가 더 견고한지만을 기준으로 진행된다는 점에서 매우 효율적이다. 메시지 전달 성공 가능성이 오로지 지지하기 위해 동원된 데이터의 적절성에 의해서만 평가받기 때문이다. 혹시 주변에서 누군가 자꾸 여러분의 마음에 탐탁지 않은 주장을 한다면 그가 하는 말보다는 그가 그 말을 하게 된 이유를 꼬집는 게 더 효과적일 것이다.

"네가 하는 말을 언뜻 이해는 하는데, 혹시 그게 그런 이유에서라면 난 받아들이기 힘들 것 같아."

물론 데이터 커뮤니케이션은 쉬운게 아니다. 일반적인 대화보다 더 복잡하고 난해해 보일 수 있기 때문이다. 하지만 그간 우리가 다뤄왔던 키워드를 돌이켜보면 메시지, 데이터(근거), 가정, 동물적 감각, 사

실성, 연관성, 충분성, 메시지 피라미드 등 불과 여덟 개가 넘지 않는다. 근거로 활용할 많은 데이터는 또 어디에서 구해야 하나 하고 한숨부터 나올 수도 있다. 하지만 우리가 찾으려 해보지 않았을 뿐이지 수많은 데이터가 생산되고 있으며, 그 규모는 기하급수적으로 늘어 가고 있다. 점점 데이터 커뮤니케이션을 할 수 있는 좋은 여건이 마련되고 있는 것이다.

데이터에 기반한 효과적 메시지 교환

1. 나의 메시지 전달 여부는 메시지의 자체보다는 데이터에 의해 결정된다.

2. 그러므로 나와 대립되는 메시지 피라미드를 맞닥뜨렸을 경우, 상대방의 메시지 피라미드를 적절히 공략하는 것이 나의 메시지 피라미드를 유지하는 방법이 된다.

3. 구체적으로 상대방 메시지 피라미드를 공략하기 위해서는 '제시된 데이터는 메시지와 진짜 관련이 있는가', '사실을 대변하고 있는가' 그리고 '설사 그렇다 하더라도 여전히 풀리지 않는 의문이 있지는 않은가'라는 질문에 익숙해져야 한다.

4. 세 가지 질문을 상대방 메시지 피라미드의 근거 자체 또는 가정과 근거, 근거와 메시지 사이의 관계에 적용하면 된다.

5. 마지막으로, 이런 세 가지 질문 가운데 좀더 유효한 질문을 발동시키기 위해서는 '어? 그래?'라며 의구심을 발동시키는 게 매우 중요하다.

\3부\

데이터가 만능은 아니다

"데이터는 우리가 남다른 인지와 판단을 바탕으로 강력한 메시지 전달, 즉 설득이 가능하게끔 도움을 준다."

1부와 2부를 한 문장으로 요약하면 아마 이쯤 될 것이다. 그런데 데이터의 위대함을 칭송하는 설명 곳곳에서 어김없이 '동물적 감각'의 도움도 목격했을 것이다. 그렇다면 강력한 메시지를 형성하는 데 있어 이 '감각과 데이터의 오묘한 협업 관계'라는 게 무엇인지 좀더 알아볼 필요가 있겠다. 설명 방식은 이렇다. 일단 데이터만으로 메시지를 완성하고서 본질적으로 봉착할 수 있는 한계를 알아본다. 그리고 그런 한계들이 감각에 의해 어떻게 극복 가능한지를 알아보는 것이다. 데이터의 한계와 동물적 감각의 도움, 이것이 앙상블의 핵심이다.

5장
데이터의 한계

"군인 경력은 제가 베인앤드컴퍼니의 회장이 되는 데 큰 도움을 줬어요. 저는 참모총장 바로 아래 있는 이스라엘군 2인자를 보좌하는 역할을 맡았지요. 그때 엄청난 양의 정보를 다루고, 책임감 있게 행동하고, 오랫동안 일하는 능력을 배울 수 있었어요. 생사를 가르는 중요한 의사결정을 내리는 걸 보면서 언제나 모든 정보를 완벽히 갖추고 결정할 수 없다는 걸 그때 깨달았죠."

이 말은 1993년에 세계적인 경영 컨설팅 회사 베인앤드컴퍼니의 회장인 오릿 가디시(Orit Gadiesh)의 인터뷰에서 발췌한 것이다. 그녀는 1980년대 말 재정 위기에 빠진 회사를 살려내 '위기의 구원투수'라는 별명을 얻었으며, 2004년 〈포천〉이 선정한 '세계를 움직이는 여성 100인'에 꼽힌 바 있는 명실상부한 최고의 컨설턴트였다. 이 짧은 인터뷰 내용에 우리의 머리를 강하게 치는 한 구절이 있다. 여성으로서 군대에 복무한 것? 이스라엘이 세계에서 몇 안 되는 여성 의무복무를 실시하는 나라라는 사실은 그다지 새롭지 않다. 군 생활 경험이 전략 컨설턴트의 삶에 큰 도움을 주었다는 것? 경영 전략의 시초가 병법이었다는 사실을 안다면, 군 최고 의사결정자의 의사결정이 기업의 그것과 소재는 달라도 주제는 매우 비슷할 것이라는 점도 당연하게 받아들여질 것이다. 실제로 전략 컨설턴트 중에는 중국 고전 삼국지를 거듭거듭 읽으며 경영 문제 해결의 실마리를 찾는 사람도 있다. 이치가 비슷하기 때문이다.

문제의 구절은 바로 '데이터의 한계'에 관한 영감을 던져준다. 생각해보자. 세계 10위 수준의 군사 대국이며, 중동 지역에서 끝도 없는 군사 분쟁을 치러온 이스라엘군 최고위 의사결정자가 모든 정보를 완벽히 갖추지 못한다는 것도 이상하고, 완벽하지 못한 정보를 바탕으로 의사결정을 내려야 한다는 사실은 더 이상하다. 아니, 그럼 그 부족한 정보에서 오는 불확실성은 도대체 무엇으로 보충한단 말인가? 세계 최고의 첩보기관 모사드를 보유한 나라에서 가당키나 한 일인가?

솔직히 고백하면, 이 이야기는 비단 이스라엘만의 이야기가 아니다. 모든 개인과 기업의 문제이기도 하다. 데이터가 그 자체로 하고 싶은 말, 즉 메시지가 되기에는 한계가 있다. 그러므로 데이터를 통해 자신의 메시지를 효과적으로 전달하고자 하는 사람이 가장 먼저 챙겨야 할 덕목은 '데이터의 한계'를 인정하는 것이다. 이는 마치 전쟁터에 나가기 전 장수가 자신이 휘두르는 병기의 취약점을 잘 파악해둬야 하는 것과 마찬가지다. 숙적을 만나 겨룰 때 무기가 맥없이 부러져버린다면 이 얼마나 원통하겠는가 말이다. 요리사가 아무리 신묘한 조리법을 안다 한들 식재료가 부실하면 좋은 요리를 내놓지 못하고, 컨설턴트가 아무리 지고지순한 메시지를 품고 있다 한들 근거 자료가 틀리면 메시지 자체를 부정당하게 되기 때문이다. 데이터의 강점만이 아니라 약점까지 안다면 그 효과를 훨씬 크게 누릴 수 있을 테니, 우리는 반드시 그 한계를 조목조목 살펴봐야만 한다.

부재의 한계: 데이터의 첫 번째 한계

경영 컨설턴트들의 장점이자 단점은 업무와 일상의 영역 구분이 불분명하다는 것이다. 기본적으로 업무 강도가 강한 것도 있지만, 주말에 휴식을 취하면서도 머리 한켠에서는 업무 생각을 하는 경우가 많다. 그러다보니, 때로는 일상적인 화법과 업무용 화법을 헛갈려 주위 친구들에게 상처를 주는 경우도 있다. 친구들과 수다 떨면서도 "그래서 네 말의 요점이 뭔데?"라든지 "그것에 대해서는 세 가지 정도의 원인이 있을 수 있겠네……"라는 말을 연발한다면 그것만큼 피곤한 친구도 없을 것이기 때문이다. 하물며 컨설턴트끼리 휴식을 취할 때는 더욱 가관인데, 최근에 겪은 일화를 소개하고자 한다.

컨설턴트 세 명이 금요일 퇴근 후 맥주 한 잔의 여유를 즐기고 있을 때였다. 한 명은 매우 신실한 기독교 신자였고, 또 한 명은 철저히 과학적 사고로 무장된 무신론자였다. 나머지 한 명은 신앙관은 있으나 정기적인 종교 활동을 그만둔 지 꽤 오래된, 흔히 말하는 '길 잃은 어린양'이었다. 어쩌다 이런 대화가 시작됐는지 알아차리기도 전에 이미 대화는 꽤 깊어지고 있었다.

유신론자 컨설턴트: 신의 존재 증명을 기본적으로 과학의 관점으로만 시도한다는 게 무리가 있죠. 과학적 증거가 없다는 이유만으로 존재하지 않는다고 얘기하기엔 아직 과학이 갈 길이 너무 먼 것도 사실이고요. 인간의 삶에 다양한 문제를 설명해내는 데에는 여전히 과학보다 신앙의 힘이 더 크다고 믿습니다.

무신론자 컨설턴트: 과학과 신앙을 분리한 것 자체가 어불성설입니다. 신이 완벽한 존재라면, 과학 역시 신의 영역이죠. 그럼 과학적 방법론에 의해서도 신의 존재는 당연히 설명되어야 하는 거 아닌가요? 믿음조차 과학으로 해석할 수 있어야, 신이 모든 것을 관장하고 있다고 말할 수 있는 거 아닌가요?

유신론자 컨설턴트: 하하, 과학적 사고에만 천착하면 신을 완전히 이해할 수 없다는 의미이지 신의 존재에 대해 과학적 증명이 불가능하다는 것은 아닙니다.

길 잃은 어린양: (끼어들듯) 응? 그게 가능해요?

유신론자 컨설턴트: 네, 그럼요. 간단한 예를 들어볼까요? 과학의 아버지라고 불리는 뉴턴이 만든 유명한 가속도의 법칙을 아실 거예요. F=ma. 만물을 움직이는 모든 힘(F)은 질량(m)과 가속도(a)에 의해 결정된다는, 중고등학생 시절부터 무턱대고 많이도 외워왔던 공식입니다.

무신론자 컨설턴트: 네, 물론 알죠. 지적 의도를 가진 어떤 존재가 만물을 조정하는 게 아니라, 세상에 존재하는 힘은 질량과 가속도에 의해 결정된다는 매우 과학적인 반증입니다. 마침 말씀 잘하셨네요.

유신론자 컨설턴트: 하하, 그래요. 맞아요. 말씀하신 대로 그 매우 과학적인 공식에서 신의 존재를 말씀드리고 싶은 거예요. 자, 보세요. m은 질량이죠. 질량의 존재는 우리 모두가 인정하는 것이에요. 그렇죠? 당연히 존재하는 것이니까요. 또한, 가속도 a 역시 움직이는 물체를 관찰하다보면 매번 발견되는, 매우 자명하게 존재하는 현상입니다. 쉽게 말해, 돌의 무게가 존재하느냐 안 하느냐를 증명할 필요나, 가속도 현상이 진짜 있는 것이냐 없는 것이냐를 의심하는 사람은 없을 겁니다. 그럼 F=ma에서 ma는 어쨌든 존재하는 것들의 영역입니다. 그렇다면 F는 어떨까요?

무신론자 컨설턴트: F가 어떻다니요? 당연히 돌이 가속도를 가지고 움직이면 운동에너지가 생겨서 힘을 갖는 거잖아요. 그러니까 존재하는 거죠. 말씀하셨듯이 누군가 던진 돌멩이에 제가 맞으면 아픈데, 그 아픈 원인이 에너지니까요.

유신론자 컨설턴트: 그럼 그 돌은 누가 던졌을까요?

무신론자 컨설턴트: 하하하! 무슨 말씀이세요, 갑자기?

유신론자 컨설턴트: m의 질량을 가진 돌멩이를 들어서 가속도가 붙을 만큼 던진 누가 있을 거 아니에요.

무신론자 컨설턴트: 그거야, 또다른 에너지원이 던졌겠죠!

유신론자 컨설턴트: 그 또다른 에너지원은 또 누구한테 에너지를 받았는데요?

(대화가 이쯤 이르렀을 때 대화에 대한 길 잃은 어린양의 집중도는 최고조를 향해가고 있었다.)

유신론자 컨설턴트: 어떤 에너지원이 질량에 가속도를 부여해서 다른 에

너지원을 움직이게 하고, 그 힘을 받은 에너지원은 또다른 에너지원을 움직이게 해서, 지금의 우주가 엄청난 에너지를 나름의 규칙대로 운영하게 되었다면, 역으로 그 모든 에너지의 최초 에너지가 있어야 하는 게 당연한 거잖아요? 최초의 돌을 던진 사람이요. 과학은 여기에 대한 명확한 답을 주고 있지 않습니다. 신을 의도를 가진 지적 존재로 받아들이든 아니든, 나아가 사랑이 깃든 인자한 모습으로 받아들이든 아니든, 만물의 최초 에너지원이 무엇인지 우리 과학은 이렇다 할 설명을 주지 못하고 있어요. 외계인이 줬다구요? 그럼 그 외계인은 누가 만들었느냐는 겁니다.

무신론자 컨설턴트: 모든 에너지원의 근원에 대한 연구가 진행 중이에요. 아직은 증명하지 못하나, 곧 증명될 겁니다.

유신론자 컨설턴트: 태초의 힘 없이 어떻게 질량과 가속도가 하늘에서 떨어지듯 생겨날 수 있나요? 그리고 그 연구가 밝히려고 하는 게 사실인지 아닌지 어떻게 확신하나요?

무신론자 컨설턴트: 말씀드렸잖아요. 연구 중이라고. 그리고 연구는 그럴 것이다라는 가설에 기초하는 것 아닙니까? 가설은 증명되기 전까지 그 자체로써 증명되진 않잖아요. 잘 아시면서…….

길 잃은 어린양: 잠깐! 그럼, 유신론자 컨설턴트님은 그 최초의 에너지원이 신이라고 어떻게 믿게 된 거예요?

유신론자 컨설턴트: 믿음이죠.

길 잃은 어린양: 그럼, 무신론자 컨설턴트님은 신의 존재 없이 태초의 에너지원이 있을 거란 걸 어떻게 확신하세요?

무신론자 컨설턴트: 선생님, 말씀드렸잖아요. 아직은 연구 중이고, 가설

에 기초한 믿음이라고요. 그런 게 있어요. 힉스 입자라고……

길 잃은 어린양: 하하하! 힉스 입자? 그게 뭔지는 모르겠지만, 아무튼 재미있네요. 신의 존재를 긍정하는 사람도 부정하는 사람의 논리를 부정하면서 신의 존재를 증명하려고 하고, 신의 존재를 부정하는 사람도 긍정하는 사람의 논리를 부정하면서 신의 존재를 부정하려고 하네요. 그리고 더 재미있는 건 뭔지 아세요?

유/무신론자 컨설턴트: (동시에) 뭔데요?

길 잃은 어린양: 신의 존재를 긍정하든 부정하든, 여러분 모두는 믿는 사람들이라는 거죠! We all are Believers!

정말 금요일 밤 맥주 마시면서 이런 대화를 나누었을까 싶겠지만, 실제로 있던 일이다. 이외에도 정치, 사회, 문화 등 다방면의 답 없는 이야기로 지적 유희를 즐기곤 하지만, 굳이 이 대화를 지금 기억해내는 데에는 이유가 있다. 알고 보면 인류에게 신의 존재만큼 중요한 문제도 없어서이기도 하지만, 그 중요한 문제가 찬반에 관계없이 각자의 믿음에 기초해 있다는 사실이다.

모든 메시지가 어느 정도 믿음에 기초해 있다는 것은 당연한 일이다. 믿음과 가치관이 메시지를 형성하는 최초의 힘이기 때문이다. 하지만 어떤 메시지가 믿음이나 가치관 위에서만 설명될 수 있다면 다소 난감한 문제다. 세상에 믿음만큼 서로를 강력히 끌어당기는 것도 없지만, 또 그만큼 서로를 완강히 밀어내는 것도 없기 때문이다. 그래서 상대방의 믿음 그 자체를 비판하려면 매우 큰 각오가 필요하다. 결국 여기서 간단하지만 매우 중요한 사실을 인정해야 할 것 같다. 세상 모든 메시지가 데이터와 증거에 의해 지지받을 수 있는 것은 아니라는 사실 말이다. 이 책을 읽는 여러분 중에 신의 존재 또는 부재 증명을 데이터를 통해 이야기할 수 있는 사람이 있을지 모르지만, 적어도 세상 모든 문제에 대해 데이터를 기반으로 이야기할 수는 없다는 사실만큼은 받아들일 것이다. 이럴 때에는 데이터가 아니라 믿음이나 신념으로 이야기할 수밖에 없다.

사실 거창하게 신의 존재를 끌어들이지 않더라도 데이터의 부재가 문제되는 경우는 이 밖에도 수없이 많다. 특히 본질적으로 정량화할 수 없는 것을 무리하게 정량화하려는 시도에서 이 한계가 극명하게 나타난다. 마치 사랑의 크기를 숫자로 표현하려는 것과 같이 말이다. 이를테면 2000년대 초반에 행정안전부에서 그간 중앙 및 지방 자치단체에 투입된 IT 관련 예산의 효과를 투자자본수익률(Return On Investment, ROI) 관점으로 파악하려고 시도한 적이 있다. 물론 화폐 단위로 말이다. 이 어마어마한 분석의 성공 요건은 공무 수행에 IT 관련 기기와 서비스들이 과연 얼마만큼의 생산성 향상을 이뤄냈는지, 즉 투자에 의한 효과(Return)를 화폐 단위로 산출하는 것이다.

두말할 것도 없이 이 시도가 얼마나 무모한 것인지는 쉽게 이해할 수 있다. 어떤 사무실에 컴퓨터가 한 대 들어왔다고 가정해보자. 전에는 손으로 만든 문서를 문서 작성 프로그램으로 작성하자 생산성이 좋아졌다. 게다가 파일 형태로 된 문서는 이메일 등을 통해 쉽게 상대방에게 전달될 수도 있다. 분명 업무 생산성이 향상되었을 것이다. 그와 동시에 전기요금도 늘고 눈이 침침한 직원들이 파일 형태의 문서를 출력해서 보는 습관을 들이면서 종이 사용량이 증가했다. 새로운 비용이 발생한 것이다. 수많은 비용 증가, 감소 요인을 명확히 수치화해서 비교하는 것은 불가능하다고 봐야 한다. 물론 공무원들의 업무를 유형화해서 평균치로 계산하면 된다고 이야기할 수도 있을지 모른다. 하지만 그렇게 해서 가정에 가정을 거듭한 분석은 누더기 같은 모습일 것이 자명하다. 어떤 숫자를 도출해낼 수 있느냐 없느냐의 문제보다, 그 숫자가 실제 의사결정에 활용될 수 있느냐 없느냐라는 실효성의 관점에서 보면 말이다.

이런 사례는 무수히 많다. 한 글로벌 선도 전자회사는 휴대전화 생산에 투입된 디자인 효과를, 어떤 선진 테마파크는 새로 들여온 수백억 원짜리 놀이 기구를 ROI 관점으로 분석하려고 시도하기도 했다. 생산원가에서 디자이너들의 노력 비용을 구분하는 것은 상대적으로 쉬울지 몰라도, 소비자들이 휴대전화를 구매하는 데 디자인이 얼마나 기여했는지를 화폐 단위로 계산하는 것은 쉽지 않다. 또한, 놀이 기구 이용객의 규모를 정확하게 집계하는 것은 쉬울지 몰라도, 놀이 기구 간에 존재하는 복잡한 간접효과를 무시하고 그 놀이 기구가 전체 테마파크에 미친 효과를 데이터화하는 것은 반쪽짜리 분석일 것이다. 회전목마, 롤러코스터, 유령의 집 간 다중적인 간접 효과를 어떻게 계산한단 말인가? 이것 모두 정부나 기업들이 엄청난 금액을 지불하고 경영 컨설턴트들을 고용하여 시도한 실제 사례들이다.

가만히 보면 데이터로 말하고 싶어도 말할 수 없는 이 문제는 우리가 1부에서 살펴봤던, 데이터가 온전한 근거로서 갖춰야 할 첫 번째 조건에 관한 것이다. 다시 말해 연관성 있는 데이터의 부재 말이다. 데이터의 부족과 부재는 엄연히 다르다. 부족한 데이터는 다른 데이터로 극복 가능하지만, 아예 없는 경우는 그 자체가 한계다. 아무리 주위를 둘러봐도 메시지를 지지할 연관 데이터가 없을 수도 있다는 것, 이것이 바로 데이터로 메시지를 전달할 때 봉착할 수 있는 첫 번째 한계다.

데이터의 오류: 데이터의 두 번째 한계

2012년 교육과학기술부는 제1차 학교 폭력 실태조사를 실시했다. 나날이 심각해지는 학교 폭력의 현황을 파악하고 처방을 모색하기 위해 국가 수준의 학교 폭력 데이터 수집 및 분석 체계를 구축하는 것이 목적이었다. 정확한 처방은 정확한 현황을 파악해야 가능하다는 차원에서 매우 의미 있는 시도였다. 한 가지 재미있는 사실은 조사 대상인데, 전국 초등학교 4학년부터 고등학교 3학년까지의 학생 559만 명 전원을 대상으로 실시한 점이다. 전원을 대상으로 실시한 대규모 조사에 걸맞게 사업 규모도 대략 20억 원이 넘는 것으로 전해졌다. 과연 발표된 조사 결과에는 전국 초중고교 학교별로 여섯 가지 지표(조사 시점 당시 학생 수, 응답 학생 수, 피해 경험 학생 수, 일진이 있다고 응답한 학생 수, 피해 유형별 응답 항목별 비율, 피해 장소별 응답 항목별 비율)가 방대하게 나와 있었다.

전국 대부분의 학교를 대상으로 파악된 이런 값진 지표들은 데이터와 끊임없이 대화를 나누며 메시지 끄집어내기를 즐기는 사람들에겐 축복이나 다름없었다. 이번에는 여러분과 함께 그 대화 과정을 소

교육과학기술부 제1차 학교 폭력 실태조사, 2012

학교명	학생 수 (명)	응답 수 (건)	회수율 (%)	피해 응답 수	일진 인식 건수 (건)	피해 유형별 응답 비율							피해 장소별 응답 비율									
						말로 하는 협박, 욕설	집단 따돌림	강제 심부름과 같은 괴롭힘	돈/물건을 빼앗김	손/발/도구로 맞거나 특정한 장소 안에 갇힘	성적인 부끄러움을 갖게 하는 말과 행동 또는 강제로 몸을 만지는 행위	인터넷 채팅, 이메일, 휴대전화로 하는 욕설과 비방	교실	운동장	화장실/복도	그 외 학교 내 장소	등하굣길	학원/학원 주변	오락실/PC방/노래방 등	온라인과 휴대전화	공터/빈 건물/주차장 등	기타
ㄱ 초교	379	71	18.7	12	3	42.1	21.1	5.3	5.3	5.3	0.0	21.1	22.7	13.6	9.1	9.1	0.0	0.0	0.0	4.5	0.0	40.9
ㄴ 초교	426	53	12.4	8	7	42.1	21.1	0.0	0.0	10.5	5.3	21.1	28.0	8.0	16.0	8.0	16.0	0.0	0.0	4.0	0.0	20.0
ㄷ 초교	319	30	9.4	4	6	28.6	28.6	0.0	0.0	28.6	0.0	14.3	33.3	11.1	22.2	0.0	0.0	0.0	11.1	11.1	0.0	11.1
ㄹ 초교	360	148	41.1	24	10	50.0	19.0	2.4	2.4	7.1	11.9	7.1	40.4	1.9	13.5	7.7	3.8	5.8	0.0	3.8	1.9	21.2
ㅁ 초교	300	112	37.3	10	7	64.3	7.1	0.0	7.1	0.0	14.3	7.1	9.5	4.8	14.3	9.5	4.8	0.0	0.0	4.8	0.0	52.4
ㅂ 초교	341	45	13.2	10	4	45.0	25.0	0.0	0.0	20.0	5.0	5.0	36.4	13.6	18.2	4.5	0.0	0.0	0.0	4.5	0.0	22.7
ㅅ 초교	240	168	70.0	30	12	34.1	34.1	0.0	4.5	2.3	11.4	13.6	40.0	7.3	3.6	9.1	1.8	3.6	0.0	5.5	0.0	29.1
ㅇ 초교	236	35	14.8	6	1	50.0	20.0	0.0	0.0	10.0	0.0	20.0	23.5	11.8	17.6	5.9	0.0	5.9	0.0	5.9	0.0	29.4
ㅈ 초교	266	98	36.8	16	11	38.1	19.0	0.0	0.0	14.3	0.0	28.6	33.3	0.0	4.2	0.0	0.0	4.2	0.0	4.2	0.0	54.2
ㅊ 초교	259	88	34.0	24	14	47.5	17.5	2.5	2.5	7.5	7.5	15.0	26.5	20.4	8.2	8.2	2.0	0.0	0.0	8.2	2.0	24.5
ㅋ 초교	304	71	23.4	11	1	43.8	25.0	0.0	0.0	6.3	0.0	25.0	22.2	11.1	0.0	11.1	5.6	0.0	0.0	11.1	0.0	38.9
ㅌ 초교	209	12	5.7	2	1	40.0	20.0	0.0	0.0	40.0	0.0	0.0	25.0	12.5	25.0	12.5	0.0	0.0	0.0	0.0	0.0	25.0
ㅍ 초교	347	176	50.7	23	7	42.9	8.6	2.9	5.7	17.1	5.7	17.1	16.7	0.0	10.0	13.3	6.7	0.0	0.0	3.3	0.0	50.0
ㅎ 초교	183	43	23.5	11	6	41.2	35.3	5.9	11.8	0.0	5.9	0.0	30.8	15.4	19.2	11.5	0.0	0.0	0.0	0.0	0.0	23.1

전체 조사 내용 중 일부 발췌, %

소히 나눠보고자 한다. 이 방대한 데이터를 통해 꼭 알고 싶은 사실이 하나 있다.

"정말 공부 못하는 학교가 더 폭력적일까?"

말하자면 성적과 폭력성의 연관성이다. 쉽게 말해, "공부 잘하는 애들은 별로 폭력적이지 않고, 좀 뒤쳐진 애들이 폭력적일 거야, 그렇지?"에 대한 답을 얻고 싶은 것이다. 우선 두 가지 개념, 즉 학업 성적과 폭력성에 대한 조작적 정의가 필요하다.

일단 학교별 학업 성적을 대표할 수 있는 지표로 〈조선일보〉에서 발표한 2012년도 수학능력평가 1, 2등급 합계 비율 기준 상위 500개 고등학교 데이터를 활용했다. 1, 2등급 합계 비율이란 당해 연도 수능을 치른 학교 학생 가운데 1등급과 2등급을 받은 학생의 비중(%)으로, 예를 들어 100명의 학생이 수능을 치른 A 학교의 비중이 50퍼센트라면, 그 100명 가운데 1, 2등급을 받은 학생이 50명 존재한다는 것을 의미다. 당연히 수치가 높을수록 학업 성적이 우수한 학교임을 의미한다. 이 지표를 사용할 때 염려되는 부분은 전체 2200여 개 고등학교 가운데 상, 중, 하위에서 골고루 500여 개를 선별하지 않고 상위에서만 500개 학교를 선별했다는 점이다. 하지만 500여 개 학교가 전체 학교에서 4분의 1을 차지하여 샘플로 충분한 규모이고, 상위 500여 개 학교 내에서조차 최상위(1위: 94%)와 최하위(500위: 4%) 간 유의미한 격차를 보여 학업 성적을 대표할 만한 지표로 사용하는 데 손색이 없다고 판단된다.

둘째, 학교별 폭력 상황을 상징할 지표를 위해 앞서 언급한 교육과학기술부의 학교별 학교폭력 실태 조사 결과를 이용하고자 한다. 여

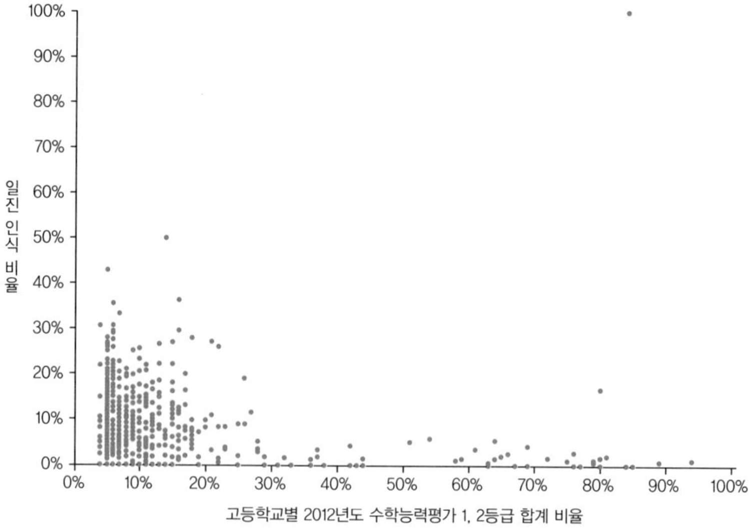

출처: 교육과학기술부, 조선일보 2012

섯 가지 공개 지표 중에서 응답 학생 수와 일진 인식 건수 등 두 지표를 활용하여 일진 인식 비율(%)이라는 새로운 지표를 도출했다. 응답한 학생 중 "저희 학교에 일진이 있어요"라고 답한 학생의 비율로, 당연히 지표의 값이 클수록 응답 학생 가운데 일진이 존재한다고 인정하는 학생의 비중이 큼을 의미한다. 이렇게 학업성적과 폭력성을 대표할 표준화된 데이터를 선정했으니 상관관계 파악을 위한 준비를 마친 셈이다. 자, 구조화해보자. 흥분된 마음으로 두 지표를 각각 X, Y 축으로 위치시켜 분산 데이터로 표현해보았다.

일반적으로 두 지표를 활용하여 분산형 데이터를 그릴 경우, 각 좌표들이 형성한 군집이 우상향하는 타원 모양을 그릴수록 양의 상관관계가 있고 우하향하는 타원 모양을 그릴수록 음의 상관관계가 있다고 판단하며, 타원을 형성하는 군집의 모여 있는 정도가 강할수록 높은 연관성을 보이고 있다고 본다. 만약 공부를 상대적으로 못하는 학교일수록 폭력적일 것이라고 예측한 사람이라면 좌표들이 모여 있는 모양이 우하향하는 모습이기를 기대할 것이다.

하지만 위 분산 데이터는 새로운 사실을 말해준다. '학업 성적과 일진 문제의 심각성은 아무런 관련이 없다.' 혹시나 관련이 있지 않을까 했던 궁금증이 간단한 분석에 의해 수정되는 순간이다. 행복이 성적순이 아니듯 학교 폭력도 성적순이 아닌가 보다.

그런데 과연 그럴까? 괜한 미련에 다시 한번 데이터를 뜯어 살펴보니 뭔가 꺼림칙한 부분이 있다. 왠지 여기서 데이터와 대화를 멈추면 안 될 것 같은 느낌이 든다. 그게 뭘까? 새로운 대화의 시작은 밤하늘의 샛별처럼 그래프의 우측 상단에 홀로 떠 있는 한 학교에서 시작되었다.

그 학교의 특징을 곧이곧대로 해석하면, 수능 1, 2등급 합계 비율이 80퍼센트 중반으로 학업 수준이 전국 다섯 손가락에 드는 최상위 학교지만 일진 인식률이 100퍼센트인 어마어마한 곳이었다. 이런 괴물 같은 학교가 존재하는가? 공부 잘하는 일진의 존재를 부정하고 싶은 생각은 없으나 왠지 우리의 직관에 부합하지 않는다. 전체 데이터에서 단순 예외로 처리하기에는 일단 그 학교의 존재가 너무나 궁금하다.

'어라? 뭔가 이상한데?' 이런 직관을 기반으로 원 데이터를 확인해본 결과 우측 상단에서 샛별처럼 빛나던 그 학교는 너무나도 익숙한 학교였다. 바로 민족사관고등학교다! 이 학교 학생들이 공부 잘한다는 말은 많이 들었으나 그렇게 폭력적이란 이야기는 금시초문이다. 일진이 학교에 있다고 답한 비율이 전국에서 가장 높으니 말이다. 왜 그럴까? 꼬리에 꼬리를 무는 궁금증으로 데이터와의 대화를 계속 시도해봤다. 그 원인은 뜻밖에도 너무나도 간단하게 밝혀졌는데, 바로 응답률이 문제였다. 이 학교의 경우, 조사 대상 468명 학생 가운데 단 2명만이 조사에 응했고 그 두 사람 모두 저희 학교에 일진이 있다고 답하는 바람에 일진 인식 비율 100퍼센트가 나온 것이다. 응답률 0.4퍼센트(468명 가운데 2명)에 기반한 일진 인식률 100퍼센트는 아무런 의미가 없는 것이다.

자, 여기서 우린 어떤 대화를 더 이어나가야 할까? 민족사관고등학교에도 일진이 아예 없지는 않나 보다 하며 놀라워할까? 아니면 왜 전교생 가운데 두 명만 답했는지 궁금해할까? 좀더 근본적인 대화를 시도해보자. 다른 학교의 응답률은 어떨까? 만약 다른 학교의 응답률도 이 학교처럼 낮은 수준이라면 일진 인식 건수와 피해 유형별 응답 비율 지표가 아무리 자세하게 나온들 아무런 의미가 없고, 그런 지표들이 의미 없다는 것은 20억짜리 전수조사 자체가 우리에게 줄 수 있는 메시지가 원천적으로 없음을 의미한다. 모든 지표는 충분한 응답률이 보장될 경우에만 과학적으로 의미를 갖기 때문이다. 학업 성적과 폭력성의 관계에 대한 호기심 어린 질문은 어느새 '이 데이터는 데이터로서 온전한 것인가'라는 공격적인 질문으로 바뀌는 것이다. 즉, 사실성에 오류가 있는 건 아닌가 의심이 일어난다.

아니나 다를까, 전체 조사 대상 2282개 전국 고등학교의 평균 응답률은 19.4퍼센트에 불과했으며, 10퍼센트 이하의 응답률을 보인 학교가 무려 1056개로 46퍼센트에 달했다. 조사 대상 가운데 절반의 학교가 10명 중 1명도 안 되는 응답자에 기반해 조사가 이뤄진 것이다. 이런 치명적인 오류를 가진 데이터와 무슨 메시지를 더 주고받을 수 있단 말인가?

전수조사라는 장점이 오히려 심각한 단점을 초래하고 만 것이다. '조사를 통해 얻으려는 것이 꼭 전수조사를 통해서만 가능한 것일까'라는 내적 검열보다 '전수조사 하면 뭐든 나오지 않겠어'라는 막연한 기대감이 상대적으로 크게 작용했던 것 같다. 안타깝지만, 챙길 교훈은 따로 챙겨야겠다. 모든 데이터에는 오류가 있을 수 있으며, 그 가능성은 아무리 권위 있는 기관에서 발표했다 한들 여전히 존재하는 것이다.

혹시 교육과학기술부의 전수조사가 예외적인 경우에 불과하다고 생각하는 사람은 다음 데이터를 유심히 봐주기 바란다. 데이터에는 우리나라 데이터 생산의 첨병인 통계청이 장래 인구를 2006년과 2011년에 각각 어떻게 다르게 추산했는지가 나타나 있다. 통계청은 2006년 발표한 '2005~2050년 장래인구추계' 자료를 통해 2010년 총인구가 4887만 5000명에 이를 것으로 전망했다. 그러나 5년이 지난 2011년에는 '2010~2060년 장래인구추계'를 통해 같은 년도 총인구가 4941만 명으로 집계됐다고 말해 무려 53만 5000명 정도의 오차를 발생시키고 말았다. 분석 결과에 대한 오차는 어느 정도 허용될 수 있다며 아량을 보일 수도 있다. 하지만 53만 명이라는 오차는 그 허용 범주를 벗어난 것이다. 제주도의 인구와 맞먹는 규모이기 때문이다. 그래서 일부 통계 전문가들은 이를 오차의 정도 문제가 아닌 추정 분

통계청 주요 연도별 장래인구추계

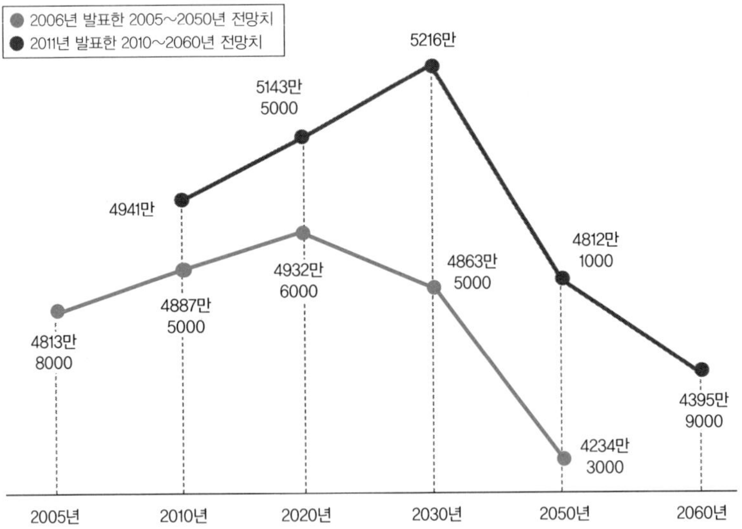

석 구조의 오류라고 지적하기도 했다.

이런 경우는 무수히 많다. 2012년 한국은행은 통화정책의 중요 변수가 되는 유동성 통계를 잘못 산출해서 감사원에서 지적을 받았고, 같은 해 서울시는 서울시 실업자 규모 조사를 전년과 다른 계절에 조사해서 왜곡된 산출로 물의를 빚기도 했다. 실업률이 계절의 영향을 많이 받는다는 기본적인 사항을 간과한 것이다. 우리나라만이 아니다. 미국 정부는 2011년 1분기 경제성장률을 애초에 1.8퍼센트로 예측했으나, 실측 성장은 0.4퍼센트에 불과해 매우 큰 격차를 보였다. 이에 대해 국가 통계를 관장하는 미 상무부 경제분석국(BEA)은 일반 자동차 딜러숍에서 재고로 있는 자동차 물량과 원유 수입 규모를 과소평가함으로써 이런 오차가 발생한 것으로 보고 있다고 발표해 좀더

주요 통계 오류 사례

항목	잘못된 수치	수정
2007년 3분기 국내총생산(GDP) 상승률	1.3%	1.4%
2006년 국가 채무 규모	282조 7830억 원	273조 2140억 원
2002년 제주 최저기온	6℃	0.6℃
2005년 서울 최저기온	8.4℃	−14℃
2006년 면 단위 행정구역 수	2166곳	1208곳
1991년 강원 원주군 수도용지 현황	29만 9911㎡	2만 9911㎡
1985년 가구주 중 45~49세 남성 비율	12.5%	10.5%

출처: 통계청

근본적인 문제가 있었음을 시인했다.

인구는 정치, 사회, 경제, 문화 등 국가가 모든 영역의 마스터플랜을 짜는 데 가장 기초적으로 사용되는 매우 중요한 지표이며, 유동성 지표는 통화정책의 내용을 결정짓는 핵심이다. 또한 미국의 경제성장률은 미국뿐만 아니라 전 세계의 경제 심리에 직격탄으로 작용하는 지표로, 가뜩이나 미국발 세계경제 더블 딥(경기회복 후 다시 침체) 가능성에 대해 초미의 관심이 쏠리고 있던 당시 상황을 감안할 때, 정말 아찔한 에피소드가 아닐 수 없다.

누구나 실수를 한다. 하지만 과학적이고 엄밀해 보이는 데이터일수록 그런 실수가 숨어 있을 가능성이 높다. 동전에 앞뒤 면이 있듯이 데이터는 가공이 가능하기 때문에 놀라운 확장성을 가지지만, 또 그래서 오류 가능성이 증가한다. 이런 오류를 스스로 발견할 능력이 없는 사람일수록, 데이터를 발표한 주체의 권위에 기대려는 경향이 강해진다. 게다가 그렇게 더욱 의존해갈수록 우리는 권위 있는 주체의 태만과 기만을 견제할 힘을 잃게 된다. 잊지 말자. 데이터는 늘 틀릴 수 있다. 훌륭한 근거의 필수 요소 중 하나인 사실성이 결여될 수 있다는 것이다. 이것이 바로 데이터의 두 번째 한계, 데이터의 오류다.

데이터의 불충분성: 데이터의 세 번째 한계

시작부터 난해한 질문에 대답해보자.

"서태지와 지드래곤 가운데 누가 더 훌륭한 가수일까?"

자신 있게 답할 수 있는 사람은 많지 않을 것이다. 만약 누군가 "가수는 음반 판매량이 핵심이지"라고 말하며, 아래 데이터를 제시했다고 가정해보자. 그리고 '당연히 서태지가 가수로서 더 훌륭하지!'라는 메시지를 던졌다. 당신은 이 메시지에 대해 어떻게 대응할 것인가?

각 연도별 최고 가수 오프라인 음반 판매량

출처: 한국음반산업협회, 2012
(단위: 만장)

서태지 팬이 제시한 데이터에는 지난 20년 동안 각 해에 어떤 가수가 최고의 오프라인 음반 판매를 기록했는지가 담겨 있다. 예를 들어, 1990년 변진섭은 '너에게로 또 다시'라는 앨범을 110만 장 판매해 그해 가장 많은 오프라인 음반 판매를 기록한 가수가 되었다. 같은 식으로 서태지(또는 서태지와 아이들)는 1982, 1993, 1998 그리고 2004년까지 총 4개년 동안 광범위하게 오프라인 앨범 판매 1위를 달성했다. 이와 반대로, 지드래곤은 고작 딱 한번 2009년에 최고 오프라인 음반 판매량을 기록했을 뿐이다. 그마저도 서태지가 1위를 했던 4개년 중 그 어떤 해보다도 작은 판매량으로 말이다. 이런 명백한 데이터 앞에서 지드래곤을 두둔할 방법은 쉽게 보이지 않는다.

여러분도 이 주장에 일리가 있다고 보는가? 아니면 뭔가 부족하다고 생각하는가? 어떤 방식으로든 검증이 필요한 상황이다. 여러분이 지드래곤 팬이라고 가정해보고 이 주장에 멋진 반박을 날려보자. 또한, 반박을 넘어 역공을 펼치려면 어떤 추가 데이터가 필요한지 지목해보자.

- 연도별 최고 판매 가수의 판매량만 나온 자료이므로, 20년간 서태지와 지드래곤의 총 판매량이 나온 자료로 비교해야 한다.
- 오프라인 음반뿐 아니라 온라인 음반 판매량도 함께 봐야 한다.
- 두 가수의 활동 기간이 절대적으로 큰 차이를 보이고 있어, 적절한 비교가 되지 않는다. 두 가수의 오프라인 음반 판매량을 데뷔 후 활동 햇수로 나누어 비교해야 한다.
- 음반 판매량뿐만 아니라 공연, 광고 등 여타 수익도 종합적으로 봐야

한다.

- 기타 수익을 모두 고려한다 하더라도 매년 시장 여건이 바뀔 수 있으므로, 수익을 절대 수치로 비교하는 것은 의미가 없다. 그러므로 시장 점유율같이 상대 비교가 가능한 별도의 지수를 개발해야 한다.
- 솔로 가수 서태지와 그룹 서태지와 아이들은 하나로 본다면, 지드래곤도 빅뱅과 하나로 봐서 비교해야 한다.
- 인기 자체보다는 국내 가요 역사에 미친 영향력 등을 종합 고려해야 한다.
- 전성기 시점이 크게 차이 나는 두 가수의 수익을 비교할 경우, 물가상승률이 반영되어야 한다.

참 많고 다양하지 않은가? 하나같이 다 좋은 반박이 될 수 있는 데이터들이다. 이 많은 반대 데이터는 연도별 최다 오프라인 음반 판매량 데이터만으로 서태지의 우수성을 지지하는 게 얼마나 많은 허점을 가지는지 여실히 보여준다. 그리고 정도의 차이가 있기는 하지만, 서태지 팬의 주장을 약화시키기에 손색이 없다.

여기서 상대방 주장을 '약화'시킨다는 개념은 매우 중요하다. 자신의 메시지를 성공적으로 전달하고자 하는 사람이 유념해야 할 것은 모든 반박을 한번에 잠재워버릴 촌철살인형 데이터를 찾는 것(defeating)보다 다양한 반박을 사전에 감지하여 균형 있게 근거를 제시함으로써 반박을 약화시키는(Weakening) 능력이다. 그래서 데이터를 통한 설득과 비판은 무 자르듯 단번에 되기보다는 가랑비에 옷 젖듯 서서히 이뤄진다고 봐야 더 맞을 것이다.

이유는 간단하다. 첫째, 우리의 메시지가 믿음을 바탕으로 한 종교적 주장이 아닌 이상, 대부분 근거를 동반했을 때만이 성립되는 조건부적 진실이며, 둘째, 세상에는 그런 조건부적 진실들을 상반된 방향에서 지지하는 데이터들이 너무나도 많이 존재하고 있어서, 셋째, 상대방을 한번에 압도하는 촌철살인형 데이터를 찾는 것은 매우 쉽지 않기 때문에, 넷째, 어쩔 수 없이 부러뜨리지 못하고 약화시킬 수밖에 없는 것이다. 정보의 양이 증가할수록, 부러뜨리기 능력보다 약화시키기 능력이 더더욱 중요해지는 이유다.

앞서 살펴보았듯이 데이터에 의한 주장은 데이터로 반박하는 게 가장 효과적이다. 실제로 서태지 팬이 전달하고자 하는 메시지에 어떤 충분성 공격이 가능한지 다른 데이터를 통해 확인해보자.

아래 데이터를 보면 음반 산업 규모가 서태지 시절 대비 지드래곤

1998~2010년 음반 산업 규모

(단위: 억 원)

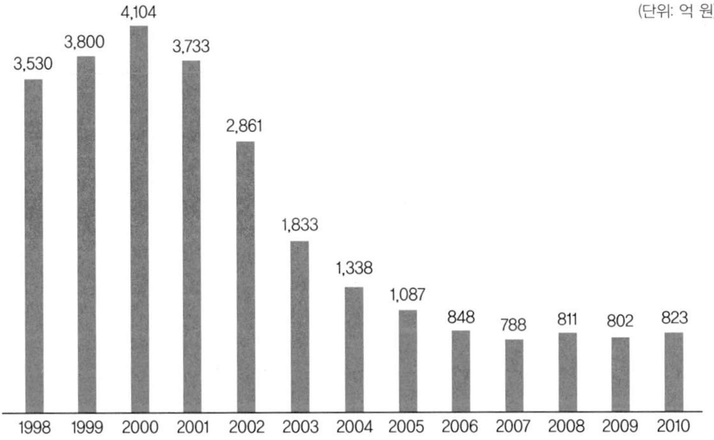

출처: (사)한국음악콘텐츠산업협회 자료 편집

2001~2010년 국내 10만 장 이상 판매 음반 추이

(단위: 개, 천 장)

연도	2001	2002	2003	2004	2005	2006	2007	2008	2009	2010
음반 수	80	66	27	27	17	9	3	6	6	7
판매량	22,862	15,409	5,644	5,429	2,856	1,662	473	1,112	898	1,075

출처: 공인음악차트 '가온차트' 자료 편집

활동 시절에 엄청 축소되어 음반 판매량을 기준으로 두 가수를 비교하는 것은 매우 무의미하다.

위 데이터에서 확인되듯이 더욱이 앨범 판매 10만 장을 돌파하는 일이 2009년 지드래곤이 13만 장을 기록했을 시점에 얼마나 더 힘들어졌는지를 보면, 서태지 팬이 제시한 데이터는 힘을 잃게 된다.

결정적으로 아래 데이터는 오프라인과 온라인 음반 산업 규모가 2003년을 기점으로 역전되어, 2003년 이전과 이후에 전성기를 맞이

국내 온·오프라인 음반 시장 규모

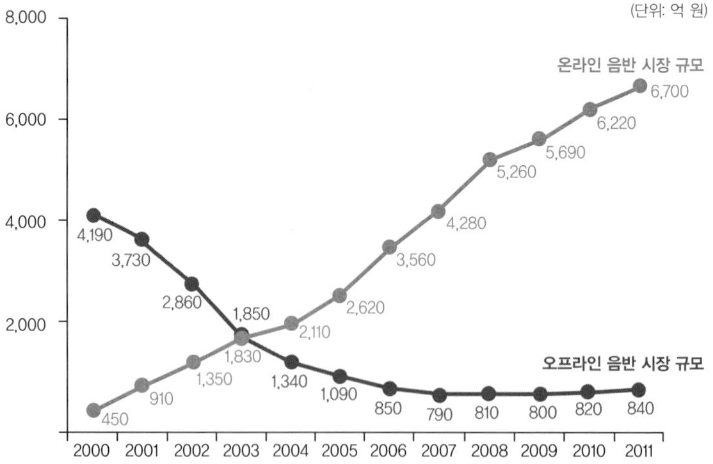

출처: 한국음반산업협회, 2012

한 가수들을 오프라인 음반판매량으로 비교하는 것은 어불성설임을 말하고 있다.

하나의 메시지가 가지고 있는 약점과 강점을 늘 균형감 있게 다루는 능력을 '360도 사고'라고 부른다. 기업이나 정부를 상대로 의사결정을 지원하는 경영 컨설턴트에게 너무나도 중요한 능력이기도 하다. 360도 사고는 비단 경영 컨설턴트뿐 아니라 정보의 홍수 속에 사는 우리 모두에게 중요하다. 자신의 메시지 피라미드의 강점을 극대화하고, 상대방의 메시지 피라미드의 약점을 간파해낼 수 있게 하기 때문이다. 이런 사고는 데이터의 한계와 매우 밀접한 관계를 가지고 있다. 데이터는 메시지의 약점과 장점을 온전하게 360도 방어, 공격할 수 있을 때까지 다양하게 엮어줘야만 비로소 제구실을 한다는 점에서 한계를 갖기 때문이다. 쉽게 말하면 부각하고 싶은 강점이 많을수록, 방어해야 하는 약점이 많을수록 데이터는 다양하게 동원되어야 한다. 데이터 자체로는 설득과 비판을 위한 큰 그림을 그릴 수 없다. 즉, 데이터 그 자체가 절대 메시지를 의미하지 못한다. 이것이 바로 데이터로 메시지를 형성하는 데서 봉착하는 세 번째 한계, 불충분성이다.

이렇게 해서 데이터의 모든 한계를 짚어보았다. 메시지를 강화하는 데 동원할 데이터가 없거나, 있긴 한데 오류투성이거나, 오류는 없으나 일부 데이터만으로 해결되지 않는 경우는 마치 우리가 넘어야 할 고개와 같은 것이다. 그 고개만 넘으면 데이터의 화력을 자유자재로 사용할 수 있다. 그런데 이 고개들을 잘 살펴보면, 1부에서 살펴본 '훌륭한 근거의 3대 조건'과 거울에 비춘 듯 대칭을 이루고 있다. 즉, 데이터 부재의 고개를 잘 넘었다는 것은 근거의 연관성을 확보했다는 것이며, 데이터 오류는 사실성을, 그리고 충분히 엮어야만 비로소 쓸모 있다는 특징은 충분성을 확보했다는 것을 의미한다. 다시 말해, 데이터가 가지고 있는 한계를 넘는다는 것은 훌륭한 근거를 완성하는 과정 그 자체를 의미한다.

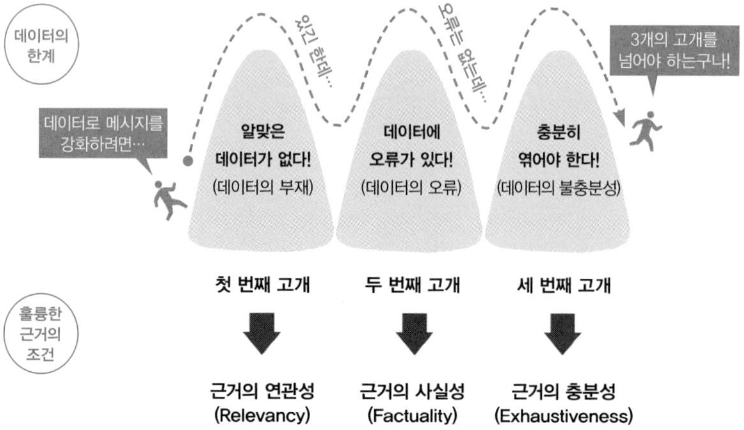

6장
동물적 감각의 도움

데이터는 메시지를 전달하는 데 있어 강력한 도구다.

하지만 그 도구는 태생적 한계를 가지고 있다.

지금까지 살펴본 내용을 다시 두 문장으로 요약한 것이다. 지금부터는 그 한계를 어떻게 극복해야 할지 이야기해보자. 데이터로 데이터의 한계를 극복하지 못한다면 제3의 도움, 바로 데이터 감각이 필요하다. 이제껏 많은 책에서 데이터와 감각은 상충하는 관계로 표현됐다. 의사결정 도구로 데이터의 중요성을 강조했던 사람들은 과학적 엄밀성을, 감각을 강조했던 사람들은 육감의 속도감을 각각 상충의 주된 이유로 주장해왔다. 하지만 데이터와 동물적 감각은 분명 최적의 파트너다. 그러므로 동물적 감각이 데이터의 한계 하나하나를 극복하는 데 어떤 도움을 주는지 꼼꼼히 알아보도록 하자. 도움도 주면서

한 미국 은행 콜센터의 고객 응대 소요 시간대별 빈도

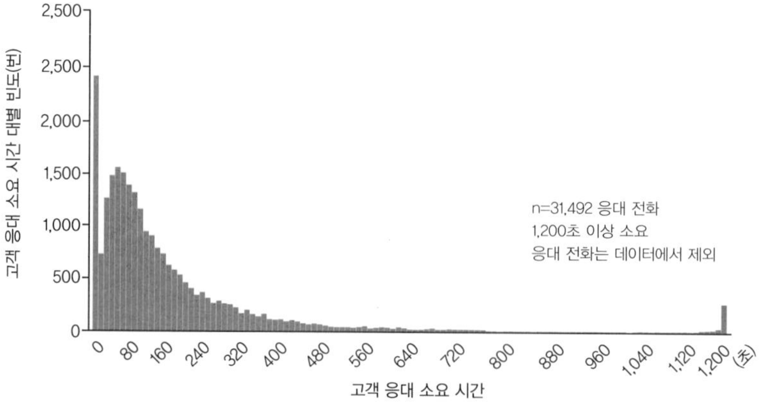

출처: Based on Shen(2003), as referenced in Moore and McCabe(2006, pp 10~11)

한계까지 보완해준다면 충분히 조화롭다고 이야기할 수 있을 테니 말이다.

위 그래프는 미국의 한 은행 고객 센터에 걸려온 민원 전화의 응답 시간별 빈도를 기록한 실제 데이터다. 예를 들어 어떤 막대그래프의 X 축 값이 200초, Y 축 값이 500회라면 고객 센터에 걸려온 전화 중 응대 시간이 200초인 건이 500번 있었다는 의미다. 이 데이터를 기반으로 고객 센터 전화 응대에 관련해 어떤 메시지를 이끌어낼 수 있을까? 수없이 많은 발견과 그것을 기반으로 한 좋은 메시지들이 있었으리라 생각한다. 하지만 그 모든 결론이 나오기 전에 이 데이터에 대해 여러분이 느꼈어야만 하는 느낌은 따로 있다. 바로 '앗! 뭔가 튄다'이다.

뭐가 튄다는 걸까? 약 11초 이하로 응대가 종료된 통화의 비중이 이례적으로 높다는 것이다. 그래서 11초 이하 영역의 막대그래프가 여타 막대그래프들과는 달리 불쑥 튀어나와 있다. 이 점이 바로 튀는 영역이다. 한번 생각해보자. 우리의 경험에 비추어봤을 때 어떤 고객 응대 전화가 11초 안에 끝나는 경우가 저렇게 많을 수 있을까? 아무리 짧아도 본인 확인 절차만 진행하는 데 30초는 걸릴 것이다. 그러니, 없다고 봐야 옳을 것이다. 그럼 도대체 이 은행 고객 센터에서는 무슨 일이 있던 것일까?

알고 보니, 이 고객 센터에는 평균 응대 시간이 너무 긴 직원들에게 징계를 주는 내부 정책이 있었다. 이런 근시안적 정책에 적응하기 위해 고객 센터 직원들은 일부 고객들의 전화를 받자마자 끊어버리는 못된 자구책을 마련했던 것이다. 그렇게 하면, 부득불 긴 응대 건으로 늘어난 평균 응대 시간을 낮출 수 있기 때문이다. 그리고 다시 전화가 걸려오면 "고객님, 제가 버튼을 잘못 눌러서 통화가 원활하지 못했습니다. 진심으로 사과드리며, 무엇을 도와드릴까요"라고 부드럽게 통화를 이어나가면 되는 것이었다. 결국 이 데이터 때문에 해당 은행은 제도를 바로 바꾸었다고 한다.

이 데이터를 통해 우리가 챙겨야 할 교훈은 은행의 비현실적인 제도에 따른 부작용을 이해하는 것이 아니다. 더욱 중요한 것은 데이터를 보고 '앗! 뭔가 튄다'라는 느낌을 받았느냐 아니냐의 문제다. 실제 왜 그런 일이 발생했는지 밝혀내는 것은 그런 동물적 의심을 가지고 있느냐 아니냐 다음의 문제이기 때문이다. 바로 이 동물적 의심이 데이터의 한계를 뛰어넘고 더 넓은 사실의 세상에 접근하게 하는 통로이며, 데이터 감각을 발동하는 가장 중요한 촉매제가 된다. 앞서 국내 주요 테마파크 입장객 추이 데이터에 대해 논의하면서 '어? 사라진 200만 명은 도대체 어디로 간 거지?' 궁금해하기도 했는데, 이것도 동일한 유형의 동물적 의심이다. 이렇듯 훌륭한 직관을 가진 사람은 튀는 것을 튄다고 감지하고 이상한 것을 이상하다고 느껴, 같은 데이터를 보고도 활용하는 폭과 깊이가 남들과 완전히 다르다. 이제부터 이런 감각의 성격을 면면히 살펴보고 이런 감각이 과연 데이터의 한계를 극복하는 데 어떤 도움을 주는지 차근차근 짚어보자.

데이터 감각의 두 얼굴

그렇다면 감각이란 뭘까?

"몰라, 그냥 그래."

누구든 한 번쯤은 이렇게 말한 적이 있을 것이다. 정확한 이유를 대지 못하지만 그냥 그렇다고 말하게 한 이런 힘이 감각이라고 보면 된다. 별도의 근거나 이유가 없어서 때론 무책임하고 비논리적으로 보이지만 이런 방식의 사고는 표준화된 데이터를 다루는 사람들에게 오히려 중요하다.

"모호한 정보를 한데 모아 처리하는 데에는 인간의 뇌만 한 것이 없으며, 그럴싸한 정보 처리 기술이나 단계들은 되레 이 오묘한 과정에 방해가 될 때가 많다."

《Decision Analysis》에서 경영학자 하워드 레이퍼(Howard Raiffa)가 이렇게 말했던 것처럼 일상적으로 접하는 정보에는 인간의 감각이 필요하다. 지금껏 설명한 데이터로 말하기의 장점은 데이터가 모두 표준화되어 있어서 가능했던 것인데, 애석하게도 우리가 일상에서 접하는 모든 정보가 표준화되어 있기를 기대하는 것은 무리다. 그래서 표준화된 정보의 한계를 극복하고 더 넓은 범위의 정보를 다루기 위해 별도의 도구가 필요하다. 데이터에 대한 감각은 모호한 정보들을 융합하는 멋진 용광로와 같다. 추론을 가능하게 해줘 데이터와 데이터 사이의 빈 곳을 채워주고 더 큰 그림을 그릴 수 있게 한다.

사실 의사결정을 하거나 주장을 펼칠 때 감각은 데이터란 말이 본격적으로 등장하기 훨씬 이전부터 중요하게 여겨졌다. 데이터는 인간이 만든 것이지만, 그 감각은 인류의 역사와 함께 해왔기 때문이다. 이 말은 곧 누구나 감각을 가지고 있다는 뜻이다. 별도의 연산 작용이나 고도의 사유 과정 없이 새로운 정보를 있는 그대로 느끼는 이 능력은 데이터처럼 부족할 리도 없고, 홍수처럼 넘쳐날 일도 없다. 이런 유구한 역사를 가진 직관이 의사결정이나 설득의 과정에서 한참 후배인 데이터보다 점점 덜 중요하게 취급받아온 이유는 무엇일까? 바로 직관의 이중적 성격 때문이다.

데이터 감각이 어떻게 형성되는지를 알면 데이터 감각의 두 얼굴을 이해하기 쉽다. 우리가 어떤 의사결정 사항에 대해 "그냥 그런 것 같아."라고 말하며 직관적으로 판단하기까지는 알게 모르게 많은 것이 동원된다. 그 많은 것은 크게 지식, 경험, 가치관으로 분류될 수 있다. 지식은 과거에 접한 정보들이 나만의 방식으로 쌓여 있는 것을 말하고, 경험은 그 피상적인 정보들을 체화하는 과정에 해당하며, 가치관은 그 체화된 결과들이 켜켜이 쌓여 만들어진 고유의 판단 기준 같은 것이다. 당연히 이 세 가지는 서로 지속적으로 영향을 미치며 종국적으로 우리의 감각을 완성해나가게 된다.

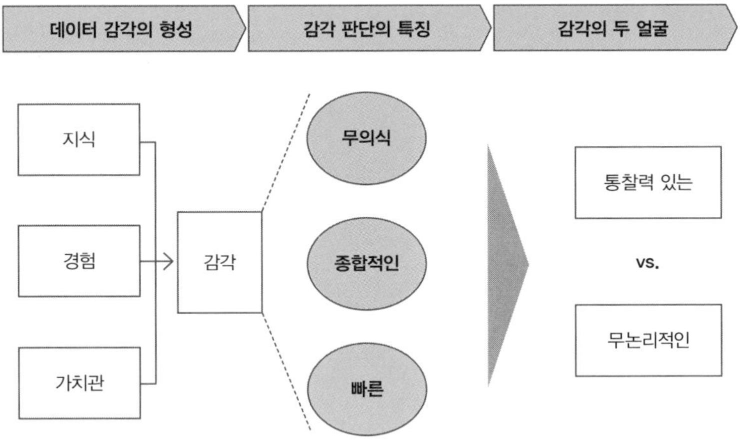

이렇게 형성된 감각으로 판단하다보면, 특징적으로 나타나는 현상이 있다. 우선은 실제로 판단한다기보다는 느끼는 것에 가깝다. 의식적인 연산 과정이 없기 때문이다. 그래서 상당한 속도를 자랑한다. 물론 이 속도 덕분에 성급하다는 오해도 받지만, 사실 감각적 판단은 상당히 종합적 사고의 결과다. 과거의 지식과 경험, 가치관이 총체적으로 찰나에 뿜어져 나오듯 반영되기 때문이다. 실제로 매우 많은 경험을 쌓은 오랜 경력의 컨설턴트들이 보여주는 직관은 그렇지 못한 수많은 컨설턴트의 분석보다 훨씬 정확하고 빠르다. 지식과 경험이 감각의 구성 요소로 이미 크게 반영되어 있어서 가능한 일이다. 감각에 따라 의사결정을 하는 게 위험하다고 말하는 사람들은 대개 차근차근 따지지 않는 방식만 부각시키고 있다.

경험 많은 컨설턴트들이나 넓고 깊은 경험과 지식으로 무장된 각 분야의 권위자들의 감각에서는 빛보다 빠르고 바다보다 깊은 통찰력(insight)을 발견할 수 있다. 통찰은 사물과 상황의 이치를 매우 깊게 이해하는 능력으로, 직관적 사고의 꽃이라고 볼 수 있다. 이 통찰의 대가 중에 우리가 매우 잘 아는 인물이 있다. 바로 스티브 잡스다. 2008년 경제지 〈포천〉과의 인터뷰에서 그는 '애플의 전략 수립'이란 주제에 대해 답변하던 중 다음과 같이 말했다.

"애플은 시장조사를 하거나, 경영 컨설턴트에 의존하지 않습니다."

기업이 시장 데이터를 수집하지 않는다는 말은 실로 엄청난 것이다. 잘 훈련된 경영 컨설턴트를 고용하지 않는 것도 웬만한 글로벌 기업에서는 찾아보기 힘든 일이다. 결국 애플은 자사 직원들의 경험과 통찰을 기반으로 그 수많은 혁신을 이뤄온 셈이다. 아이패드처럼 기존에 존재하지 않던 유형의 제품은 애초부터 시장조사를 통해 나올 수 있는 성질의 것이 아니다. 데이터는 기본적으로 과거의 기록이며, 그 기록 과정에 동원된 관점은 대부분 과거의 사실에 높은 설명력을 부여하기 위해 고안된 것이므로, 창조적 파괴를 이끌어내는 미래 지향과는 거리가 멀 수밖에 없다. 데이터는 미래를 예측하는 데 동원될 수는 있지만, 미래 그 자체를 기록할 수는 없기 때문이다. 스티브 잡스는 이 점을 매우 잘 알고 있었을 것이다.

하지만 모든 사람이 이런 통찰을 가지는 것은 아니란 점을 명심해야 한다. 경험과 지식 또는 사리를 분별할 줄 아는 명확한 가치관이 없는 사람은 동물적 감각을 게으른 분석의 핑계로 활용하는 경우가 대단히 많다. 다시 말해 아무나 통찰력을 사용할 수 있는 건 아니라는 것이다. 데이터가 한계를 갖듯, 감각에도 이런 한계가 있다. 또한, 감각은 애초부터 너무 주관적이기 때문에 사실성, 연관성, 충분성에 모조리 문제가 있는 오류에 빠지기도 쉽고, 검증이 쉽지 않으며 설사 검증을 시도한다 하더라도 그 방법이 마땅치 않다는 한계가 있다. 다시 말해, 감각적 판단만으로 구성된 메시지 피라미드에는 메시지를 지지하는 가정과 근거가 아예 존재하지 않기 때문에 어디서부터 오류를 검증해나가야 할지가 막막하다. 비논리가 아니라 아예 무논리인 것이다. 이런 이유들로 잘못된 감각은 잘못된 분석보다 훨씬 위험하다.

"한 사람의 죽음은 비극이지만, 수백만 명의 죽음은 통계에 불과하다."

예를 들어, 이오시프 스탈린의 이 말은 감각적 판단이 사실성을 얼마나 왜곡할 수 있는지를 잘 보여준다. 사실을 사실대로 인식한다면 수백만 명의 죽음은 당연히 한 명의 죽음보다 수백만 배 슬퍼야 할 것이다. 하지만 대부분의 사람들에게 주변 사람 한 명의 죽음은 상대적으로 경험하기는 쉬운 사건이지만, 수백만 명의 죽음은 좀처럼 경험하기 힘들고 역사책에서나 볼 수 있는 간접 경험에 불과하다. 그런 경험의 괴리로 형성된 직관은 결국 수백만 명의 죽음이라는 사실에 아무런 죄의식 또는 연민을 느끼지 못하는 인식의 왜곡을 가져온다.

이렇듯 통찰적이어서 빠르고 효과적이지만, 무논리적이어서 오류에 빠지기 쉽고 논증의 대상이 되지 못하는 양면의 특징을 감각의 두 얼굴이라고 부른다. 직관적 통찰로 미래를 기획하는 스티브 잡스의 얼굴도 있고, 현실을 그럴싸하게 곡해하는 스탈린의 얼굴도 있는 것이다. 이 두 얼굴에 대해 잘 이해하고 능수능란하게 다룬다면 데이터 감각을 통한 데이터의 한계를 극복하는 첫 단추를 훌륭하게 꿴 셈이 될 것이다.

감각으로 데이터 부재를 극복하라

2000년 초반 국내 기업은 크게 두 종류로 나뉘었다. IMF 외환위기를 극복한 기업과 그렇지 못한 기업으로 말이다. 대부분의 기업은 살아남기 위해 분주했지만, 안정적으로 살아남은 기업들 역시 그들 나름대로 분주했다. 도태한 기업들을 옥석을 가려 인수해 오랜 숙원 사업 진출을 비교적 낮은 비용으로 달성할 수 있는 절호의 찬스를 맞이했기 때문이다. 다음은 이런 기업 중 당시 매출 규모 약 1조 정도의 그룹사 회장실에서 실제 있던 대화를 각색한 것이다.

A 임원: 회장님, 신규 사업 진출 건에 대한 의사결정이 필요한 상황입니다. 사업 자체는 매력적으로 보입니다.

B 임원: 네, 그 사업이 매력적이라는 것에는 일견 동의하지만, 시장의 불확실성이 여전히 너무 높은 상황입니다. 지금 투자를 받으려면 금융 비용도 만만치 않을 것이라, 시기가 좋지 못합니다.

회장: …….

(이때 이 대화를 묵묵히 바라보고 있던 외부 경영컨설턴트가 회장에게 말을 건넸다.)

경영 컨설턴트: 회장님, 드릴 말씀이 있습니다.

회장: 말해보세요.

경영 컨설턴트: 1·4후퇴 이후 미국과 한국이 조금만 더 밀어붙였다면 지금의 분단 상황은 아예 없지 않았을까요?

회장: 음……, 추진합시다!

매출 1조 회사의 신규 사업을 논의하는 자리에서 한국전쟁 당시 1·4후퇴를 언급하는 것은 상당한 도발이다. 하지만 그 경영 컨설턴트가 읽은 바로는 회장의 복심이 오히려 이런 도발을 필요로 하는 상태였음이 분명했다. 당시 회장은 신규 시장 진출이 타당하다는 보고서를 이미 숙독했고, 오직 결단만 남긴 상황이었기 때문이다. 이런 상황에서 더 많은 분석과 데이터는 무의미했으며, 회장의 심리적 마찰계수를 정확히 건드려줄 전혀 다른 수단이 필요했던 것이다. 그 수단의 드라마틱한 완성을 위해 컨설턴트는 회장 자신이 1·4 후퇴 이후 어렵게 자수성가한 인물이라는 사실에 집중했다. 설득 결과는 대단히 성공적이었다. 데이터로 가득 찬 수백 장의 보고서도 하지 못한 일을 한마디 말로 이뤄낸 셈이다. 한 장의 사진이 이런 역할을 할 때도 있다. 때는 2008년 즈음, 한국전력의 발전 자회사(발전소) 민영화에 대한 정부의 최종 결정을 두고 기업들의 관심이 극에 달해 있던 시절이었다. 발전 산업은 높은 이윤을 안겨주지는 않지만 안정적인 수익을 보장해주는 전형적인 저위험 저수익 사업으로, 그룹 사업 포트폴리오에 안정성을 보강하고 싶어하는 많은 대기업이 인수 타당성을 은밀히 사전 분석하는 경우가 많았다.

남한과 북한의 전력 사용 현황을 극명하게 보여주는 아래 사진은 '발전 자회사 M&A 타당성 분석 보고서' 표지에 당당하게 올랐다. 이 한 장의 사진이 품고 있던 숨겨진 메시지는 발전 산업의 안정적 특성이 강조된 보고서의 메시지와 은밀한 조화를 이루고 있었다. '발전 산업은 안정적 캐시카우(cash cow) 확보를 목적으로 할 때 좋은 투자 대상이지만, 향후 통일 이후 블루오션이 될 북한 발전 산업을 위한 장기

출처: NASA

적 포석의 의미까지 고려한다면 충분히 매력적이다'라고 말이다. 당시 보고 대상자는 이 사진에 유독 깊은 관심을 보였다. 이 기업 역시 오너 기업이었는데, 오너 경영자들이 신규 사업을 검토할 때 자신이 사업을 영위하는 기간만이 아니라 이후 자신의 2, 3세 시대까지 아울러 고려하기 때문이다. 아마 그 오너는 '지금 당장 많은 돈을 벌진 못한다 하더라도, 통일 이후 내 자식들이 먹고살 좋은 먹을거리를 남겨놓는 거겠지?'라고 생각했을 것이다. 정작 보고서 어디에도 북한 발전산업에 대한 내용은 담겨 있지 않았는데 말이다.

말 한마디, 사진 한 장으로 의사결정자의 직관을 공략해 성과를 거둘 수 있는 것은 단지 오너 기업일 뿐일까? 그렇게 생각하는 사람들은 다음 예시를 봐주기 바란다.

영국의 저명한 경제 잡지인 〈이코노미스트〉는 매달 주요 이코노미

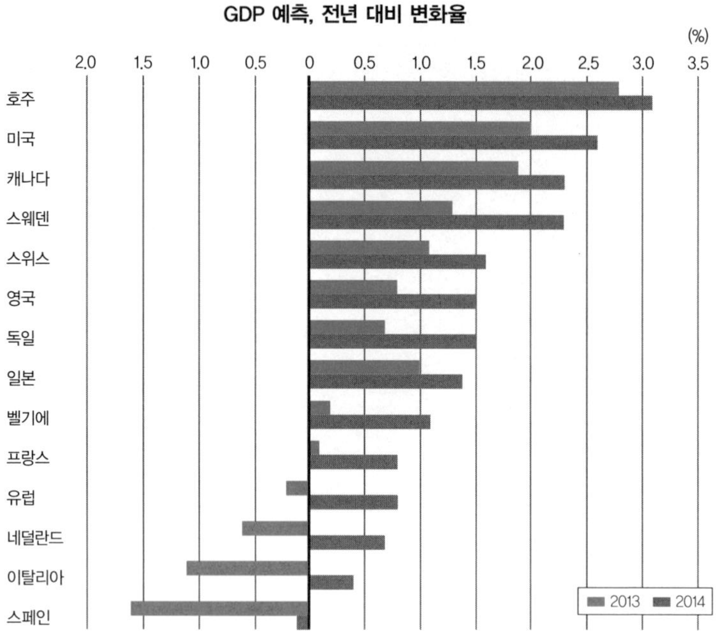

출처: The Economist poll of forecasters

스트들을 대상으로 설문조사(Poll)를 실시한다. 설문 주제는 GDP 및 인플레이션(물가 상승) 예측부터 미국 대통령으로 누가 당선되느냐에 따른 세계 경제의 변화 방향성까지 다양하다. 여기서 눈여겨봐야 할 것은 이 데이터의 이름이 이코노미스트들의 미래 분석(Analysis)이 아니라 예견(Poll)이라는 점이다. 우리가 아는 이코노미스트들은 으레 수많은 데이터를 알 수 없는 공식에 집어넣어 미래를 계산해내는 사람들이다. 그런 그들에게 왜 설문조사를 하는 것일까? GDP나 물가상승률이 설문을 통해 나올 성질의 데이터인가? 그것도 정기적으로 말이다.

지금까지 살펴본 세 가지 예에서 공통적으로 시사하는 바가 있다. 그것은 바로 데이터가 부재한 상황에서 동물적 감각이 수행하는 역할이다. 1·4후퇴 사례는 더이상의 데이터가 무의미한 상황이었다. 쓸 수 있는 데이터를 다 활용했음에도 설득되지 않을 때, 직관적 한마디가 얼마나 큰 역할을 해낼 수 있는지 보여주고 있다. 그 직관적 한마디는 회장의 특수한 경험을 정확히 겨냥했던 것이다. 그런 상황에서 그런 말을 던지는 용기도 대단하지만, 그 컨설턴트의 통찰이야말로 정말 대단하다.

발전 산업 진출의 예에서는 적합한 데이터를 아예 구할 수 없었다. 북한의 발전 산업이 현재 어느 정도 수준이며, 향후 그 시장이 언제 열릴 것이란 분석을 누가 할 수 있겠는가? 그럼에도 좀더 장기적으로 볼 필요가 있다는 메시지를 단 한 장의 사진으로나마 성공적으로 던진 것이다. 보고 대상자가 단박에 '아!'하고 느끼도록 말이다. 마지막으로, 〈이코노미스트〉 설문조사의 예는 훌륭한 데이터가 있음에도 오히려 이코노미스트들의 감각적 판단이 더 과학적이고 효율적인 분석 도구라는 것을 인정한 경우다. 골드만삭스, 제이피모건과 같은 굴지의 컨설팅 기업에 근무하는 이코노미스트들의 뇌는 GDP나 인플레이션 정도는 이미 감각적으로 계산해 있을 정도로 훈련을 마쳤다고 믿는 것이다. 사실 아무리 복잡한 예측 분석이라도 결정적인 순간에는 분석자의 직관이 가미될 수밖에 없다는 사실을 안다면 훨씬 이해가 쉬울 것이다. 이럴 때에는 굳이 데이터를 계산기에 밀어넣는 수고를 할 필요가 없어지는 것이다.

짧지만 강력한 예들이다. 데이터가 부재한 곳에서 동물적 감각이 얼마나 큰 대체재 역할을 하는지 잘 보여주기 때문이다. 더 볼 데이터가 없든, 데이터를 구하려야 구할 수 없든, 있어도 굳이 안 봐도 되는 상황이든, 데이터의 부재를 극복해야 할 때 직관적 접근은 크나큰 도움을 줄 수 있다.

감각으로 데이터 오류를 극복하라

이상한 데이터를 보고 이상하게 느끼지 못하는 것만큼 이상한 것이 없을 것 같지만, 실상 오류 있는 데이터를 무분별하게 사용하는 오류를 피하기란 여간 어려운 일이 아니다. 왜 그럴까? 데이터에 익숙하지 않아서? 그건 아닌 것 같다. 아주 익숙한 형태의 데이터에서도 오류를 발견해내는 우리의 동물적 감각이 작동하지 않는 경우가 매우 많기 때문이다. 한 가지 예로 흔히들 너무나 좋아하는 맥도날드 버거를 이야기해보자. 다음 사진은 2013년 7월 9일 현재 맥도날드 배달 서비스인 맥딜리버리 홈페이지에 올라온 불고기 버거와 빅맥 버거의 실제 메뉴표다. 매우 허기진 상태인데, 여러분의 지갑에 단돈 9200원밖에 없다면 어떻게 조합해야 가장 배불리 먹을 수 있을까?

각자 취향에 맞게 다양한 조합이 있을 수 있다. 불고기 버거 한 개, 빅맥 버거 한 개, 콜라 한 잔 그리고 후렌치 후라이 한 개까지 9200원으로 저 많은 걸 다 살 수 있을까? 아마 불가능하다고 생각한 사람이 있을 것이다. 위 조합은 빅맥 세트(5900원) 하나에 불고기 버거(3500원)

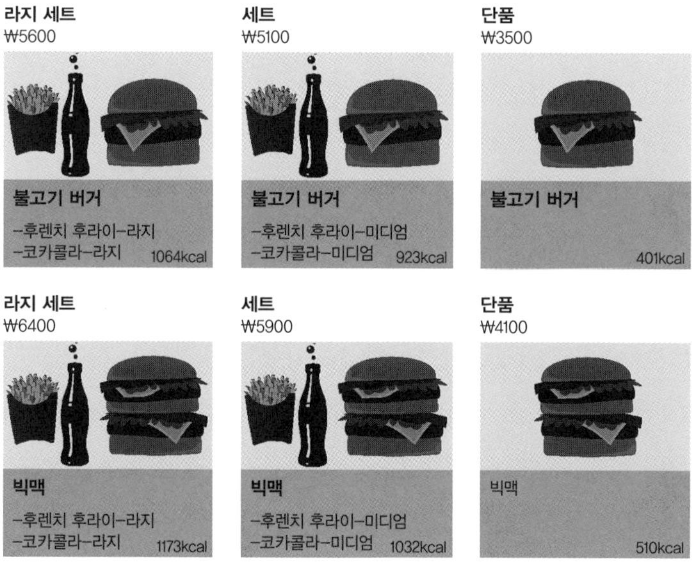

출처: 맥딜리버리 홈페이지

단품 하나를 추가 주문한 사람의 경우다. 9400원(5900원 + 3500원)이 있어야 하기 때문이다. 하지만 가능하다고 생각한 사람도 있다! 불고기 버거 세트(5100원) 하나에 빅맥 단품(4100원)을 추가 주문하면 딱 9200원만 있으면 되기 때문이다. 어쩜 이렇게 똑같은 메뉴에 두 가지 가격 조합이 가능한지 재미있기만 하다. 물론, 이런 현상이 맥도날드의 대표적인 가격정책인 묶어 팔기 때문에 발생했을 가능성이 높다. 오류라고 부르기는 너무 가혹할 것 같다. 다만 꼭 짚고 넘어가고 싶은 것은 과연 이토록 일상적인 소재에 존재하는 데이터의 특이사항을 간파하고 사느냐 마느냐다. 수많은 데이터를 접하면서 데이터가 가진 특이사항을 보는 눈이 없다면 데이터를 이용하지 않는 것만 못하다. 데이터가 어렵거나 익숙하지 않아서 그런 튀는 사항을 파악하지 못하는 건 아닐 듯하다. 중요한 건 문제의식이 있느냐다.

또다른 예를 들어보자. 역시 일상적인 문제다. 2014년 현재 우리나라에는 선망하는 직업 가운데 하나인 의사가 될 수 있는 방법이 크게 세 가지가 있다. 첫째, 대학수학능력 시험을 통해 의과대학이나 치과대학에 진학하는 경우이고, 둘째는 일반학과에 진학한 후 편입학 시험을 통해 의대, 치대에 진학하는 경우다. 마지막 방법은 아예 대학 졸업 후 의대나 치대 전문대학원에 진학하는 경우이며, 2005년 다양한 인재들의 대학원 유입을 통한 의학발전 기여라는 목표하에 처음 시행된 이래 의전고시라는 이름으로 광풍과도 같은 호응을 얻고 있다. 이 시험을 준비하는 학생들은 이른바 유명 학원을 통해 본격적인 준비를 하는 게 대부분인데, 다음은 그 가운데 대표적이라고 일컬어지는 일부 학원들의 광고 내용이다.

2013학년도
의치한 전원 합격생 10명 중
9명은 ○○엠디 출신

2013학년도
의·치 전원 합격생 10명 중
9명은 △△△MD 출신

만약 여러분이 의학전문대학원을 통해 의사가 되고 싶다면, 어떤 학원을 택하겠는가? 똑같은 전형에 대한 두 학원의 배출자 합격률이 어떻게 동시에 90퍼센트가 넘을 수가 있는지 혼란스럽기 그지없다. 한 학원의 광고를 먼저 접했다면 두 학원의 광고 내용을 동시에 접했을 때의 혼란이 느껴지기나 했을까? 아무리 대표 학원들이라고 해도 두 학원의 합격률 합이 100퍼센트를 넘는 게 도무지 이해하기 어렵다. 애석하게도 두 데이터 어디에도 해당 합격률이 어떻게 산정되었는지 명확히 나와 있지 않아 그 원인을 알 길은 없다. 맥도날드가 일부러 그런 가격 정책을 책정했는지 아닌지 알 수 없듯, 이 경우에도 두 학원의 속내를 알 방도는 딱히 없다. 그러나 그런 속내는 우리에게 중요하지 않다. 우리가 이런 데이터의 특이사항을 스스로 간파하고 사느냐 아니냐가 더 중요한 것이다.

지극히 일상적인 소재부터 복잡한 산업 데이터에 이르기까지 그 안에 숨겨진 부정합을 발견하는 실마리는 오로지 감각이다. 공항에서 후각만으로 폭발물의 위치를 발견해내는 탐지견처럼 데이터에 숨은 오류를 귀신같이 찾아내는 동물적 의심이 필요하다. 데이터의 오류가 다른 데이터에 의해 드러나는 일이 간혹 있으나 이런 경우도 두 데이터의 메시지가 다름을 알아채는 감각의 문제이기는 매한가지다. 그리고 그런 특이사항이나 오류를 간파해낼 수 있도록 직관을 날카롭게 하기 위해 중요한 것은 첫째도, 둘째도 문제의식이다.

아무리 많은 상식과 경험을 가졌다 한들 '응? 이건 뭔가 이상한데?'라는 의구심을 늘 머리 한켠에 견지하지 않으면 눈 뜨고 오류에 걸려들기 쉽다. 드러난 오류를 깊게 파헤치는 것은 고도의 분석이 필요한 영역이라 하더라도, 그 오류를 오류로 보는 눈은 오로지 감각의 역할이다. 이런 감각 없이 철석같이 믿던 데이터에 발등을 찍혀 클라이언트와의 신뢰를 한순간에 날려버리는 컨설턴트의 사례는 비일비재하다. 근거 데이터의 정합성을 부정당하면 그것에 기반을 둔 메시지는 폐기 처분될 수밖에 없다.

모든 데이터에는 오류가 있을 수 있다. 미처 발견하지 못하고 사용한 건 오로지 사용자의 잘못일 뿐이다. 날카로운 감각만이 이런 억울한 상황을 모면시켜줄 수 있다. 그런 감각이 시의 적절하게 작동하지 않는 이유는 대부분 일상을 지켜주는 문제의식이 희미하기 때문이다. 결코 데이터에 익숙하지 않아서가 아닌 것이다.

감각으로 불충분한 데이터를 극복하라

하고 싶은 말이 기댈 데이터가 있고 손에 쥔 데이터도 문제가 없다면 데이터가 메시지를 전달할 때 가지는 한계가 모두 극복되는 것일까? 마지막 관문으로 불충분성의 한계가 남아 있다. 메시지 하나를 전달하는 과정에는 의외로 많은 데이터가 필요하다. 왜냐하면 메시지를 받아들일지 말지 결정하는 것은 전적으로 수용자의 몫이고, 설득을 위해 제시한 근거 데이터가 아무리 많더라도 수용자의 의구심이 그보다 많다면 일일이 해소시켜줘야 하기 때문이다. 충분성은 내가 제시한 근거와 상대방이 품은 의구심의 격차에 의해 결정된다.

거꾸로 이야기하면, 상대방의 메시지를 대하는 우리의 의구심이 넓고 다양할수록 상대방의 메시지를 안전하게 받아들일 수 있다는 말도 된다. 이때 적재적소에 합리적인 의구심을 품을 때에도 역시 동물적인 데이터 감각의 역할이 매우 중요하다. 우리 일상에서 이 의구심이 반드시 작동해야 하는 경우가 있다. 바로 광고를 접할 때다. 세상의 모든 광고는 우리에게 '구매'라는 직접적인 행동을 요구할 만큼 강한 메시지들을 담고 있다. 한마디로 설득의 요체다. 그리고 그에 걸맞게 고도로 잘 짜인 근거들을 포진시키기 때문에 의구심의 끈을 놓지 말고 유지해야만 한다. 그러면 너무도 익숙한 광고를 통해 각자의 감각이 얼마나 날카로운지 점검해보자.

2012년 국민 어르신인 방송인 송해를 홍보대사로 내세운 한 국내 은행의 광고는 그야말로 선풍적인 인기를 끌었다. 해당 은행이 발표한 내용에 따르면, 2012년 4월 30일 현재 송해 광고를 보고 은행을 찾은 고객, 이른바 송해 효과 사례가 152건에 이르고, 이들이 가져온 신규 예금이 957억 원을 넘어섰다고 한다. 한 외국계 광고회사가 당시 은행들의 광고 효과를 조사한 결과, 최초 상기도 부문에서 기업은행이 31.7퍼센트로 공동 1위를 차지했는데, 15.7퍼센트에 그친 전해 9월보다 무려 16.0%포인트나 증가한 성과였다. 방송인 송해는 2012년 대한민국 광고모델 대상의 영예를 안기까지 했다.

이 광고는 어떻게 성공한 걸까? 비결은 메시지를 단순화해서 친근하게 설명한 것이었다. 어렵고 복잡한 영상에 대형 광고모델을 앞 다투어 내보내던 대부분의 광고 사이에서 단순하고 명쾌한 메시지가 빛을 발한 것이다. 그 메시지를 요약해보면 다음과 같다.

첫째, IBK 기업은행은 대한민국 국민 모두가 거래할 수 있는 은행입니다.

둘째, 기업은행에 예금하면 기업을 살립니다.

셋째, 기업이 살아야 일자리가 늘어납니다.

이 메시지 구조를 찬찬히 살펴보면, 첫 번째와 두 번째 메시지가 결국 세 번째 메시지로 수렴하는 구조를 띠고 있다. 해당 은행과 거래하면 거대한 경제 메커니즘을 통해 돌고 돌아 마치 자신에게 이로움을 줄지도 모른다는 인상을 주고 있다. 아니면, 내게 도움은 안 되더라도 국가에 도움은 되자는 의협심을 자극한다. 일자리가 늘어난다는 것은 경제학적으로도 부작용이 거의 없는, 지고지순하게 좋은 몇 안 되는 가치 중 하나이기 때문이다. 아마 이런 여운이 이 광고가 사람들의 마음을 움직이게 한 핵심인 듯하다. 그런데 정말 그럴까? 동물적 감각의 안테나로 꼼꼼히 살펴보자.

우선 첫째 메시지와 두 번째 메시지의 관계다. 이 두 메시지의 관계를 정확히 알아보기 위해 가장 먼저 해야 할 일은 의구심을 넓혀보는 과정이다. 이 관계를 판단하는 데 동원되어야 하는 질문을 유의미한 수준에서 최대한 세세하게 구분해보는 것이다. 예를 들면, 두 메시지의 관계를 완벽히 이해하기 위해서는 아래에 정리한 세 가지 의구심이 있을 수 있다.

비슷한 듯하지만 분명 서로 다른 의구심들이다. 대부분의 사람은 1번 의구심만 해소되면 그 관계가 완벽히 입증된 것으로 생각한다.

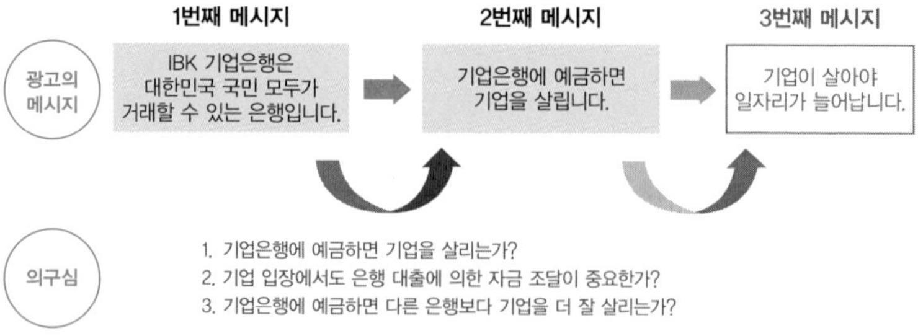

은행별 중소법인 자금 공급 현황

(기간중 증감, 조원)

은행	'11.1~7월 (A)	'12.1~7월 (B)	증감(B-A)	은행	'11.1~7월 (A)	'12.1~7월 (B)	증감(B-A)
우리	0.8	0.1	△0.7	제주	0.0	0.1	0.1
SC	0.5	0.1	△0.4	전북	0.2	0.1	△0.1
하나	0.9	0.8	△0.1	경남	1.1	0.5	△0.6
외환	0.7	0.7	–	산업	1.6	1.1	△0.5
신한	1.5	0.6	△0.9	기업	4.7	5.0	0.3
씨티	0.6	0.0	△0.6	수출입	0.2	0.1	△0.1
국민	1.4	1.9	0.5	농협	△1.2	△0.9	0.3
대구	0.5	0.3	△0.2	수협	0.2	0.0	△0.2
부산	1.0	1.0	–	합계	15.1	11.9	△3.2
광주	0.4	0.4	–				

출처: 금융감독원

위의 데이터에 나와 있듯이 금융감독원이 2012년 발표한 '은행별 중소법인 자금 공급 현황 자료'에 따르면 기업은행이 타 시중은행 대비 빠른 속도로 중소 법인 대상 자금 공급을 늘려가는 것으로 나타나고 있어 1번 의구심은 말끔히 해소된 것 같다. 하지만 이렇게만 한 채 기업은행에 예금을 맡긴다면 은행들의 대출이 기업 입장에서 정말 중요한 자금 조달 수단인지, 같은 돈을 맡겨도 기업은행이 다른 은행들보다 기업을 더 잘 살리는지 확인하지도 않은 것이라고 볼 수 있다. 스스로 충분한 답을 갖지 않고 행동하기로 결정하는 것이다. 생각해보면 그도 그럴 것이 아무리 기업은행에 예금한 돈이 기업 금융 재원으로 잘 활용된다 하더라도 기업들이 더이상 은행 돈을 쓰지 않으려 한다거나, 같은 규모의 재원으로도 타 은행이 훨씬 잘 지원한다면 우리가 굳이 이 은행에 돈을 맡길 이유가 약해지기 때문이다. 이렇듯 2번과 3번 의구심처럼 직접적이진 않으나 광고 메시지를 완벽하게 평가하기 위한 의심 지점을 스스로 설정해보는 능력은 자칫 충분성이 결여

대중소기업 금융 자금조달 현황

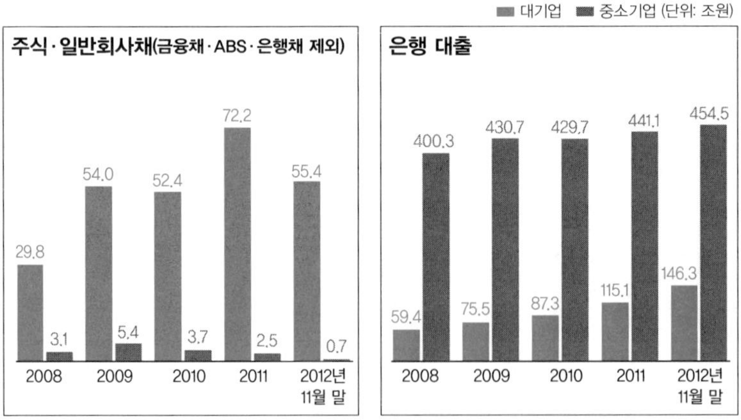

출처: 금융감독원, 한국은행

된 메시지를 구별해내는 데 없어서는 안 될 중요한 것이다.

2012년에 금융감독원과 한국은행에서 발표한 '대/중소기업 금융 자금 조달 현황 자료'에 따르면 중소기업에 은행 대출은 자금 조달의 매우 중요한 통로이며 그 규모도 꾸준히 성장하는 것으로 나타나고 있어 2번 의구심 역시 해소되었다. 하지만 3번 의구심이 여전히 미심쩍게 남아 있다. 2012년에 새누리당 유일호 의원이 '기업자금 대출 예대마진 현황 자료'를 기반으로 주장한 내용에 따르면 기업은행의 자금 조달 구조가 여타 시중은행과 다소 차이가 있어 단순 비교가 불가능하다고 하나, 중소기업 지원을 위한 정책적 역할을 하면서 예대마진을 최고 수준으로 가지고 가는 것은 시급히 개선되어야 한다고 주장한 바 있다.

비슷한 방식으로 세 번째 메시지 '기업이 살아야 일자리가 늘어날

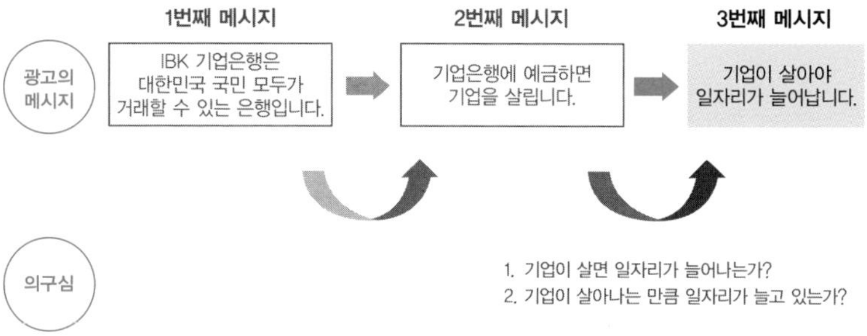

니다'를 따져보자. 이와 관련한 의구심을 또 한번 넓혀보면 위의 그림과 같은 수준에서 정리될 수 있을 것 같다. 여기서는 2번 의구심이 중요하다. 일자리 창출 수단으로 산업의 역할 자체를 의심한다기보다는 그 효과성의 추이가 어떠한가를 궁금해하는 것이다.

애석하게도 한국은행이 2012년 발표한 산업 연관 관련 자료에 따르면 2010년 전 산업 평균 고용유발계수는 8.3명이다. 이는 동일한 산업 분류 기준으로 작성하기 시작한 2005년 이후 가장 낮은 수치로, 2005년 10.1명에 비해 17.8퍼센트나 줄어든 수준이다. 산업이 성장한

고용유발계수

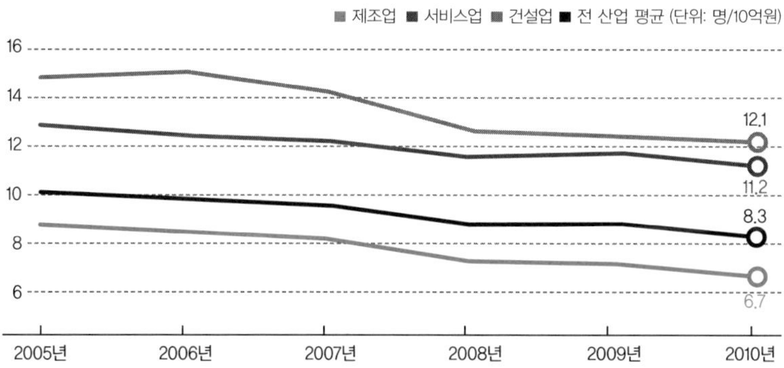

출처: 한국은행

만큼 고용도 성장하는 경향이 약해지고 있다는 것이며, 2번 의구심이 말끔히 풀리지 못하고 있다.

이와 같이 아무리 친숙하고 유명한 광고라 하더라도 충분히 의구심을 넓혀 받아들이다보면 미심쩍은 부분이 새롭게 발견되곤 한다. 이런 미심쩍은 부분이 쌓이고 쌓이다보면 결국 메시지까지 외면받게 된다. 그래서 의구심을 폭넓게 갖는 것이 중요하고, 합리적인 의구심 설계가 가능하도록 좋은 직관을 유지하는 것 또한 중요하다.

'응? 정말 그런가? 이렇게 보면 그렇지 않을 수도 있지 않을까?'

정리하면, 감각은 여러분이 메시지를 전달할 때 제시한 데이터와 상대방 의구심의 격차를 간파해내 적절하게 추가 대응할 수 있도록 도와주며, 남의 메시지를 수용할 때 상대방의 메시지를 지지하는 근거가 충분한지 아닌지 판단할 수 있도록 합리적인 범위의 의구심을 형성하게 해준다. 데이터 활용을 위한 감각이 없으면 충분성이 부족한 '침묵형 거짓말'에 무방비 상태가 될 수밖에 없다는 이유도 이 때문이다.

설득 = 데이터 + 동물적 감각

지금껏 데이터와 관련된 감각이 데이터의 세 가지 한계를 극복하는 데 얼마나 혁혁한 공을 세우는지 살펴봤다. 책의 서두에서 하고 싶은 말을 요리, 데이터를 식재료, 감각을 미각으로 비유했다. 훌륭한 요리를 만들려면 식재료 상태가 절대적으로 중요하듯 데이터도 훌륭한 메시지를 만들어내는 데 매우 중요한 요소다. 하지만 요리가 재

메시지 전달 시 데이터의 한계

	데이터의 부재	데이터의 오류	데이터의 불충분
	메시지를 지지할 만한 마땅한 데이터가 없을 수도 있음	모든 데이터에는 오류가 있을 수 있음	제시한 데이터보다 상대방의 의구심이 더 많을 수 있음
감각의 역할	근거 없이도 메시지 전달이 가능하도록 무논리적 의사소통이 가능하게 함	일상적 문제의식으로 데이터가 가진 오류 및 부정합을 간파해냄	• (메시지 전달 시) 제시한 데이터와 상대방의 의구심의 격차를 간파해내 적절한 대응이 가능하게 함 • (메시지 수용 시) 상대방 메시지를 지지하는 근거가 충분한지 합리적인 범위의 의구심을 갖게 함
감각의 대상	데이터 부재로 객관적 설득이 불가하여, 상대방이 가진 고유의 설득 포인트가 무엇일까에 대한 감각이 작동함	데이터의 오류 또는 데이터 간 불일치를 파악하기 위해 데이터 자체에 대한 감각이 작동함	데이터와 의구심의 격차에 대해 감각이 작동함

(데이터의 부재 → 있긴한데… → 데이터의 오류 → 오류가 없긴 한데… → 데이터의 불충분)

료만 있다고 되는 것은 아닐 것이다. 조리 과정에서 짜면 짠 대로 달면 단 대로 그 간을 맞추고 다른 재료와 지금 조리 상태의 배합 정도를 가늠할 수 있는 감각이 필요하다. 바로 '미각'이다. 그러고 보면 요리에서 미각만큼 직관을 잘 설명하는 단어도 없을 것 같다. 식재료가 부족하면 부족한 대로 요리가 가능하게 해주며, 상한 재료는 귀신같이 솎아내고 요리를 대접할 사람의 입맛에 맞게 간을 맞춰가는 모든 과정을 진두지휘하기 때문이다.

세상의 모든 주장은 그 나름의 근거가 있다. 우리가 전지전능하지 않다면 근거를 가져야 하며, 다양한 근거 가운데 표준화된 데이터는 으뜸 중에 으뜸가는 근거다. 사실성을 최대한 부각시켜 메시지에 대한 상대방의 심리적 저항감을 무장해제시키기 때문이다. 하지만 이 도구도 막상 쓰다보면 한계를 보여주는데, 이때 감각이 큰 도움을 준다. 이제 하고 싶은 말이 있으면 감각적으로 판단해서 데이터로 말하자. 마지막으로 데이터와 감각이 훌륭하게 어우러져 어려운 기업 문제를 해결한 사례를 살펴보면서 그 힘을 되새겨보자.

롤러코스터 투자는 성공인가 실패인가

경영 컨설턴트로서 수많은 기업의 고민을 직업적으로 접하다보면, 기업들이 자신의 문제를 해결하는 방식 자체도 상당히 발전하고 있다고 느끼게 된다. 그 변화는 '측정과 관리'라는 키워드로 압축된다. 과거에는 주먹구구식으로 관리하던 모든 업무 단위를 쪼개고 측정함으로써 어떻게든 표준화된 방식으로 효율적으로 관리하고자 하는 경향이 가면 갈수록 강해지고 있다.

예를 들면, KPI(Key Performance Index, 핵심 성과 지표)라는 것이 있다. 기업이 얼마나 잘 운영되고 성과를 내고 있는지를 파악하고 관리하는 상징적이고 대표적인 지표로, 우리가 감기에 걸렸는지 아닌지를 볼 때 제일 먼저 체온을 확인하는 것처럼 KPI를 살펴본다. 기업은 KPI를 통해 경영 체계를 완성하기 위해 수많은 활용 내용을 측정하고, 기록하고, 관리하는 일을 게을리하지 않는다. 즉, 데이터를 통해 기업 경영이 이뤄지는 것이다.

많은 KPI 중 기업의 투자 행위를 평가할 때 대표적으로 사용되는 지표가 바로 투자수익률(ROI)이다. 투자에 집행된 금액 대비 그로 인해 벌어들인 금액의 비중이 얼마인지를 따져 일반적으로 그 값이 100퍼센트를 넘으면 밑지지 않은 투자 건이라고 인정한다. 문제는 ROI라는 지표의 특성상 계량화 가능한 것만 표현된다는 것이다. 그래서 도저히 계량화될 수 없는 것을 무리하게 ROI로 표준화하는 과정에 별도의 조작적 정의가 필요한데, 이 정의 방식이 많은 사람의 공감을 얻어내기는 대부분 그다지 쉽지 않다. 다음 '롤러코스터 ROI 구하기' 사례를 통해 데이터화할 수 없는 것을 데이터화하려 할 때의 고충을 살펴보자.

국내의 대표적인 테마파크인 A사는 최근 그룹사 감사 출신의 신임 사장을 맞이했다. 이 신임 사장은 그룹사에서도 '데이터로 말하라'라는 철학으로 유명했던 분으로, 아니나 다를까 부임 초기부터 한 가지 지시로 테마파크 직원들의 간담을 서늘하게 만들어버렸다.

"최근에 수백억 규모로 지어진 롤러코스터가 ROI 관점에서 얼마나 효과적인 투자 건이었는지 자체적으로 평가하고 보고하세요."

테마파크에서만 수십 년씩 일해온 직원들은 '롤러코스터의 ROI'라는 개념이 얼마나 어려운 것인지 잘 알고 있었다. 그도 그럴 것이 신규 롤러코스터를 설치하기 위해 투입된 투자규모(Investment)는 십 원 단위까지 명확히 계산 가능하지만, 그로 인해 벌어들인 가치(Return)를 금액으로 환산해내기, 다시 말해 롤러코스터가 테마파크 전체 매출에 기여하는 부분을 정확히 산정하기 어렵기 때문이다.

'도대체 산정이 왜 어렵지?'

이렇게 생각하는 사람들이 있을 것도 같다. 아마도 이런 사람들이 생각하는 산정 방법은 크게 두 가지로 나뉠 텐데, 첫째는 테마파크 전체 매출 관점에서 하향식 접근(Top-down)을 하는 것이다. 롤러코스터가 생기기 이전과 이후의 매출을 비교해보면, 롤러코스터에 의한 테마파크 매출 증가분을 알 수 있지 않을까 하고 말이다. 이 방법에는 치명적인 단점이 있다. 바로 롤러코스터가 설치되는 기간에 테마파크 내에서 일어난 사건들과 롤러코스터 설치에 의한 효과를 정확히 구분하기 힘들다는 것이다. 예컨대 같은 기간에 회전목마가 업그레이드를 마쳤다면, 두 사건 간에 복잡하게 얽힌 효과들을 정량적으로 구분하는 것은 거의 불가능하기 때문이다.

둘째, 실제 롤러코스터를 탑승한 이용객 수를 기반으로 상향식 접근(Bottom-up)을 하는 것이다. 해당 롤러코스터가 벌어들인 수익은 기본적으로 '순수하게 롤러코스터로 인해 증가한 방문객 규모(Q) × 방문객 평균 지출한 금액(P, 객단가)'의 구조로 산정된다. 그러면 롤러코스터를 실제로 탄 사람 수에 객단가를 곱하면 되는 거 아닌가? 롤러코스터에 실제 탑승한 이용객 규모는 비교적 매우 정확하게 산출 가능하기 때문에 매우 매력적인 방법처럼 보인다. 하지만 이 또한 순 증가분에 대한 정확한 접근이 아니다. 왜일까?

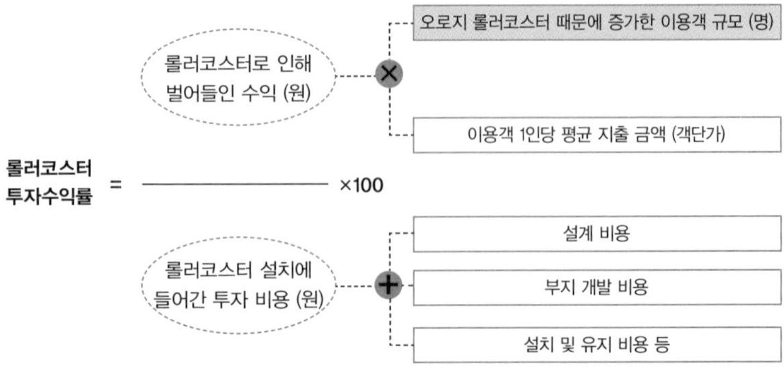

예를 들어 롤러코스터 신규 설치 이후 만약 100명의 이용객이 오로지 롤러코스터를 타려고 방문했으나 여러 가지 이유로 70명만 이용했다고 한다면, 나머지 30명의 증가분은 반영할 수 없기 때문이다. 분명 30명은 롤러코스터 때문에 테마파크를 방문한 것이고, 이들이 지출한 금액은 롤러코스터 때문에 발생한 수익인데 이 방식을 사용하면 누락될 수밖에 없는 것이다. 문제는 또 있다. 만약 70명의 실제 이용객 중에 원래는 롤러코스터를 타러 온 것이 아닌데 우연한 기회에 탄 사람이 있다면, 그 사람들은 롤러코스터가 없어도 어차피 방문했을 것이기에 순증가분에 해당하지 않는다. 과다 계산될 수 있다는 것이다.

말하자면, 하향식 분석 방법은 일단 수많은 놀이 시설 간 다중으로 발생하는 간극 효과를 구분해내야 하는 어려움이 있기 때문에 일찌감치 포기하는 것이 좋을 것 같다. 결국 상향식 방법을 근간으로 접근해야 하는데, 분석의 핵심은 오로지 롤러코스터 때문에 증가한 이용객 규모를 어떻게 알아내느냐로 좁혀진다.

실제 롤러코스터 탑승 여부	오로지 롤러코스터 때문에 방문	여타 시설을 이용하려고 방문
탑승함	1 롤러코스터를 타려고 테마파크를 방문했으며 실제로도 탑승한 방문객	2 롤러코스터를 타려고 테마파크를 방문한 건 아니지만 탑승한 방문객
탑승하지 못함	3 롤러코스터를 타려고 방문했으나, 실제 탑승하지 못한 방문객	4 롤러코스터를 타려고도 하지 않았으며, 실제로도 타지 않은 방문객

테마파크 방문 목적

다시 한번 정리하면, 신임 사장은 순수하게 롤러코스터로 인해 발생한 테마파크의 매출 증가분을 알고 싶은 것이다. 그래야 정확한 ROI를 산정할 수 있기 때문이다. 이처럼 롤러코스터로 인해 순수하게 증가한 방문객 규모(고객 순증가분)는 생각보다 까다로운 개념이다. 도대체 어떤 데이터를 분석하면 2, 4번 이용객은 배제한 채 1, 3번 이용객의 규모를 알아낼 수 있을까?

이 경우는 앞서 논의한 데이터의 한계 중 '아무리 둘러봐도 연관성 있는 데이터를 구하지 못하는 경우'에 해당한다. 그렇다고 해서 데이터가 없다는 이유로 신임 사장의 첫 업무 지시에 "답변할 수 없는 내용을 여쭤보셨습니다"라고 말할 수는 없지 않은가! 이가 없으면 잇몸이라는데, 이때 무엇이 잇몸이 돼줄까?

답은 의외로 간단했다. 애초에 데이터를 통해 도출될 것이 아닌 것을 아무리 뒤져보고 파헤쳐본들 성과는 없을 게 뻔하다면, 우리가 의존할 수 있는 것은 바로 동물적 감각뿐이다. 문제는 누구의 감각을 요구해야 이 난제를 해결할 수 있느냐다. 사실 롤러코스터에 의한 이용객 순증가분은 역으로 얘기하면, '롤러코스터가 없었더라면 테마파크에 오지 않았을 사람의 수'를 의미한다. 간단한 말장난으로 보이지만, 이런 발상의 전환을 할 수 있느냐 없느냐는 엄청난 차이를 불러온다. 롤러코스터가 없었더라면 테마파크에 오지 않았을 법한 사람은 의외로 쉽게 구해질 수 있기 때문이다. 어떻게? 이용객에게 물어보면 되는 것이다! 바로 이용객의 감각을 이용하는 것이다.

이를 위해 해당 테마파크는 방문 고객을 대상으로 정기적으로 설문조사(Survey)를 실시했다. 설문조사의 내용은 다음과 같았다.

"만약 ○○롤러코스터가 없었다면, 고객님은 저희 테마파크를 방문하지 않았을 것입니까?"

'그렇다'라고 답변한 사람의 비중(%)에 롤러코스터 설치 이후 객단가 추이 데이터를 곱하면, 오롯이 롤러코스터에 의해 증가한 매출 효과를 간단하게 구할 수 있다. 다시 말해 이용객의 직관적 답변과 테마파크가 보유한 객단가 데이터가 힘을 합쳐 수수께끼와도 같은 질문을 잘 해결하게 되는 것이다.

혹여 다중회귀 분석같이 고도의 통계 기법을 통해 이 문제를 여전히 데이터 분석의 영역으로만 해결하는 사람이라면, 이 해결책이 매우 엉성하거나 비과학적으로 보일 수도 있다. 하지만 문제의 핵심은 얼마나 그럴싸한 분석이냐 아니냐가 아니다. 더 중요한 것은 아무리 간단한 방법이라도 우리의 상식에 부합하면 더 좋은 답이라는 것이다. 직관이고 감각적인 방안이 더 나은 방안일 수 있는 이유다. 그러므로 감각과 데이터를 동시에 자유자재로 이용할 수 있는 사람은 그렇지 않은 사람보다 훨씬 강력하고 효과적인 문제 해결 능력과 설득력을 가지게 된다. 이 방법은 2014년 현재에도 해당 테마파크에서 활용되고 있다.

마치며

좋은 데이터, 좋은 메시지, 그리고 좋은 사회

마치며

좋은 데이터, 좋은 메시지 그리고 좋은 사회

우리 모두 데이터 커뮤니케이션에 좀더 익숙해진다면, 우리 사회에 어떤 변화가 생길까? 아마도 각 개인의 문제에서 우리의 문제로 관심을 옮길 가능성이 높아질 것이다. 처음에는 서로 메시지 전달하기를 주저할 것 같다. 더 생각해보고 더 적절한 근거를 선별해야 하기 때문이다. 어찌 보면, 더 세련된 주장을 펼치기 위해서 자신에게 엄격해지는 것이다. 그렇게 시간이 점차 흐르면 어떻게 될까? 우리 사회에 존재하는 다양한 갈등과 관련해서, '우리가 어느 지점에서 결정적으로 생각이 다른지, 우리가 합의를 보기 위해서는 구체적으로 어떤 정보가 더 필요한지'가 명확해질 가능성이 높다. 이런 노력들로 사회 전체의 소통 비용이 감소하게 된다. 요컨대 데이터를 기반으로 하는 양질의 메시지들이 더 좋은 사회를 만드는 것이다.

사회적 메시지 유통 단계

데이터로 소통하기가 우리 모두 갖춰야 할 일상적인 역량이라고 아무리 힘주어 설명해도, 여전히 이런 능력이 증권사 애널리스트나 경영 컨설턴트처럼 전문직 종사자에게나 중요한 것 아닌가 생각할 사람이 있을 것이다. 다시 한번 말하지만, 절대 그렇지 않다. 오히려 보통 사람에게 이런 역량이 더 중요하다. 이유는 간단하다. 비전문가들은 전문직 종사자들에 비해 정보 접근성 및 활용 능력이 현저히 떨어지기 때문이다. 데이터 접근성과 활용 능력이 없는 일반인일수록 오히려 데이터와 더 친해져야 한다는 다소 역설적인 결론인데, 이건 무슨 소리인가?

전문직 종사자는 가공되지 않은 원(Raw) 정보를 접할 기회가 상대적으로 많고, 그런 정보를 자신만의 관점으로 해석하고 메시지화할 수 있도록 잘 훈련되어 있다. 다른 사람의 메시지를 원 정보에 근거하여 스스로 판단하는 데에도 익숙하다는 의미이기도 하다. 데이터에 근거한 비판적 사고가 가능한 것이다. 하지만 보통 사람은 복잡한 데이터를 보는 것 자체를 부담스러워할 뿐 아니라 그것을 기반으로 뭔가를 판단하는 데 두려움을 품고 있다. 사회적으로 데이터의 양이 어마어마하게 늘어날수록 이 두 그룹의 격차 역시 어마어마하게 늘어날 수밖에 없는 것이다. 정말 그런지 간단하게나마 확인해보자. 여러분은 다음 사회적 의제에 대해 얼마나 균형잡힌 판단을 시도했는가?

- 나는 '독도 문제와 관련한 한국과 일본의 주장'을 일목요연하게 비교

해보기 위해 양측의 주장에 관한 자료를 한 번이라도 검색해본 적이 있다.

- 나는 '동성애와 관련한 찬성과 반대 주장'을 일목요연하게 비교해보기 위해 양측의 주장에 관한 자료를 한 번이라도 검색해본 적이 있다.
- 나는 '군 가산점 제도 문제와 관련한 찬성과 반대 주장'을 일목요연하게 비교해보기 위해 양측의 주장에 관한 자료를 한 번이라도 검색해본 적이 있다.
- 나는 지난 18대 대통령 선거 당시, 후보별 분야별 정책 비교를 위해, 양측의 주장에 관한 자료를 한 번이라도 검색해본 적이 있다.

혹시 이런 시도를 한 적이 없는가? 이런 논쟁별로 상반된 입장에 대해 어떤 형식으로든 균형 있는 판단을 시도한 적이 없다면, 도대체 지금 여러분은 어떻게 이런 의제들에 대해 판단하고 특정 입장을 취하고 있는 것인가? 직관에 따라서? 아니면 직접적인 이해관계자로서 굳이 별도로 판단을 할 필요가 없어서? 대한민국 국민으로서 독도 문제에 대한 일본의 입장을 살펴보는 것 자체가 불경하다고 생각해서? 여러 가지 이유가 있겠지만, 아마도 누군가 이미 판단한 내용을 습관적으로 받아들여서가 대부분일 것이다.

다시 말해서 우리는 사회적 이슈들에 대해 어떤 쟁점이 있는지, 쟁점별로 어떤 근거 데이터들이 포진해 있는지 직접 수집하고 평가하지 않는다. 더 정확히 이야기하면, 근거보다는 누군가 이미 만든 메시지만 편식한다고 볼 수도 있다. 솔직히 원하는 메시지만 편식하면서 살면 다소 편하다. 그런데 그 편안함에 너무 익숙해지면, 우리는 점점 시비(是非)의 문제를 호불호(好不好)나 유불리(有不利)의 문제와 구분하지 못하는 사람으로 바뀌어간다. 무서운 이야기다. 안타깝게도 이런 묻지 마식 메시지 수용 현상은 매일같이 주변에서 일어나고 있다. 신문을 읽고, 텔레비전을 보며, 권위자의 해석을 들으면서 말이다. 이게 도대체 왜 문제라는 건지 좀더 큰 시각으로 알아보자.

우리의 일상을 점령하고 있는 수많은 정치적·종교적·사회적·문화적·과학적 메시지는 사전적으로 반드시 두 단계를 거치게 된다. 바로 정보 표준화 단계와 메시지 생산 단계다. 먼저 정보 표준화 단계에서는 우리 사회의 다양한 트렌드, 현상, 활동의 결과로 쌓이는 무형의 정보가 수집되고 기록된다. 이 과정에서 가장 중요시하는 것은 과학

	비표준화 정보 (Information)	1단계 정보 표준화 (Data)	2단계 메시지 생산 (Message)	3단계 메시지 수용
주요 활동		·사회적 또는 자연적 현상을 기록하고 수집함으로써 표준화된 정보로 변환함	·표준화된 정보를 바탕으로 메시지를 형성하여 전달함	·메시지 전달자들의 메시지를 수용자들이 다양한 매체를 통해 접함
주요 활동 주체		·통계청 등 통계정보 생산 기관 ·시장 및 여론 조사 기관 ·각종 연구 기관 ·정부 정보 기관	·언론기관 ·경영컨설팅 업체 ·각종 연구 기관	·일반 대중
핵심 가치		·과학적 엄밀성 비표준화 정보를 표준화하는 과정에서 왜곡이 최대한 발생하지 않게 해야 함	·사실성, 충분성, 연관성 전달하고자 하는 메시지를 지지하는 근거 데이터가 사실성, 연관성, 충분성을 갖춰야 함	·직관적 문제의식 일상적으로 전하는 수많은 메시지에 대해 습관적으로 비판적 자세를 취해야 함
예시	요새 어딜 가든 나이 많은 어르신을 자주 볼 수 있다.	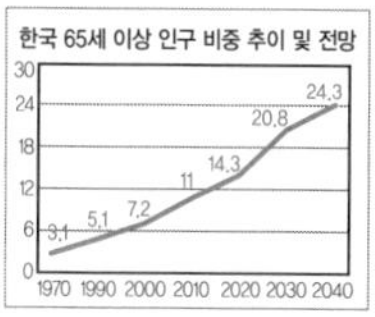	·기저귀 시장은 성인용 기저귀를 중심으로 재편될 것이다. ·한국은 노동 가능 인구의 축소로 경제성장의 한계에 직면할 것이다.	·'어 그래? 고령층 기저귀 대비 유아 기저귀가 현저히 싸면 안 그럴수도 있지 않을까?' ·'어 그래? 고령인구가 생산성은 떨어져도 더 큰 소비 성향을 가진다면 오히려 경제성장에 도움이 되지 않을까?'

적 엄밀성이다. 대표적인 예로 인구 추이, 물가 수준, 자동차 대수 등을 조사하는 통계청의 역할이 이에 해당한다. 엄밀한 표준화를 기반으로 탄생한 이른바 데이터는 바로 다음 공정으로 옮겨지는데, 이것이 메시지 생산 단계다. 언론 매체가 이 단계의 주요 담당자에 해당한다. 마지막 단계로 메시지 수용 단계가 있는데, 이때 메시지 수용자는 우리 모두를 의미한다. 그래서 우리가 신문에서 정부의 정책 내용을 읽을 때 단순히 사실 하나를 인지하는 과정이라고 할 수만은 없다. 그 대신 누군가 데이터를 입수하고, 해석하고, 판단하여 메시지를 생산했고 메시지 전달자가 그 메시지가 충분히 수용자에게 전달할 만한 가치가 있다고 판단했기 때문에 비로소 이뤄졌던 고도로 조작된 과정을 경험하고 있다고 할 수 있다. 그래서 하나의 사회적 메시지가 내게 전달되는 과정은 여러 단계를 거쳐 이뤄진다는 점에서 '사회적 메시지 유통 단계'라고 부를 수 있다.

신문 구독이나 텔레비전 시청 같은 지극히 일상적인 행동을 데이터 수집, 가공 그리고 메시지 생산, 전달, 소비라는 복잡한 유통 단계로 이해하려는 이유는 간단하다. 메시지 수용자들이 접하는 메시지가 원래 사실과 얼마나 멀리 떨어져 있는지를 즉시 이해할 수 있게 해줄 뿐만 아니라, 대수롭지 않게 수용했던 메시지들이 얼마나 많은 사람의 손을 타서 만들어진 것인지를 잘 설명해주기 때문이다. 물론, 고도의 정치적 사안이나 첨단 과학적 소재까지 모든 수용자가 직접 판단한다는 것은 불가능하다. 그렇다고 해도 더 많은 사람이 더 풍부한 데이터를 통해 더 자주 스스로 판단해서 데이터 수집자·가공자와 메시지 생산자·전달자 같은 좀더 많은 역할을 수행해야 한다는 생각에는 물러섬이 없다.

우리는 무비판적으로 메시지를 수용하지 않고 늘 '정말일까? 왜 그렇다는 걸까?'라는 직관적 의구심을 견지한 메시지 소비자가 되어야 한다. 소비자가 소비의 영역에만 머물지 않고 생산과 유통에 적극 관여할수록 생산자와 전달자는 긴장할 수밖에 없다. 그러면 우리의 메시지 유통 단계는 점점 더 건강해질 것이다. 사과를 생산하고 유통하고 판매하는 전통적인 유통 구조가 직접 재배하고 직접 거래하며 공동 구매하는 적극적인 소비자들(prosumer)의 힘으로 변해가는 이치와 같다. 데이터와 친해지면 생기는 남다른 인지력, 판단력, 설득력이 개개인에게 이점이라면, 건강한 메시지 유통 단계는 우리 사회가 얻게 되는 이점이다.

소비자의 불감증이 유감스럽다

그렇다면 우리의 메시지 생산자와 소비자는 얼마나 건강한 관계를 맺고 있을까? 앞서 살펴본 메시지 유통 단계를 바탕으로 이야기를 전개해보자. 우선, 데이터의 규모가 나날이 폭발적으로 늘어만 가고 있다는 1단계의 이야기는 이쯤 생략하고, 바로 2단계 메시지 형성 단계로 들어가자. 사실 늘어가는 데이터의 규모보다 우리를 더 당황스럽

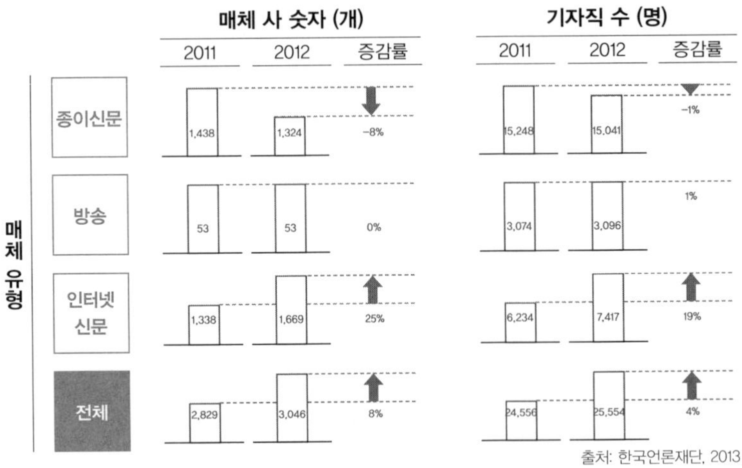

출처: 한국언론재단, 2013

게 만드는 것은 그에 비례해 증가하고 있는 메시지 형성자 및 전달자의 규모다. 대표적으로는 언론 매체 수와 그에 종사하는 기자의 규모 말이다.

한국언론재단에서 발표한 국내 매체 유형별 등록 언론사 개수와 종사자 규모에 따르면, 우리나라의 메시지 전달자들은 인터넷을 기반으로 매우 빠른 속도로 증가하고 있다. 정보도 증가하고 그 정보를 전달하는 매체도 증가하니 우리 사회는 메시지가 폭발적으로 증가할 수밖에 없는 구조다.

이런 상황에서 한번 생각해볼 만한 질문이 하나 있다.

"사회적 메시지의 양적 성장 속에서 질적 성장은 얼마나 이뤄지고 있을까?"

다음 두 데이터는 국제 언론감시단체인 국경 없는 기자회와 인권감시단체인 프리덤하우스가 2014년에 발표한 세계 국가별 언론 자유도

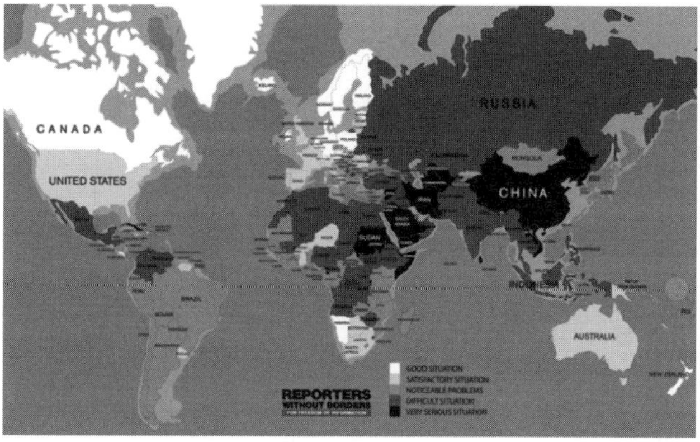

출처: 국경 없는 기자회

한국 언론자유지수 순위 변화

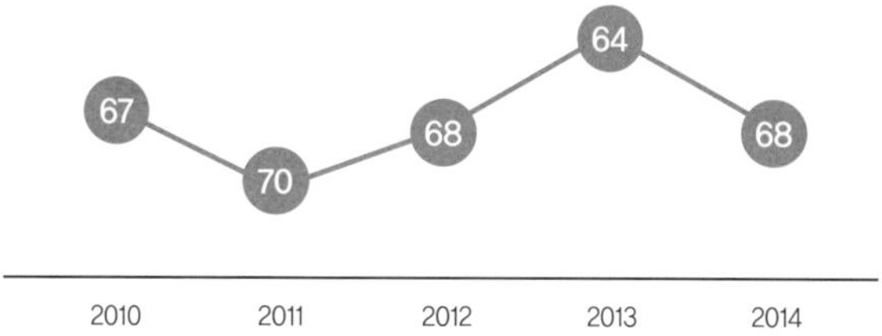

출처: 프리덤하우스

다. 두 단체에서 한국은 언론 자유가 '눈에 띄는 문제가 있는' 수준과 '부분적 자유국'으로 평가되고 있다. 우리가 알고 있는 선진국과는 분명 차이가 있다.

이런 평가에 귀를 기울여야 하는 이유는 우리나라가 경제력에 비해 언론 관련 사회적 역량이 상대적으로 열악한 국가에 속함을 의미하기 때문이다. OECD 국가별 1인당 GDP와 10년 평균 언론자유지수 순위 분석에서도 한국은 1인당 GDP로 대표되는 경제력에 비해 언론자유지수 순위가 좋지 않은 것으로 나타나고 있다.

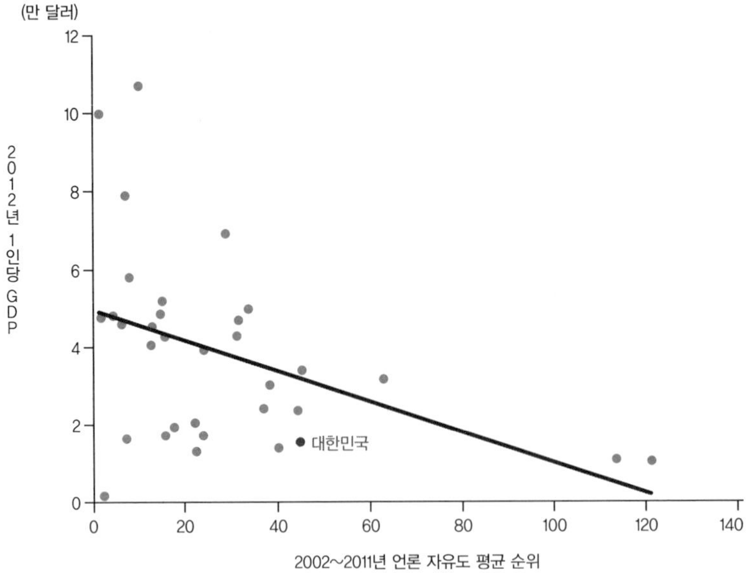

출처: OECD, 국경 없는 기자회, IMF

이번에는 언론 매체로 대표되는 우리 사회의 메시지 전달자들은 자신들이 얼마나 건강하다고 판단하는지 알아보자.

다음 데이터들은 2013년에 한국언론재단에서 발표한 언론인 의식 조사의 내용으로, 언론인들 스스로 언론 전반에 대한 만족도, 언론의 역할과 기능 수행, 언론 보도의 공정성, 언론 활동 수행의 자유도를 판단해본 것이다. 안타깝게도 모든 지표가 2007년을 정점으로 지속적으로 하락하고 있다. 그들도 사회적으로 주어진 '건강한 메신저' 역할의 수행에 이상이 있다고 신호를 보내고 있는 것이다.

요컨대 국내의 메시지 형성 단계에 대한 해외 평가 기관 및 국내 언론인의 평가가 그렇게 후하지 않다.

언론 전반에 대한 만족도

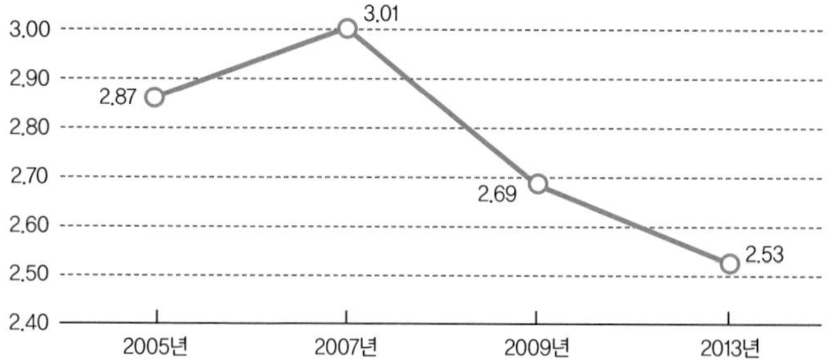

언론의 역할과 기능 수행

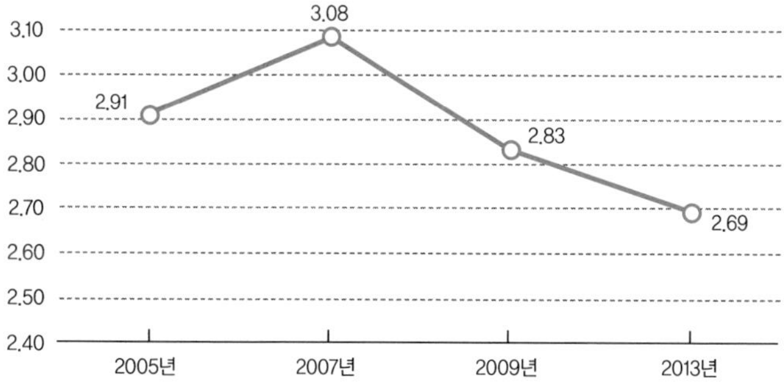

언론 보도의 공정성

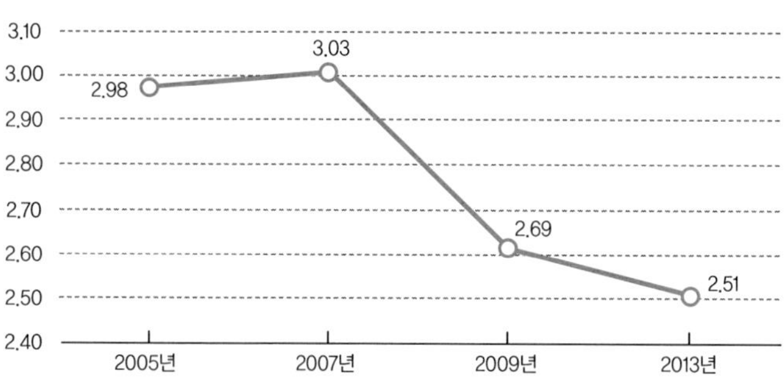

5점 척도: '전혀 만족하지 못한다' 1점, '매우 만족한다' 5점.

언론 활동 수행의 자유도

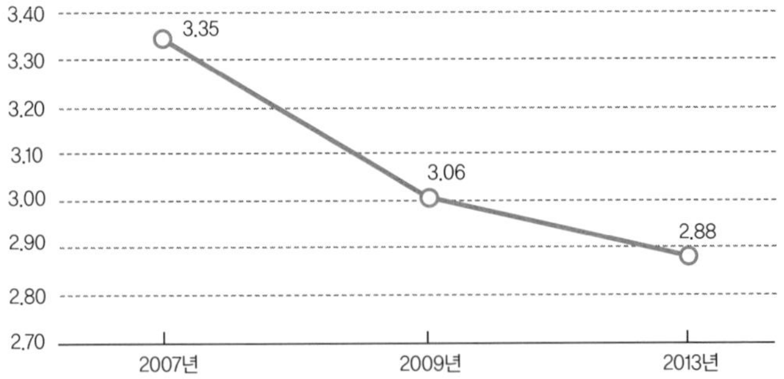

5점 척도: '전혀 만족하지 못한다' 1점, '매우 만족한다' 5점.
출처: 한국언론재단

마지막으로 메시지 소비자인 우리의 상황을 살펴보자.

언론 수용자의 언론 신뢰도

(단위: 점 / 5점 만점 신뢰도)

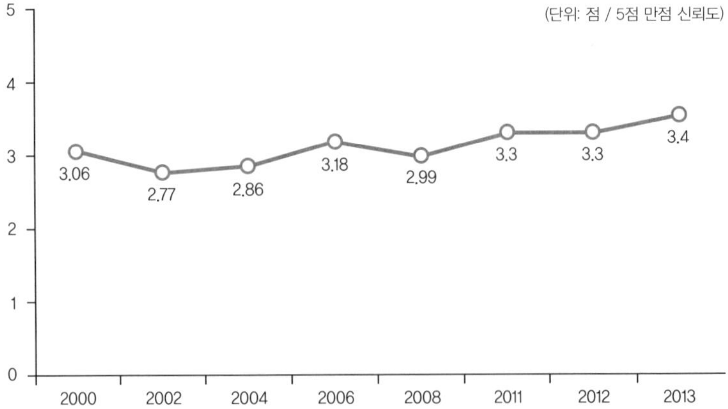

출처: 한국언론재단

한국언론재단에서 그간 발표한 언론 수용자의 언론 신뢰도 발표 내용을 종합해보면, 언론 수용자들이 언론에 대해 전반적으로 변함없는 믿음을 주고 있음을 확인할 수 있다. 한 가지 재미있는 사실은 언론인 스스로 문제가 있다고 말한 2007년부터 2013년까지 비교해봤을 때, 언론 수용자들의 신뢰도는 같은 기간에 오히려 소폭 상승했다는 점이다. 국내 언론 수용자들의 언론에 대한 이상하리만치 확고부동한 이런 믿음은 다른 데이터에서도 확인된다.

언론인이 생각하는 일반 국민의 언론 신뢰도

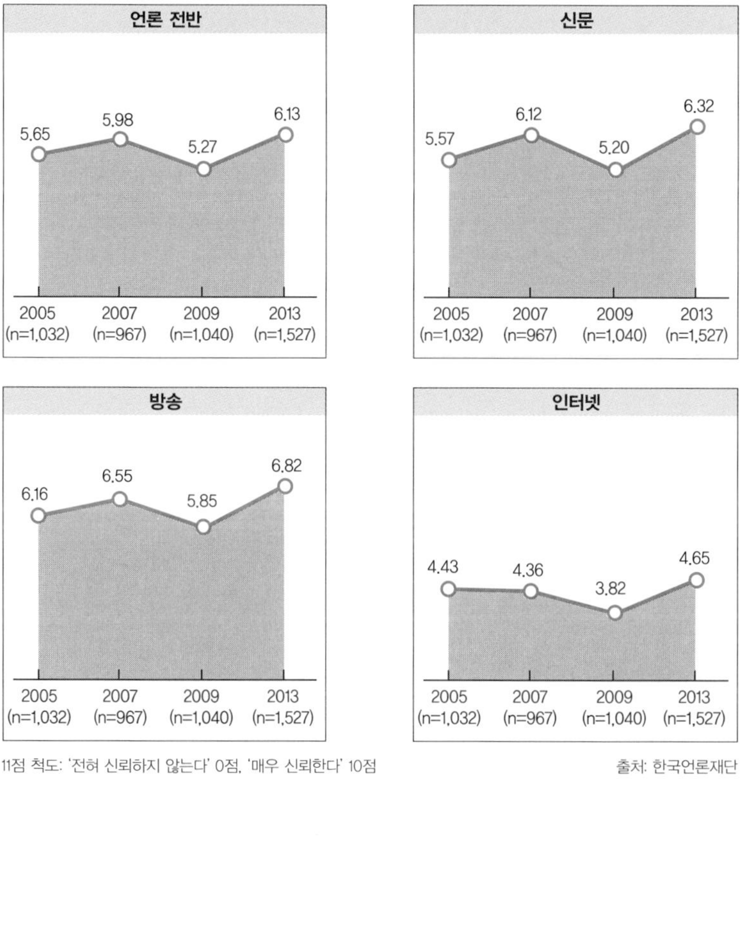

11점 척도: '전혀 신뢰하지 않는다' 0점, '매우 신뢰한다' 10점

출처: 한국언론재단

앞의 데이터는 2013년 같은 기관이 발표한 '언론인이 생각하는 일반 국민의 언론 신뢰도'로, 신문과 방송, 인터넷 등 모든 영역에서 문제의 2007년부터 2013년까지 언론이 스스로 생각하는 언론에 대한 문제 인식이 소비자(수용자)들과는 전혀 동기화되지 않고 있음을 보여준다.

사실 이런 현상은 매우 우스꽝스러우면서도 심각한 것이다. 마치 같은 음식을 두고 요리평론가와 요리사는 맛없어진다고 평가하는데 정작 소비자들은 여전히 맛에 변화가 없다고 착각하는 것과 같은 형국이기 때문이다. 한마디로 메시지 소비자들의 메시지 감별 프로세스가 정상적으로 작동하지 못하는 것이 걱정스럽다. 마지막으로, 혹시 "원래 소비자들은 그렇게 민감하지 않아"라고 말하는 사람이 있을지도 몰라 그 걱정을 확인해보고자 한다.

오른쪽의 데이터는 미국의 시장 조사 기관인 퓨 리서치 센터에서 조사한 것으로, 정치 성향과 무관하게 모든 뉴스 미디어에 대한 신뢰도가 2002년 이후 한결같이 하락하고 있어, 미국의 언론 수용자(메시지 소비자)들은 매우 강한 경향성을 띤 채 반응을 한다는 것을 알 수 있다.

명심하자. 우리나라의 메시지 유통 단계에 대해 해외에서 바라보는 평가가 후하지 않은 점도 염려스럽고, 메시지 생산자인 언론인 스스로 생각하는 유통 과정에 대한 솔직한 자기 고백도 심각하다. 하지만 더 심각하게 여길 것은 유통되는 메시지가 악화되건 말건 여전히 변함없는 신뢰를 보내는 소비자들의 불감증이다. 건강한 메시지 유통

미국인 지지 정당별 주요 뉴스 기관에 대한 신뢰도 추이

%	공화당 지지자						민주당 지지자						공화당 – 민주당			
	2002	2004	2006	2008	2010	2012	2002	2004	2006	2008	2010	2012	2002	2008	2010	2012
CNN	72	64	58	55	48	40	84	83	73	79	78	76	–12	–24	–30	–36
60분	74	61	58	61	60	51	85	77	73	79	77	81	–11	–18	–17	–30
CBS 뉴스	70	53	49	48	51	45	80	71	65	68	71	77	–10	–20	–20	–32
ABC 뉴스	67	54	58	55	53	43	80	73	69	72	76	77	–13	–17	–23	–34
MSNBC	70	56	60	52	46	32	80	75	65	74	79	69	–10	–22	–33	–37
NBC 뉴스	68	57	56	51	51	41	82	72	71	75	77	74	–14	–24	–26	–33
NPR	63	44	53	50	51	48	64	63	60	68	69	59	–1	–18	–18	–11
가장 신뢰하는 일간지	63	52	54	61	58	49	73	59	64	70	71	65	–10	–9	–13	–16
뉴욕 타임스	–	50	43	41	40	37	–	70	62	70	76	65	–20*	–29	–36	–28
로컬 TV 뉴스	72	64	61	70	67	68	72	67	65	68	71	70	0	+2	–4	–2
월스트리트 저널	86	65	67	66	67	57	75	67	66	68	68	65	+11	–2	–1	–8
USA 투데이	70	57	54	55	48	50	70	65	59	59	64	54	0	–4	–16	–4
폭스 뉴스	76	71	76	75	77	67	67	55	51	51	43	37	+9	+24	+34	+30

– 4점 척도 신뢰도 측정에서 3점과 4점을 부여한 사람의 비중 　　출처: PEW RESEARCH CENTER
* 2004년도 뉴욕 타임스

사회를 이룩하기 위해서는 메시지 소비자가 민감하게 반응할 줄 알아야 한다.

데이터 저널리즘의 등장 : 메시지 유통 단계 건강하게 하기 (1)

자, 그럼 우리 사회의 메시지 유통 단계를 건강하게 하기 위한 방안을 단계별로 차근차근 이야기해보자. 일단 메시지 가공 및 전달자인 언론이 변화해야 한다. 요즘 국내 언론에 대한 피로감은 이들이 근사한 설명문보다는 자극적인 논설문만 쓰기 시작하면서 생겨났다고 볼 수 있다. 사실 논설문을 쓰는 언론의 역할은 그 자체로는 잘못됐다고 볼 수 없다. 언론의 역할도 사회의 변화에 따라 변할 수 있고, 사실을 중요하게 생각하는지 사실에 기반을 둔 해석을 중요하게 생각하는지는 전적으로 그 편집 의지에 달려 있기 때문이다. 다만, 메시지 수용자(언론 소비자)들이 언론의 해석을 받아들일 때 좀더 균형감 있게 이해하도록 '근거'에 충실한 메시지를 형성해주기를 바랄 뿐이다. 우리 개개인이 데이터와 같은 명확한 근거를 기반으로 주장을 펼쳐야 하듯, 언론 역시 마찬가지인 것이다.

실제로 최근 해외에서는 이를 매우 잘 반영한 현상이 활발히 일어나고 있다. 바로 데이터 저널리즘(Data Journalism)의 등장이다. 일반적으로 정의하면, 컴퓨터 활용 취재보도(CAR, Computer Assisted Reporting)를 통해 엄청난 양의 데이터를 수집한 후 통계적으로 분석해 보도하는 저널리즘을 말한다. 쏟아지는 데이터 속에 감춰진 진실을 찾아내기 때문에 탐사보도 저널리즘의 가장 고급스러운 형태로 일컬어지기도 한다.(송강섭, 「"날것 그대로 진실??? 독립 언론 이정표 될 것" '뉴스타파' 시즌3 앵커 최승호」, 『CBS노컷뉴스』, 2013년 3월 11일) 화려한 그래픽 기술의 도움 때문에 글보다 시각화에 중점을 둔 저널 형태라고 오해받기 쉽지만, 사실 그 핵심은 '모든 주장의 내용은 명확한 데이터에 근거하여 전달한다'라는 철학이다.

이런 철학을 대표적으로 잘 실행하는 언론사로 영국의 〈가디언〉과 미국의 〈뉴욕타임스〉를 들 수 있다. 〈가디언〉의 데이터 저널리즘 사이트인 데이터 블로그에 들어가보면 블로그 로고 바로 아래 글귀에서 그 철학을 엿볼 수 있다. "사실은 신성하다(Facts are sacred)."

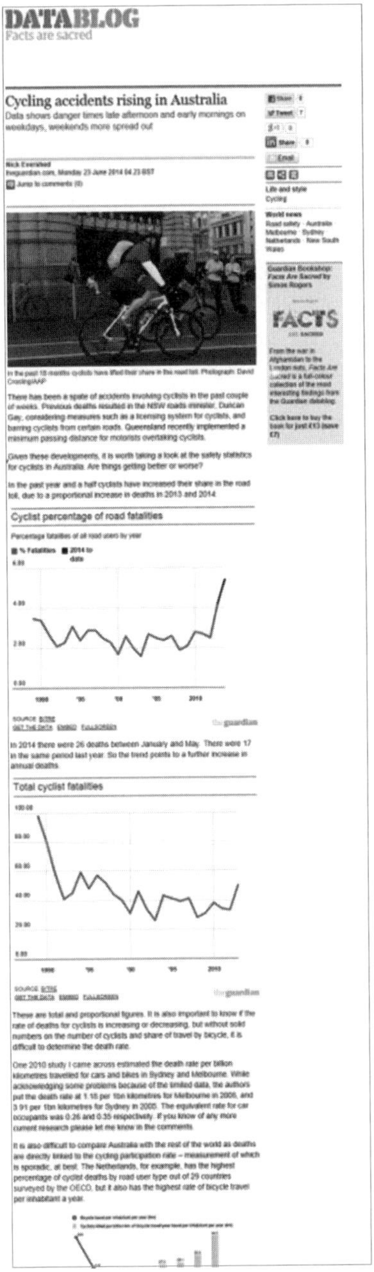
DATABLOG
Facts are sacred

Cycling accidents rising in Australia
Data shows danger times late afternoon and early mornings on weekdays, weekends more spread out

Nick Evershed
theguardian.com, Monday 23 June 2014 04.23 BST
Jump to comments (0)

In the past 18 months cyclists have lifted their share in the road toll. Photograph: David Crosling/AAP

There has been a spate of accidents involving cyclists in the past couple of weeks. Previous deaths resulted in the NSW roads minister, Duncan Gay, considering measures such as a licensing system for cyclists, and barring cyclists from certain roads. Queensland recently implemented a minimum passing distance for motorists overtaking cyclists.

Given these developments, it is worth taking a look at the safety statistics for cyclists in Australia. Are things getting better or worse?

In the past year and a half cyclists have increased their share in the road toll, due to a proportional increase in deaths in 2013 and 2014.

Cyclist percentage of road fatalities

Percentage fatalities of all road users by year

In 2014 there were 26 deaths between January and May. There were 17 in the same period last year. So the trend points to a further increase in annual deaths.

Total cyclist fatalities

These are total and proportional figures. It is also important to know if the rate of deaths for cyclists is increasing or decreasing, but without solid numbers on the number of cyclists and share of travel by bicycle, it is difficult to determine the death rate.

One 2010 study I came across estimated the death rate per billion kilometres travelled for cars and bikes in Sydney and Melbourne. While acknowledging some problems because of the limited data, the authors put the death rate at 1.18 per 1bn kilometres for Melbourne in 2006, and 3.91 per 1bn kilometres for Sydney in 2005. The equivalent rate for car occupants was 0.26 and 0.35 respectively. If you know of any more current research please let me know in the comments.

It is also difficult to compare Australia with the rest of the world as deaths are directly linked to the cycling participation rate – measurement of which is sporadic, at best. The Netherlands, for example, has the highest percentage of cyclist deaths by road user type out of 29 countries surveyed by the OECD, but it also has the highest rate of bicycle travel per inhabitant a year.

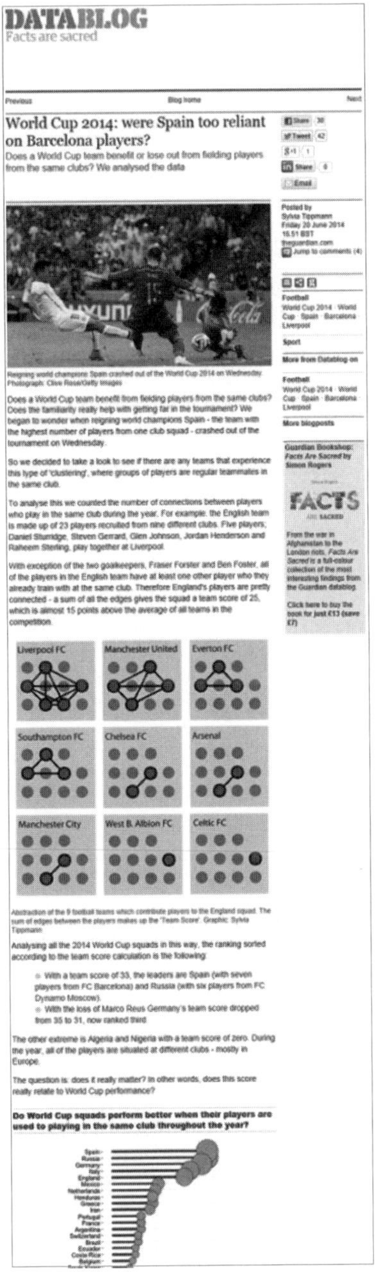
DATABLOG
Facts are sacred

World Cup 2014: were Spain too reliant on Barcelona players?
Does a World Cup team benefit or lose out from fielding players from the same clubs? We analysed the data

Posted by Sylvia Tippmann
Friday 20 June 2014 16.51 BST
theguardian.com

Reigning world champions Spain crashed out of the World Cup 2014 on Wednesday. Photograph: Clive Rose/Getty Images

Does a World Cup team benefit from fielding players from the same clubs? Does the familiarity really help with getting far in the tournament? We began to wonder when reigning world champions Spain - the team with the highest number of players from one club squad - crashed out of the tournament on Wednesday.

So we decided to take a look to see if there are any teams that experience this type of 'clustering', where groups of players are regular teammates in the same club.

To analyse this we counted the number of connections between players who play in the same club during the year. For example: the English team is made up of 23 players recruited from nine different clubs. Five players; Daniel Sturridge, Steven Gerrard, Glen Johnson, Jordan Henderson and Raheem Sterling, play together at Liverpool.

With exception of the two goalkeepers, Fraser Forster and Ben Foster, all of the players in the English team have at least one other player who they already train with at the same club. Therefore England's players are pretty connected - a sum of all the edges gives the squad a team score of 25, which is almost 15 points above the average of all teams in the competition.

Liverpool FC / Manchester United / Everton FC / Southampton FC / Chelsea FC / Arsenal / Manchester City / West B. Albion FC / Celtic FC

Abstraction of the 9 football teams which contribute players to the England squad. The sum of edges between the players makes up the 'Team Score'. Graphic: Sylvia Tippmann

Analysing all the 2014 World Cup squads in this way, the ranking sorted according to the team score calculation is the following:

- With a team score of 33, the leaders are Spain (with seven players from FC Barcelona) and Russia (with six players from FC Dynamo Moscow).
- With the loss of Marco Reus Germany's team score dropped from 35 to 31, now ranked third.

The other extreme is Algeria and Nigeria with a team score of zero. During the year, all of the players are situated at different clubs - mostly in Europe.

The question is: does it really matter? In other words, does this score really relate to World Cup performance?

Do World Cup squads perform better when their players are used to playing in the same club throughout the year?

Spain / Russia / Germany / Italy / England / Mexico / Netherlands / Honduras / Greece / Iran / Portugal / France / Argentina / Switzerland / Brazil / Ecuador / Costa Rica / Belgium

굳이 이 두 언론사의 차이를 들라 하면, 〈가디언〉은 데이터에 기반한 심층 보도에 중점을 두는 반면, 〈뉴욕타임스〉는 데이터의 시각화(Visualization)에 기반한 사실의 효과적 전달에 중점을 둔다.

〈가디언〉의 데이터 블로그에서 소개된 호주의 자전거 사고 증가 기사와 2014년 월드컵에서 스페인 팀에 대한 소식 기사를 살펴보자. 비교적 소소한 주제지만, 기사 전개 방식에서 데이터의 활용 방법이 매우 눈에 띈다. 하고 싶은 말을 데이터와 같은 명확한 근거에 준해서 전달하는 사례의 가장 진보된 형태를 보여주는 듯하다.

겉으로 드러난 데이터의 현란한 활용도 한 단계 앞선 것이지만, 감히 진일보되었다고 말할 수 있는 것은 데이터를 중시하는 기사의 작성 과정에 있다. 가디언의 데이터 저널리즘 생성 과정을 아래에 정리해보았다. 살펴보면 데이터로 시작해서 데이터로 끝난다. 즉, 내가 하고 싶은 말보다는 내가 할 수 있는 말에 집중하는 노력이 전 과정에 역력히 배어 있음을 알 수 있다. 이렇게 작성된 기사 한 편은 틀림없

가디언의 데이터 저널리즘 과정

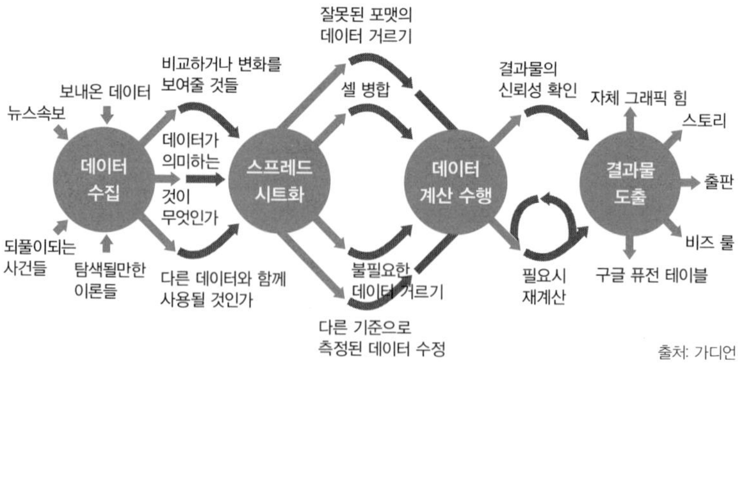

출처: 가디언

이 기자의 감각과 데이터의 힘이 적절히 배합된 맛깔스러운 요리가 될 것이다.

〈가디언〉이 선보인 데이터 기반 기사 컨텐츠의 생산 기조는 분명 그 사회의 메시지 유통 과정이 건강해지는 데 크나큰 역할을 할 것이다. 만약 누군가 해당 기사 내용에 동의하지 않는다 하더라도 의견 불합치의 지점과 방식을 서로 명확하게 짚어낼 수 있기 때문이다. 그 결과, 건전한 메시지가 생산되고 그 메시지에 대한 건전한 비판이 자연스럽게 자리잡게 될 것이다. 해외 언론 평가 기관과 국내 언론 스스로 '우리의 언론 위기'를 외치는 현실에서 데이터 저널리즘은 분명 우리가 가야 할 큰 방향을 제시하고 있다.

호모 데이터쿠스 시대의 영웅들 : 메시지 유통 단계 건강하게 하기 (2)

"머지않아 통계는 읽기, 쓰기와 마찬가지로 유능한 시민이 되기 위한 필수 조건이 될 것이다."

타임머신 개념을 처음으로 소개한 SF소설의 대가 허버트 조지 웰스(Herbert George Wells)는 이런 말을 했다. 미래 사회 예측에 탁월한 재능이 보여준 그가 운명을 달리한 때가 1940년대였음을 감안하면, 그의 말에 등장한 '머지않아'를 지금 즈음으로 보아도 되지 않을까? 여기서 그가 언급한 '통계'의 의미가 굳이 통계학적 범주로 한정된다고 보고 싶지는 않다. '정량적인 방식으로 표준화된 데이터' 정도로 넓혀 이해해야 맞을 것이다. 이제 데이터를 통해 세상을 이해하고 소통하는 것이 읽고 쓰기만큼이나 기본인 시대가 도래했다는 의미다.

사실 데이터를 다루는 인간의 능력은 다른 동물과 매우 차별화된 특징이다. 물론 강아지도 소변으로 자기 영역을 기록하고, 침팬지도 기본적인 덧셈과 뺄셈을 하며, 꿀벌조차 일정한 행동을 통해 동료에게 좋은 꿀의 위치를 알려주기는 하지만, 인간이 데이터를 기록, 가공, 전달하는 과정에는 전혀 비할 바가 아니다. 그들과 달리 서서 걷고(Homo erectus) 도구를 사용하며(Homo habilis), 스스로를 반추하고 미래를 통찰하는(Homo sapiens) 등 동물들보다 훨씬 고도화된 방법으로 정보를 유통시키며 발전해나간다는 점에서도 인간은 충분히 특별하다. 우리는 자신의 발전을 위해 데이터를 적극 활용하는 인간, 호모 데이터쿠스(Homo datacus)다. 또한, 다른 들짐승과 달리 두 발로 서서 두 손을 자유롭게 하고, 자유로워진 손으로 도구를 사용하게 되었으며, 도구의 사용으로 발달한 뇌를 통해 사유하게 된 일련의 과정이 취향이나 선택이 아닌 생존에 따른 문제였듯, 주변 정보를 잘 이해하고, 자신에 유리하게 가공하고 전달할 줄 아는 것 역시 21세기 우리에게 생존의 문제다. 새로운 인간의 조건인 것이다.

새로운 조건에는 새로운 역할 모델이 필요하다. 호모 하빌리스의 시대에는 성능이 우수한 도구를 가진 사람들이 사회를 지배했듯, 호모 데이터쿠스의 시대에는 양질의 데이터로 남다른 영향력을 행사하는 사람이 점점 우위를 점하게 될 것이다. 호모 사피엔스의 시대에는 지략과 통찰로 사회를 이끈 사람들이 위인으로 기억되었듯, 호모 데이터쿠스 시대에는 데이터를 능수능란하게 활용해 사회문제를 해결하는 사람들이 조명을 받을 것이다. '데이터로 영향력을 행사하고 사

출처: www.openedu.com

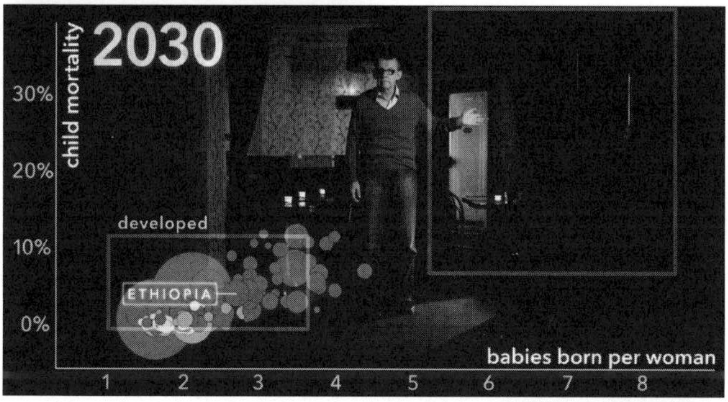

출처: www.lansstyrelsen.se

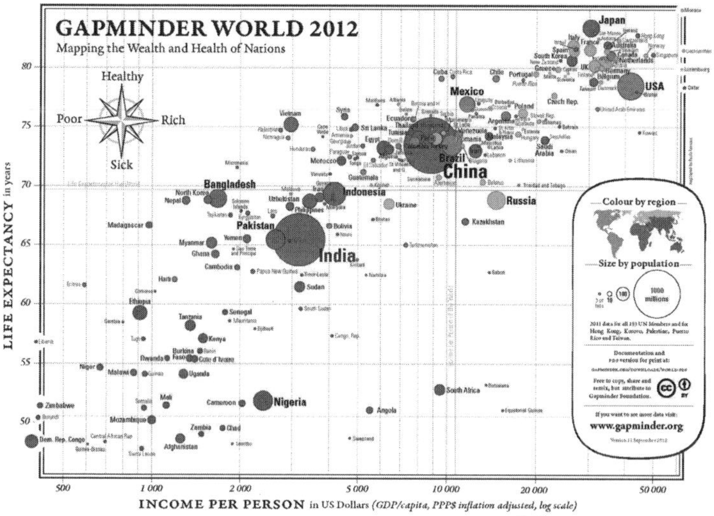

출처: www.gapminder.org

회문제를 해결한다'라면, 국가정보원이나 CIA 같은 첩보기관을 말하는 것인가? 그럴지도 모른다. 하지만 영화나 드라마 등에 비친 그들의 손에는 으레 통계 프로그램보다 총이 들려 있었다. 그렇다면 오로지 데이터 활용 능력만으로 사회문제를 해결하는 영웅들이 있단 말인가? 비밀스러운 요원의 모습이 아니라 우리와 매우 친숙한 모습으로 말이다. 있다. 자, 새로운 역할 모델들을 찬찬히 살펴보자.

처음으로 주목해야 할 사람은 스웨덴 의사 한스 로슬링(Hans Rosling)이다. 웁살라 대학에서 의학과 통계학을 전공하고 현재 카롤린스카 의학원 교수로 재직하는 그는 세계 보건과 기아, 환경 그리고 기후 변화, 위험과 관련한 다양한 데이터를 사람들이 보기 쉬운 방식으로 잘 정리하여 전달하는 것으로 유명하다. 그가 복잡한 데이터를 보기 쉬운 방식으로 전달하는 수준은 우리 생각보다 훨씬 전문화되어 있는데, 그 결정체가 바로 아들 부부와 공동 설립한 갭마인더(Gapminder) 재단과 데이터 시각화 프로그램 트렌달라이저(Trendalyzer)다. 이 프로그램은 각양각색의 통계치를 움직임이 가능하고 상호작용할 수 있는 그래프로 자동 전환시켜주는데, 2007년 인터넷 공룡 구글에 인수됨으로써 그 가치를 인정받기도 했다. 이후 구글은 이 프로그램을 근간으로 2008년에 모션 차트라는 구글 가젯을, 2009년에는 퍼블릭 데이터 익스플로러(Public Data Explorer)를 개발하게 된다. 획기적인 키워드 검색엔진으로 일어나 이미지와 동영상 검색으로 아성을 굳힌 구글이 최근 데이터 검색 프로그램에 열을 올리는 이유가 충분히 짐작이 간다. 제아무리 좋은 메시지가 담긴 데이터라 하더라도 사람들이 쉽고 편리하게 접할 수 없으면 아무 소용이 없다

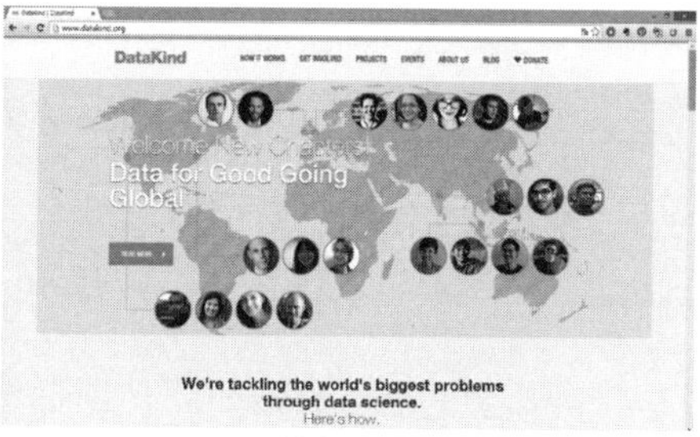

National geographic www.datakind.org

는 문제의식을 로슬링과 구글은 일찍이 공유했던 것이다.

느꼈겠지만, 로슬링의 문제의식은 간단한 것이었다. 많은 사회문제가 단지 적절한 정보가 공유되지 않았다는 이유로 발생하는 경우가 허다하며, 무턱대고 새로운 솔루션을 만들려고 노력하기 전에 해당 문제와 관련한 사실 정보를 충분히 공유만 해도 사회문제 해결에 큰 도움을 준다는 것이다. 정보의 생산만큼 공유와 전달이 얼마나 중요한지를 역설한 것이다. 구텐베르크가 활판인쇄술로 유럽의 종교개혁과 과학혁명을 촉진하는 계기를 마련했듯, 로슬링도 최초의 데이터 시각화 엔진을 개발해 데이터의 확산과 저변 확대에 큰 역할을 했다고 말할 수 있다. 이런 시대적 역할을 인정받아, 2009년에 그는 저명한 국제 정치 저널 〈포린폴리시(Foreign Policy)〉에서 100인의 위대한 사상가로, 2011년에 기업가 정신 잡지 〈패스트 컴퍼니(Fast Company)〉에서 가장 창조적인 인물 100인, 2012년에는 〈타임(Time)〉에서 세계에서 가장 영향력 있는 인물 100명에 선정되었다. 첫 번째 데이터 영웅으로서 전혀 손색이 없다.

두 번째 영웅은 데이터를 통해 좀더 구체적인 사회적 솔루션을 만들어낸다. 데이터 분석가들로 구성된 단체 데이터카인드(Datakind)를 설립하고, 테드(TED) 등에서 데이터를 활용한 사회문제 해결을 지속적으로 강조해온 제이크 포웨이(Jake Porway)다. 그가 뉴욕에서 국경없는 데이터(Data Without Borders)라는 이름으로 출범시키며 시작된 데이터카인드의 모토는 '데이터를 통해 인간적인 사회를 만들어가자(Using data in the service of humanity)'이다. 이런 거창한 모토가 실제 가능한 이유는 소속된 데이터 분석가들이 지역 시민사회단체와 협업하여 실질적인 사회문제를 해결하기 때문이다. 돈이나 권력을 통해서가 아니라 데이터를 통해 문제를 해결한다는 것이다.

어떻게 이게 가능한지 실제 사례를 살펴보자. 2011년 데이터카인드와 캘리포니아 소재 의료 비영리단체 모빌라이징 헬스(Mobilizing Health, MH)는 도심 병원에서 멀리 떨어진 사람들이 어떻게 하면 의료 사각지대에서 벗어날 수 있을까 하는 사회적 문제에 집중했다. 당시 MH는 휴대전화 등 통신기기를 이용해 의료 사각지대에 놓인 사람들과 의사들이 좀더 원활하게 의사소통할 수 있도록 돕는 일을 활발하게 진행해오고 있었다. 그러던 중 더 나은 서비스를 위해 반드시 밝혀야 할 두 가지 문제에 직면하게 되었다.

"현재 의사 규모는 원활한 응답을 위해 적정한 수준일까?"

"의료 사각지대에 놓인 사람들이 주로 어떤 증세로 고통받는지 알 수 있을까?"

데이터카인드의 전문가들은 MH의 기존 자료를 분석하는 데 돌입해 다음과 같은 놀라운 결과들을 밝혀냈고 문제 해결 그 이상의 성과를 거두었다.

오른쪽 위의 데이터는 환자의 건수와 의사의 응답 건수를 시간대

하루 중 시간대별 응대 건수

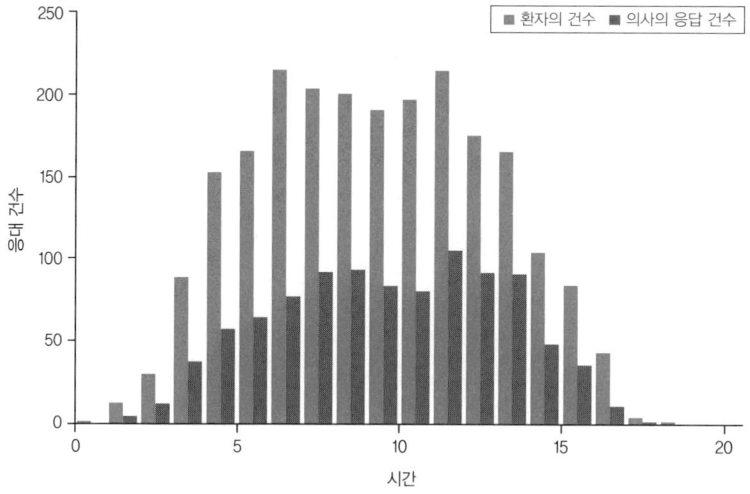

주 중 요일별 시간당 응대 건수

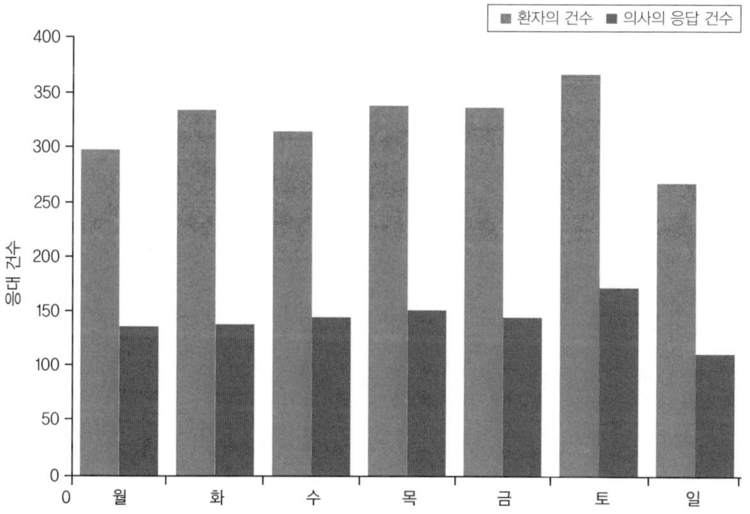

별로 분석한 것이며, 아래의 데이터는 요일별로 분석한 것이다. 분석 전에 환자의 요청과 의사의 응답이 특정 시간과 요일에 쏠리거나 부족해지는 현상이 발생할 것이라던 MH의 우려는 기우로 밝혀졌다. 매번 비슷한 비율을 유지하는 두 그래프가 이를 증명해주었다. 그 대신 응답률을 끌어올리기 위해 더 많은 의사를 배치하는 것만이 능사가 아니라 의사별 평균 응답률을 끌어올리는 방안도 동시에 고려해야 한다는 사실을 알게 되었다.

나아가 데이터카인드는 의사들의 처방전을 자동 텍스트 검색 기능으로 분석하여 다음과 같은 연별, 월별 처방 경향을 도출해냈다. 이로 인해, 어느 시점에 어떤 약이 더 처방되고 덜 처방되는지 알게 되어 의약품 공급 계획부터 전염병의 징후와 환자 유형까지 추적할 수 있게 되었다.

포웨이의 문제의식은 데이터 가공에 있다. 구슬이 서 말이라도 꿰어야 보배라고 하듯이, 어마어마한 데이터를 시간과 공간을 초월하여 접할 수 있게 된 이 시대에 그는 데이터를 목적에 맞게 가공할 수 있는 능력이 얼마나 중요한지를 보여주고 있다. 지식의 확장이나 의식의 향상 같은 제한적인 가치를 넘어 사회문제 해결이라는 실질적인 효과를 창출해내기까지 하니 말이다. 이 또한 충분히 데이터 영웅이라 할 만하다.

호모 데이터쿠스의 시대에는 더 많은 사람이 더 많은 데이터를 접할 수 있도록 획기적인 장치를 개발하고, 여기서 더 나아가 실질적인 문제 해결을 이뤄내는 사람들이 좀더 각광받을 것이다. 정보기술의 발달로 이런 사람들의 영향력은 점차 커져갈 것이기 때문이다. 모든 사람이 한스 로슬링과 제이크 포웨이처럼 영웅이 되기를 바라는 것은 아니다. 다만, 여러분 한 명 한 명이 데이터를 통해 조금이라도 더 나은 인지력, 판단력, 설득력을 갖췄으면 하는 바람에 선명한 성공 이미지를 영웅의 형태로 제시했을 뿐이다.

데이터 말하기의 일상화: 메시지 유통 단계 건강하게 하기 (3)

우리 사회의 메시지 유통 단계를 건강하게 하기 위한 최종 책임은 결국 소비자에게 있다. 아무리 생산자가 좋은 메시지를 생산하고, 데이터 영웅들이 등장한다 하더라도 일반 소비자들의 감각이 살아나지 않으면 진정한 변화는 오지 못할 것이기 때문이다. 얽히고설킨 다양한 사회적 관계 속에서 설득이라는 피할 수 없는 과정을 통해 자신의 입지를 다져가야만 하는 설득의 시대, 그렇다면 우리 각자는 어떤 방법으로 데이터를 통해 늘 이겨나갈 수 있을까?

결론은 가장 일상적인 것부터 데이터를 통해 따져보고 말해보는 습관을 들이는 것이다. 이런 습관을 갖는 게 어렵겠다 느끼는 사람은 크게 두 부류일 것이다. 일상적인 것을 이야기할 만큼 과연 데이터가 존재할 것인지 의심하는 사람과, 설사 있다 하더라도 그것을 꼬치꼬치 따져보는 것이 익숙지 않은 사람 말이다. 용기를 내어 시도해보자. 이런 노력은 초등학생들도 해낼 수 있는 일이기 때문이다.

다음에 나오는 수많은 포스터 작품은 학생들의 합리적인 사고방식을 함양하고 통계적인 지식을 증진시킬 목적으로 1998년부터 초등학생을 대상으로 시작된 '2012년도 전국학생통계활용대회'의 초등부 수

상작 가운데 일부다. 통계청이 주최하고 한국통계진흥원이 주관하며, 교육과학기술부 및 각 시도 교육청의 후원으로 진행되는 이 대회는 2014년에 이미 16회를 맞이하고 있다. 일단, 우리 학생들의 소소한 일상이 데이터를 통해 얼마나 훌륭하게 설명되고 주장되는지 살펴보자.

제목: 음악을 들으면서 공부를 하면 집중이 잘될까?

공부 중 음악을 청취하는 학생들의 경험을 바탕으로 클래식이 공부하는 데 가장 큰 도움이 되는 반면 K-pop은 그 빠른 템포 때문에 오히려 방해가 된다고 말하고 있다.

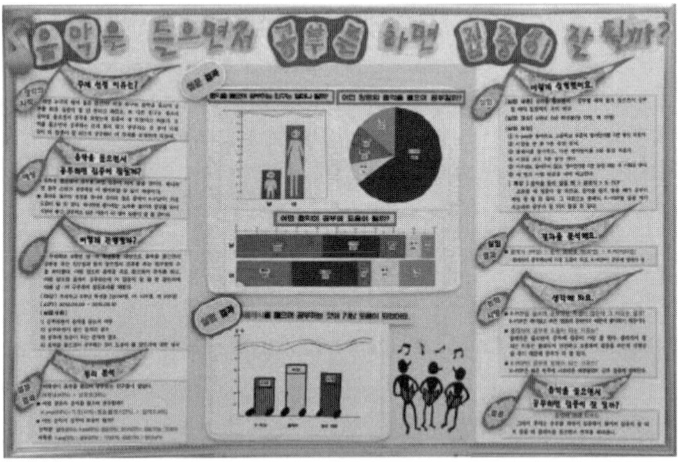

인천 용현남초등학교 노아영, 유예원, 이윤정 (수상 당시 6학년) / 지도교사 지경희

제목: 친구들의 똥이 궁금해

대변에 관한 초등학생들의 다양한 습관을 밝힌 작품으로, 대변을 본 후 (살펴)보는 비중은 여학생이 남학생보다 높고, 모양은 대부분 바나나 모양이라는 흥미로운 결론을 제시하고 있다.

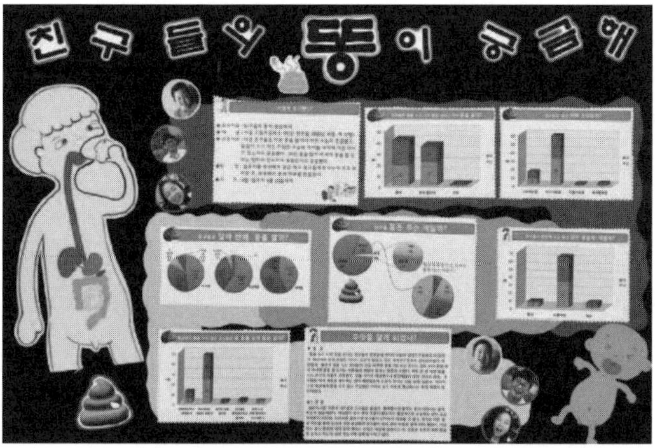

서울 고원초등학교 김경민, 문병현, 심소연 (수상 당시 4학년) / 지도교사 김승민

제목: 연필 쥐는 손 모양과 생활습관과의 관계

연필을 바로 쥐는 학생이 주변 정리도 잘하고 편식도 덜 하며 대인관계도 좋다는 흥미로운 결론을 전달해주고 있다. 더욱이 이는 부모님의 영향을 제일 많이 받는다고 한다.

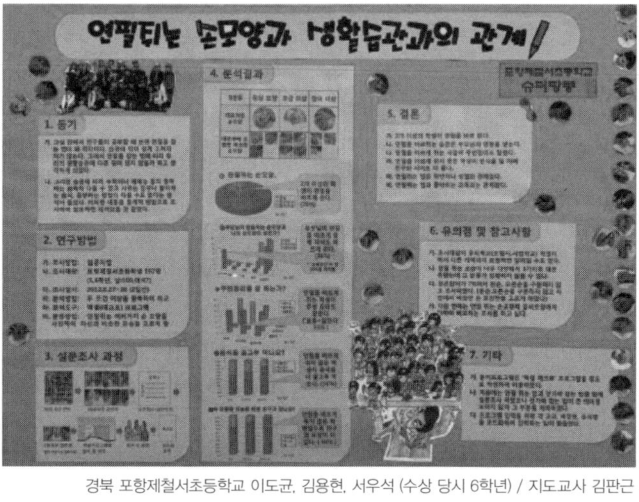

경북 포항제철서초등학교 이도균, 김용현, 서우석 (수상 당시 6학년) / 지도교사 김판근

책을 끝맺으며 복잡하게 구조화된 노하우를 정리하거나, 지키기도 어려울 것 같은 일상에서의 노력을 나열할 법한데, 이렇게 우리 초등학생들의 작품을 소개하는 게 뜬금없어 보일지도 모른다. 그렇지만 '누구나 할 수 있는'과 '소소한 것부터'를 다시 한번 강조하고 싶어서다. 공부할 때 음악 듣는 것이 도움이 될까? 대변을 보고 남자와 여자 중 누가 더 살펴볼까? 연필 쥐는 습관은 생활습관과 어떤 관련이 있을까? 이렇게 가장 소소한 것들부터 데이터를 통해 논의되고 회자되고 설득되는 일이 가능하다면, 우리 사회의 메시지 유통 단계가 건강해지는 것은 시간문제일 것이다. 설득의 역량이 나날이 중요해지는 설득의 시대, 우리 초등학생들이 가진 소소한 문제의식과 그 해소 방식은 우리 사회 전체가 장착해야 할 가장 중요한 덕목임이 틀림없다.

부록
주요 데이터 유형

우리는 표준화된 정보를 데이터라 부르고 있다. 그리고 정보의 표준화 방법은 크게 계량화와 구조화로 나눴다. 계량화란 정보의 내용이 수치를 통해 정량적으로 표현되는 과정을 말하며, 구조화란 일관된 기준으로 정보가 배열되는 것을 말한다. 이제 우리는 정보가 정량화되고 구조화될수록 고유 내용의 전달 속도 및 효과성이 높아진다는 사실을 잘 알고 있다. 그렇다면 지금부터는 '과연 데이터에는 어떤 유형들이 있는가'에 집중해보자. 진주가 열 그릇이라도 꿰어야 구슬이라고 하듯, 아무리 좋다 한들 정작 우리가 이해하거나 사용할 줄 모르면 마냥 헛일이기 때문이다.

데이터의 유형은 그야말로 다양할 테지만, 지금은 구조화와 정량화가 모두 이뤄진 그래프(Graph)형〔또는 차트(Chart)형〕 데이터에 집중하고자 한다. 그래프형 데이터에 익숙해지려면 일단 두 가지 질문이

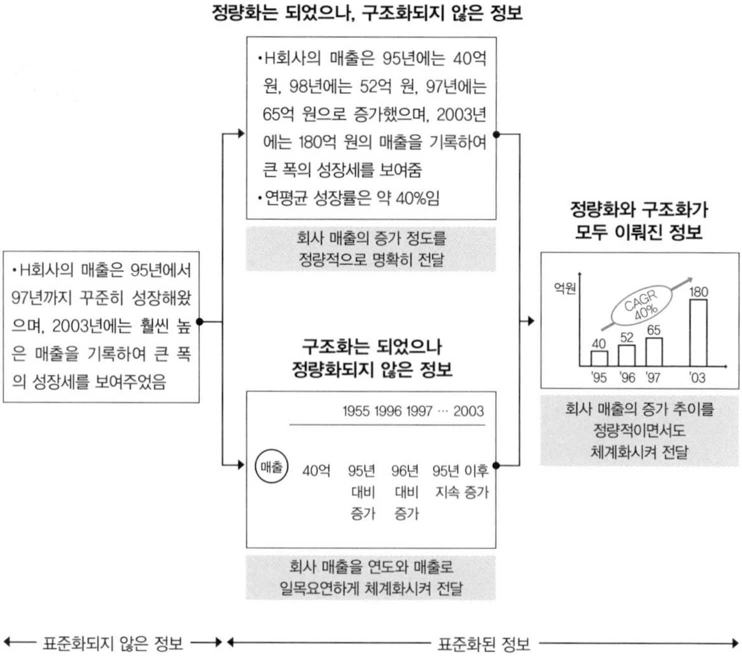

필요하다.

"첫째, 메시지를 지지하기 위한 근거에 적합한 형태인가?"

"둘째, 얼마나 많은 관점이 녹아들어 있는가?"

첫째 질문은 차트형 데이터의 유형과 근거의 유형이 어느 정도 관련이 있음을 의미한다. 정확히는 근거가 어떤 현상에 착안하여 형성되느냐에 따라 그 현상을 가장 잘 표현하는 데이터의 유형도 일정하게 따라간다는 말이다. 이를테면 막대그래프형 데이터는 어떤 지표의 절댓값의 변화를 바탕으로 메시지를 이끌어내고자 할 때 주로 사용되며, 선형 데이터는 변화의 시간적 추이를 바탕으로 메시지를 도출할 때 적합하다. 데이터 유형과 근거 유형이 늘 일치한다고 보기는 힘들지만 강한 경향성을 가지고 있으므로, 이 둘의 관계를 잘 이해하면 자신의 근거에 가장 적합한 차트형 데이터를 효과적으로 선택할 수 있다.

두 번째 질문은 데이터를 구성하는 지표의 개수에 관한 것이다. 지표를 몇 개나 사용했는지, 그 지표들 사이에 어떤 관계가 있는지를 간파하면 데이터를 빠르게 이해하고 더 나아가 적절하게 활용할 수 있다. 일반적으로 사용된 지표들은 해당 데이터를 구성하는 어떤 관점을 대표하기 위해 동원된 것이며, 이들 관점이 구조화되어서 데이터가 완성되는 것이기 때문이다.

관점이 추가될수록 상대적으로 충분성이 더 갖춰진 근거를 마련할 수 있게 되므로, 어떤 데이터가 몇 개의 관점을 사용했는지와, 그 관

근거 유형과 데이터 유형의 적합성 예시

<table>
<tr><th rowspan="2">근거 유형</th><th rowspan="2">메시지 예시</th><th colspan="2">차트 데이터의 유형</th></tr>
<tr><th>막대형 데이터</th><th>선형 데이터</th></tr>
<tr><td rowspan="2">어떤 지표들의 절댓값의 격차에 착안해서 근거를 형성하고자 하는 경우</td><td rowspan="2">국가 차원의 정신 건강 회복 프로그램이 필요하다.</td><td>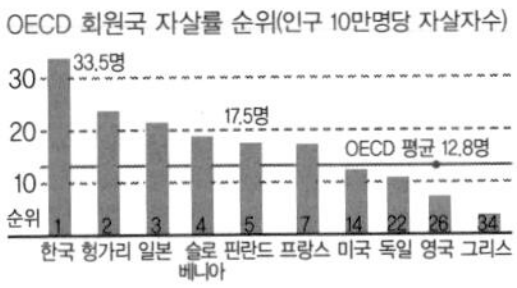
</td><td>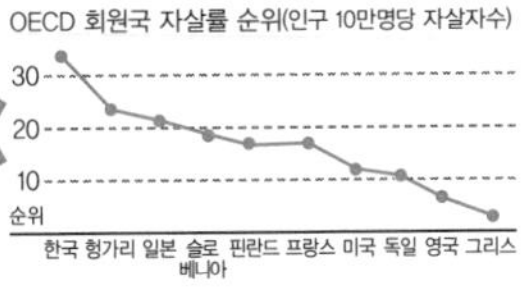
</td></tr>
<tr><td colspan="2">각 국가별 자살률은 독립적인 개념이므로, 왼쪽의 막대그래프가 오른쪽의 선형 그래프보다 적합한 형태다.</td></tr>
<tr><td rowspan="2">어떤 지표의 시간에 따른 변화에 착안해서 근거를 형성하는 경우</td><td rowspan="2">우리나라 경제의 성장엔진이 꺼진 게 아닌지 점검이 필요하다.</td><td>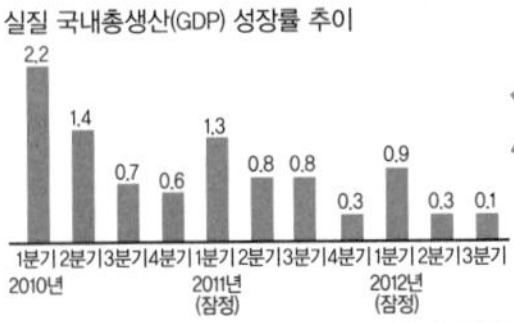
</td><td>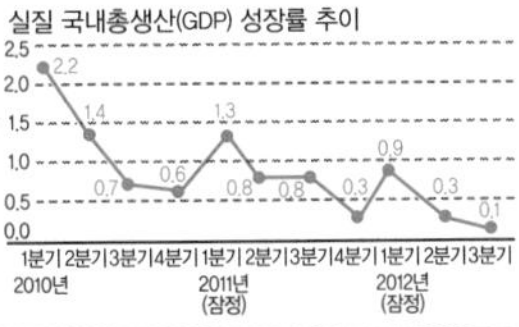
</td></tr>
<tr><td colspan="2">하나의 지표가 시기에 따라 어 떻게 변화하는지에 착안하여 근거를 형성하므로, 막대그래프보다는 선형 그래프가 적합하다.</td></tr>
</table>

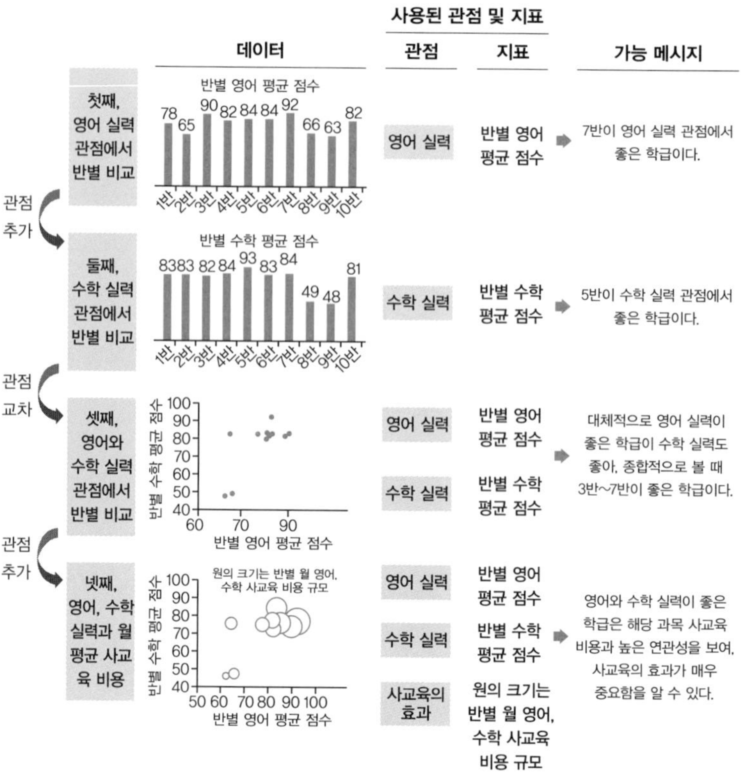

점 간에 어떤 관계로 구조화되어 있는지 아는 것이 데이터를 이해하는 데 아주 중요하다.

그러면 지금껏 논의해본 다양한 데이터를 이해하는 데 중요한 두 가지 관점, '근거 형성의 적합성'과 '사용 지표의 개수'를 바탕으로 다양한 데이터 유형을 일목요연하게 정리해보자.

지금부터 제시되는 다양한 데이터들은 데이터의 유형을 표현하기 위해 제시된 것일 뿐, 데이터 자체로 신빙성이 있는 것은 아니다.

막대형 그래프

적합한 근거 유형: (근거) ~는 ~보다 크다(작다), (메시지) 그러므로 ~하다.

아래 그림은 가장 일반적인 형태의 막대형 데이터다. 지표 간 값의 대소를 기반으로 근거를 마련하고자 할 때 가장 많이 사용된다.

다음과 같이 막대형 그래프는 여러 가지 형태로 응용될 수 있다.

성별 인터넷 이용률 및 이용자 수

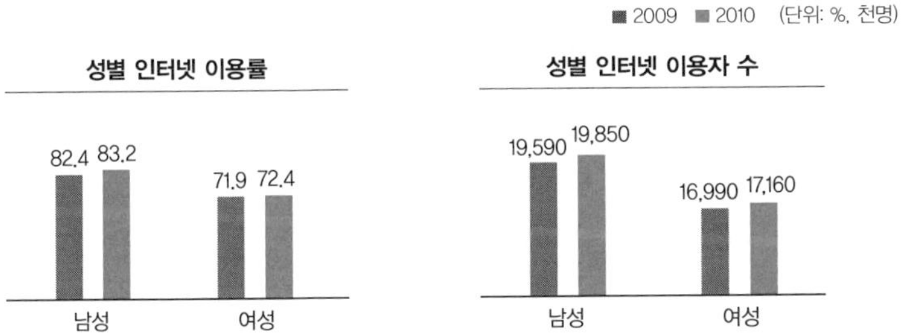

출처: 방송통신위원회·한국인터넷진흥원, 2010년 인터넷이용실태조사, 2010. 12

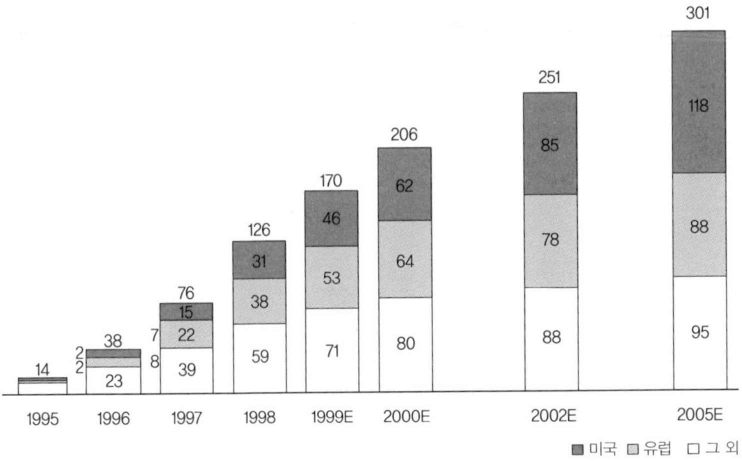

아래 예시는 시점별 특정 지푯값의 변화를 표현하며, 그 지표를 구성하는 하위 세 개 지표의 구조도 동시에 전달하고 있다. 전체를 구성하는 부분을 세 개의 막대로 쌓아서(Stacked) 표현했다는 점에서 기본형보다 발전된 형태로 볼 수 있다.

응용 형태는 이 밖에도 얼마든지 있다. 다음 쪽에 나온 세 번째 데이터는 '100퍼센트 기준 막대형'이라 불리는 막대그래프다. 시점별 전체 막대의 크기(높이)를 100퍼센트 형태로 통일한 후, 전체를 구성하는 부분 막대들의 비중을 분리해서 보여주고 있다. 두 번째 막대그래프는 전체 막대그래프 높이 자체의 변화와 비중 변화를 동시에 보여주는 데 반해, 이번 막대그래프는 부분 막대들의 비중 변화에 초점을 두고 있다. 시간에 따른 부분들의 비중 변화를 강조하고 싶다면 두

에너지원별 발전설비용량 비중(2013년 7월 기준)

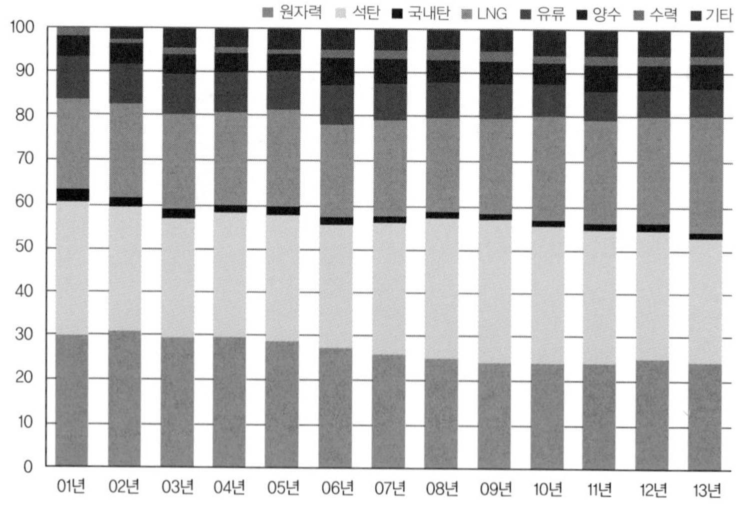

단위: %, 출처: 전력거래소

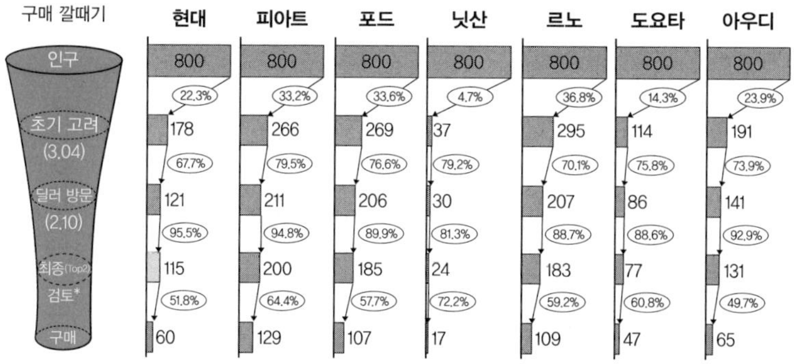

* 터키 구매자의 11%는 차량을 구매할 때 오직 한 브랜드만 고려한다.
출처 : 터키 자동차 바이어 연구조사 (2011.07.) 딜로이트

번째 막대그래프보다 이것이 더 적합하다.

좀더 진화한 형태의 막대그래프도 있다. 네 번째 막대그래프를 보자. 일단 X 축은 자동차 완성차 메이커들이다. 한데, Y 축은 소비자들이 자동차를 구입하는 단계를 초기 고려, 딜러 방문, 최종 검ㅁ토, 구매 등 네 단계로 구분하고 있다. X 축과 Y 축의 교차 지점에는 메이커별 구입 단계별 통과율을 막대 크기로 표현하고 있다. 즉, 메이커별로 경쟁사 대비 어떤 구입 단계에서 병목 현상이 발생하는지를 볼 수 있다는 특징이 있다.

이렇게 막대그래프는 지푯값의 대소를 비교해 어떤 근거를 형성하고자 할 때 주로 적합한 데이터 유형이다.

선형 그래프

적합한 근거 유형: ~은 시간의 흐름에 따라 어떠한 변화 추이를 보인다. 그러므로~

야후재팬, 구글재팬, 네이버재팬 UV 추이

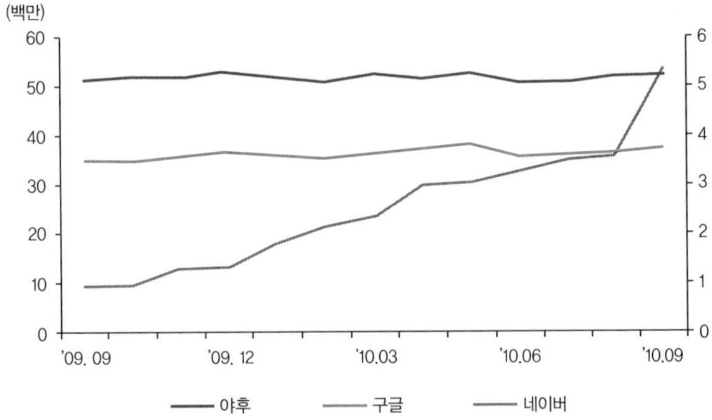

출처: 코리안클릭, 미래에셋증권 리서치센터

선형 그래프는 기본적으로 지푯값의 변화 추이를 나타낼 때 가장 적합하게 사용될 수 있다. 불연속 지표도 선으로 이어놓으면, 마치 연속적으로 변하고 있다는 느낌을 주기 때문이다. 그러므로 X 축에는 대부분 연도를 표현한다.

막대그래프와 마찬가지로 어떻게 표현하는지는 어떤 근거를 만들고자 하느냐에 따라 다양하게 변화할 수 있다. 다음 선형 그래프들이 그 좋은 예다. 생수 브랜드, 시점, 채널, 취급률이라는 총 네 가지 관점이 한번에 사용된 선형 그래프다. 취급률 추이가 선형으로 표현되어 채널별 두 생수의 경합 양상을 한눈에 보여주고 있다.

선형 그래프가 꼭 시간의 흐름에 따라 전개되는 것은 아니다. 다음 파레토 그래프가 그 대표적인 예다. 파레토 그래프란 흔히 20 : 80 법칙이라 불리는 파레토 법칙을 표현하기 위한 그래프로, 전체를 구성하는 20퍼센트 부분과 80퍼센트 부분이 어떻게 분포하는지 나타낸

A, B 생수 채널별 취급률

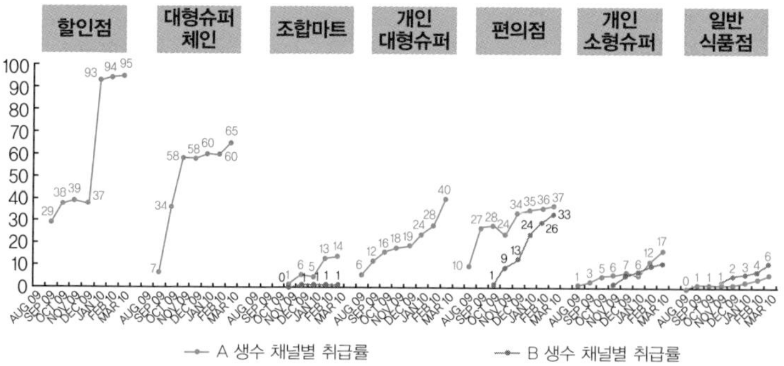

다. 이때 선형은 시간의 추이를 나타내기보다는 부분이 전체를 구성하는 추이를 나타낸다는 점에서 이전의 선형 그래프들과 전혀 다른 성격을 갖게 된다.

해외사업 거래선 분포

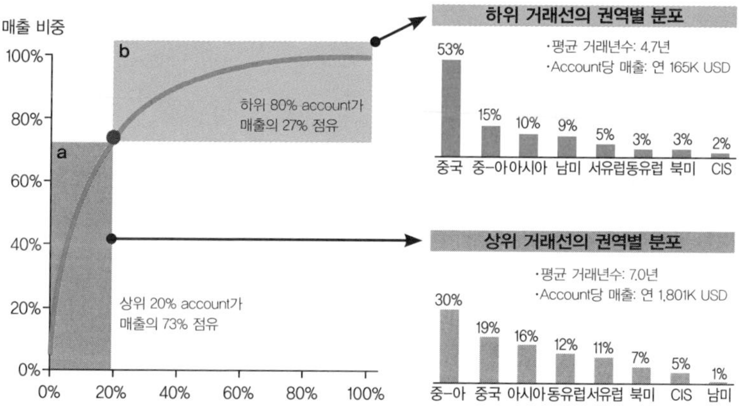

원형 그래프

적합한 근거 유형: (근거) ~는 ~의 ~정도 비중을 차지한다. 그러므로 (메시지) ~하다.

원형 그래프는 그야말로 비중의 크기를 나타내기에 최적화된 그래프다. 물론 막대그래프와 선형 그래프도 비중을 표현할 때 사용되기는 하나, 원형 그래프는 대개 전체를 구성하는 부분의 비중을 나타낼 때 사용된다. 그래서 그 변형 형태가 다른 그래프 유형보다 많지 않다. 다음 예가 대표적인 형태다.

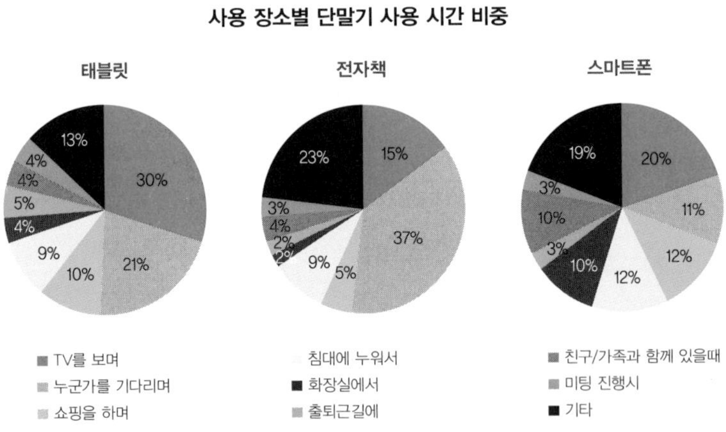

영역형 그래프

적합한 근거 유형: (근거) ~는 ~의 ~정도 비중을 차지한다. 그러므로 (메시지) ~하다.

영역형 그래프는 일단 상당히 융합적 성격을 가진 그래프다. 기본적으로 전체를 구성하는 부분의 비중을 표현하기에 적합하다는 근거 유형 관점에서 원형 그래프와 매우 유사하다고 볼 수 있지만, 선형 그

에너지원별 발전량 장기전망

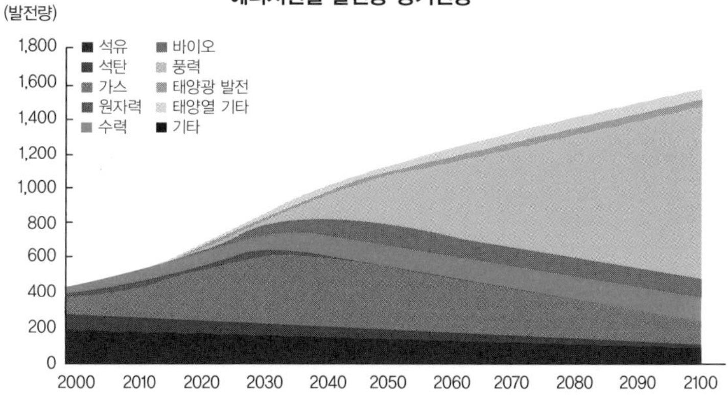

출처: solarwirtschaft.de/대우증권

유통 채널별 시장가치 분배(미국)

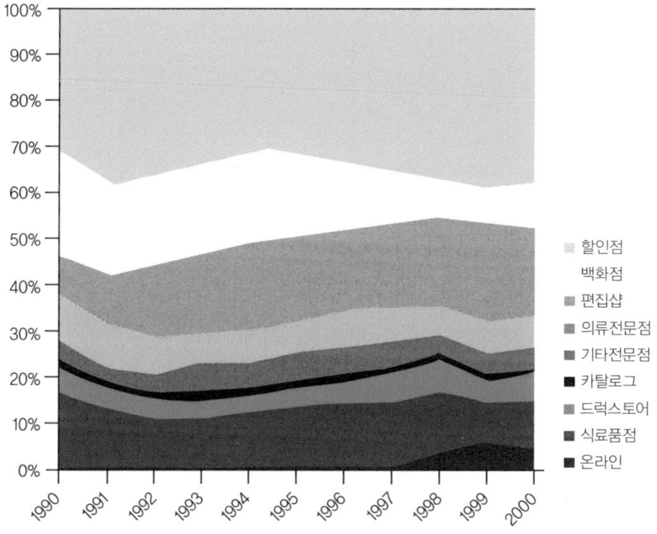

래프처럼 시간에 따른 변화를 나타내기에 수월하고, 막대그래프처럼 다양한 부분들을 층층이 쌓아올려서 표현하기 좋다는 장점도 가지고 있다. 그래서 다양한 지표들의 비중 변화를 시간 흐름에 따라 확인하고자 할 때 자주 사용된다.

일반적인 영역형 그래프가 100퍼센트형 막대그래프로 전환 가능하듯이, 일반적인 영역형 그래프도 다음과 같이 얼마든지 100퍼센트 영역형으로 표현 가능하다. 막대그래프의 경우와 마찬가지로 두 유형은 정보의 양은 거의 비슷하나, 비중 변화에 얼마나 초점을 맞췄느냐에 따라 선택적으로 사용될 수 있다.

분산형 그래프

적합한 근거 유형:

1. (근거) 부분들이 포진하고 있는 양상을 보건대 X 축과 Y 축은 ~한 관계를 보이고 있다. 그래서 (메시지) ~하다.

2. (근거) 부분들이 포진한 양상을 비슷한 위치의 것들끼리 모아본 결과, ~는 AA 유형에 속한다고 볼 수 있다. 그래서 (메시지) ~하다.

분산형 그래프(Scatter graph)란 이름은 여러 개의 값이 X 축과 Y 축에 맞춰서 뿌려놓듯이 분산(Scatter)되어 있다고 해서 붙여진 것이다. 이 그래프는 크게 두 가지 목적을 위해 사용된다. 먼저, 다수의 지표들이 분산되어 있는 전체 모습을 보고 X 축과 Y 축 지표의 관계를 알아보려는 것이다. 대표적으로 다음 예처럼 다수의 국가를 X 축(1인당 GDP)과 Y 축(기대 수명)에 따라 위치시키고, 과연 경제력과 수명

국가별 기대 수명과 1인당 GDP의 관계

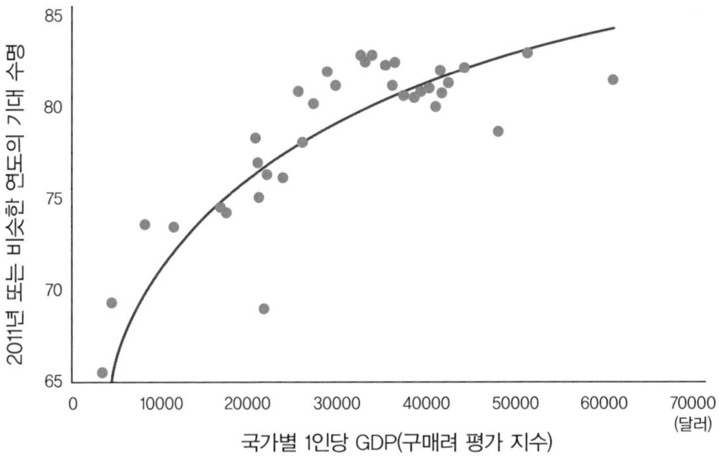

1인당 국민소득 수준과 주관적 행복의 관계

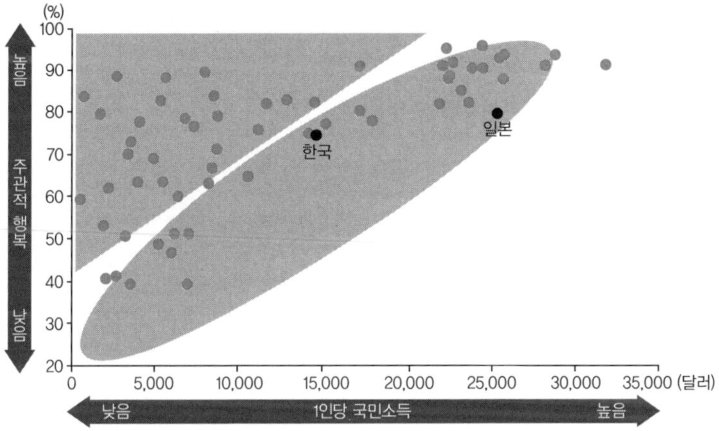

주관적 행복도: 각국에서 행복하다 또는 만족한다고 응답한 사람의 비율.

이 어떤 관련이 있는지 보고자 할 때 사용된다.

두 번째로는 여러 값 사이에서 어떤 패턴을 찾아보려 하거나, 그 패턴 하에서 유독 자신이 관심 있는 값이 어떤 위치에 있는지 알아보고자 할 때 사용된다. 다음에 나온 '1인당 국민소득 수준과 주관적 행복의 관계' 그래프가 좋은 예가 될 수 있다. 여러 국가를 X 축(1인당 국민소득)과 Y 축(국민들이 답한 주관적 행복 지수)을 기반으로 뿌려놓았다는 점에서는 앞서 나온 '1인당 GDP와 기대 수명' 그래프와 별반 다를 게 없다고 볼 수 있다. 두 그래프의 가장 큰 차이는 바로 영역 설정이다. 이 두 번째 그래프는 각 국가를 나타내는 수많은 점을 두 개의 그룹으로 구분하고 그 그룹에 새로운 의미를 부여했다는 점에서 더 의도된 정보를 전달하고 있다. 이런 종류의 새로운 의미 부여는 대부분 최종적으로 전달하고 싶은 말, 즉 메시지와 직접 연관되어 있다.

일반적인 분산 그래프에 관점을 추가하면서 근거의 충분성을 끌어올리는 방법은 이 밖에도 얼마든지 있다. 아래의 세 번째 분산 그래프를 보자. 이 그래프는 기존의 두 분산 그래프와 같이 X 축과 Y 축을 기준으로 다양한 분석 대상을 뿌려놨다는 점과 어떤 영역을 설정

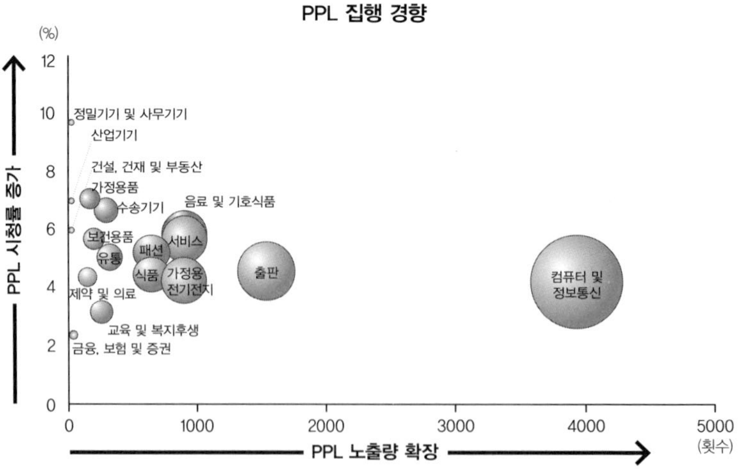

전 세계 주요 공항 터미널별 승객수, 트랜스퍼 승객수, 도심까지의 거리, 도심 인구 분석

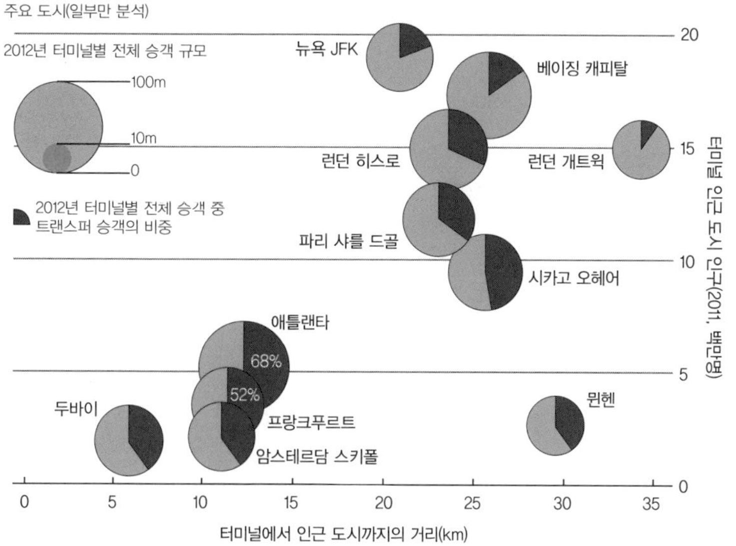

하고 특정한 의미를 부여했다는 점에서 전혀 다를 바가 없다. 다만, 이번에는 뿌려진 점의 크기를 이용해서 관점을 추가한 점이 다르다. 기존의 두 분산형 데이터에서는 모든 국가가 획일화된 크기의 점으로 표현되어 있지만, 세 번째 그래프에서는 관점을 추가해 대상별로 점의 크기를 달리했다. 이 그래프는 크기가 제각각인 원이 마치 비눗방울이 날리는 것과 비슷하다 하여, 버블 차트(Bubble Chart)라고 불리기도 한다.

버블 차트가 분산형 그래프에 관점을 추가하며 진화한 마지막 모습일까? 그래프를 하나 더 소개하고자 한다. 다음 쪽의 네 번째 그래프는 버블 차트를 이미 앞에서 다뤘던 원형 차트로 변환시킨 형태다. 버블의 크기뿐만 아니라 그 버블을 구성하는 어떤 속성들의 비중 정보까지 나타내고 있다. 이 그래프는 X 축, Y 축, 원의 크기, 원의 비중까지 총 네 개의 지표를 한꺼번에 표현하는 셈이다.

방사형 그래프

적합한 근거 유형: (근거) ~의 다양한 속성은 ~한 특성을 보이고 있어, (메시지) ~하다.

방사형 그래프는 마치 거미줄과 비슷하다 해서 스파이더 그래프(Spider graph)라고 불리기도 하고, 레이더 계기판 같다고 해서 레이더 차트(Radar Chart)라고도 불린다. 어떤 대상의 속성을 나누고, 그 속성들의 수준을 나타내고자 할 때 가장 많이 사용된다. 다음 그래프에서 중국, 미국, 일본 영국 등 네 나라를 그래프에 제시된 일곱 가지

국가별 연구자당 핵심 투자 및 성과 지표

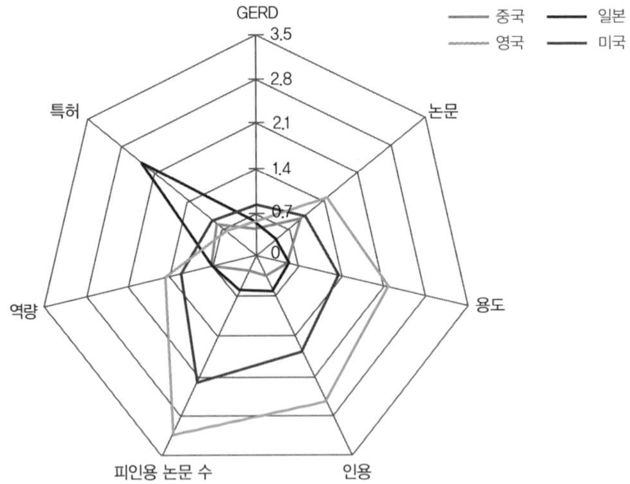

관점별로 평가하고 그 평가한 결과를 연결해서 생긴 칠각형을 확인할 수 있다. 이때 칠각형은 국가별로 그 크기와 모양이 모두 다른데, 이는 일곱 가지 평가 기준을 기반으로 각 국가가 어떻게 다른 특징을 가지고 있는지를 매우 효과적으로 나타낸다.

주식형 그래프

적합한 근거 유형: (근거) ~는 최솟값과 최댓값을 고려할 때 ~ 하므로, (메시지) ~하다.

아래 막대형 차트를 보고 다음 질문에 답해보자.

"각 반별로 영어 평균 점수뿐만 아니라 최고 점수와 최저 점수를 한 그래프에 표현할 방법은 없을까?"

바로 이 질문에 대한 답을 하기 위해 주식형 차트가 필요하다. 주식형 차트는 특정 기간에(대부분 하루) 나타난 특정 주식의 최고가와 최저가 그리고 종가를 동시에 표현하기에 적합하다 해서 붙여진 이름으로, 실제 주식시장 관련 데이터를 보면 이런 유형의 데이터를 상당히 많이 찾아볼 수 있다. 여기서는 종가를 영어 평균 점수로, 주식 최

A학교 반별 평균 영어 점수

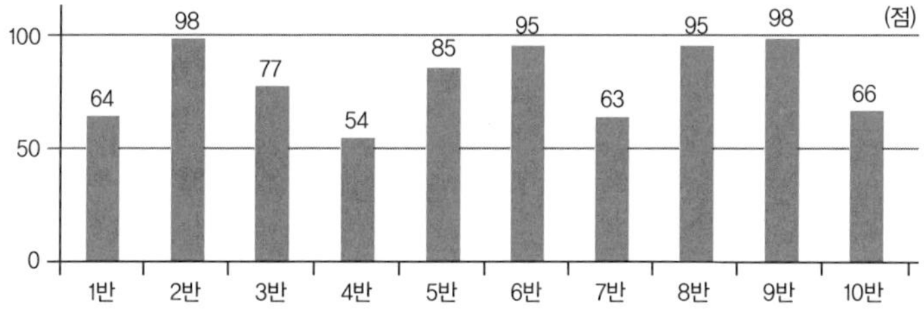

고가와 최저가를 각각 반별 영어 최고점과 최저점으로 치환해서 이해하면 된다. 사실 막대그래프나 선형 그래프로는 막대나 선을 여러 개 그리지 않는 한 평균, 최고 또는 최소 점수를 한번에 나타낼 수 있는 방법이 마땅치 않다. 하지만 주식형 차트를 이용하면 다음과 같이 이것 모두를 아주 효과적으로 나타낼 수 있다.

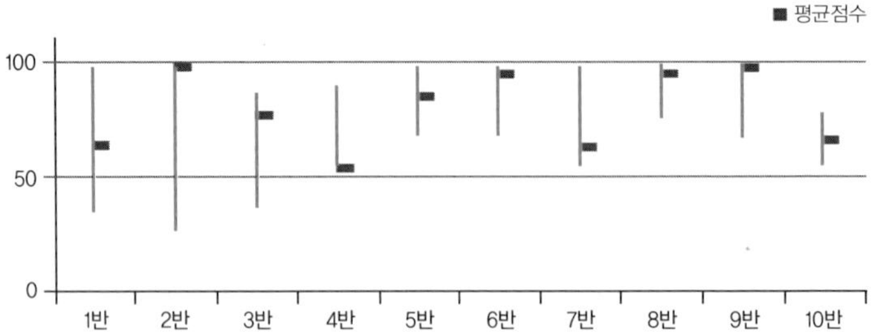

주식형 차트는 특정 값을 이해할 때 그 값의 배경이 되는 최소 또는 최대를 함께 볼 수 있다는 점에서 아주 유용하다. 그래서 최종값이 도출되게 된 배경에서 메시지의 실마리를 찾으려 하는 경우에 매우 효과적이다.

마리메코형 그래프

적합한 근거 유형: (근거) 전체에서 ~는 ~정도의 비중과 특징을 보여주고 있으므로, (메시지) ~하다.

쉽게 메코 차트라 불리는 마리메코(Marimekko)형 차트는 전체를 구성하는 부분들의 비중을 보여준다는 점에서 원형 그래프와 유사하

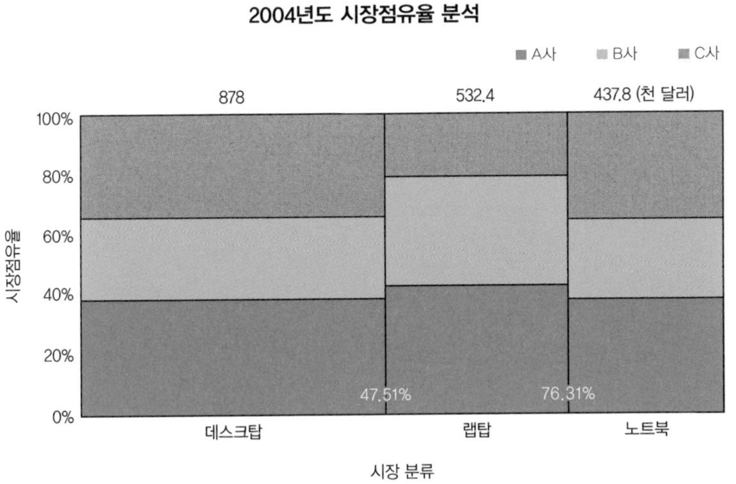

지만, 기본적으로 막대그래프의 변형 형태로 이해해야 한다. 이제껏 다뤄왔던 막대그래프는 각 막대의 높이를 통해서만 어떤 값들의 차이를 보여줬다면, 메코 차트는 가로와 세로 모두에 의미를 부여해 막대그래프의 면적을 통해 값의 차이를 일목요연하게 보여준다는 것이 가장 큰 차이점이다.

아래의 메코 차트에서 볼 수 있듯이 Y 축이 어떤 부분(데스크톱, 랩톱, 노트북)의 정도를 나타내며 X 축 역시 같은 방식으로 표현된다. 또한, 동일한 방식으로 각 부분 내에서 다시 하위 부분으로 세분화하여 나타냄으로써, 전체와 부분의 비중을 막대의 면적을 통해 매우 직관적으로 이해할 수 있다.

원가/최대 생산 가능량 그래프

적합한 근거 유형: (근거) 현재의 시장가격 구조에서 ~사업자까지만

이윤이 보장된 생산이 가능하여 시장 전체 생산량은 ~정도 되므로, (메시지) ~하다.

석유정제업·석유화학, 화학공업·철강업·비철금속공업 등 대형 장치산업에서 주로 사용되는 원가/최대 생산 가능량 그래프다. 막대그래프를 기본으로 하는 이 그래프는 메코 차트처럼 각 막대의 높이와 길이에 중요한 정보를 담고 있으며, 좀더 산업 특화적인 활용 범위를 특징으로 한다. 두 번째 예를 통해 설명하면, 여기에 보이는 다양한 크기의 막대그래프는 회사 (또는 공장) 하나하나를 나타낸다. Y 축은 회사별 평균 생산원가를, X 축은 최대 생산 가능량을 표현하며, 왼쪽에서 오른쪽으로 갈수록 생산원가가 높은 회사를 배치해놓았다. 복잡해 보이지만, 사실 이 그래프는 회사별 생산원가와 생산량을 상징

일반적인 예

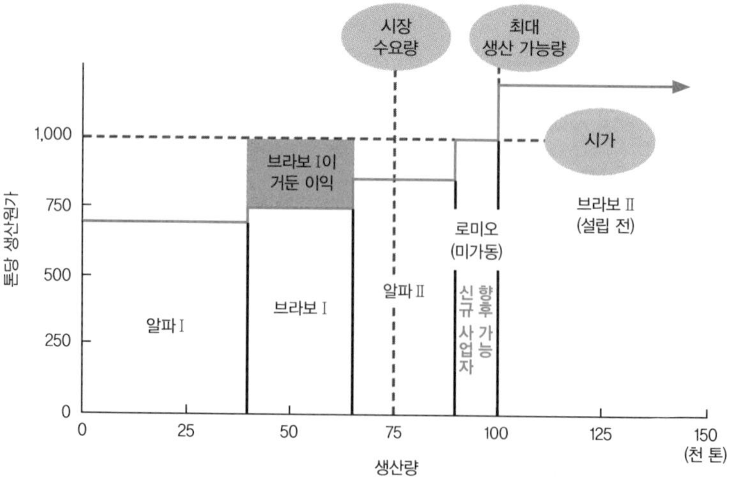

실제 사용 예

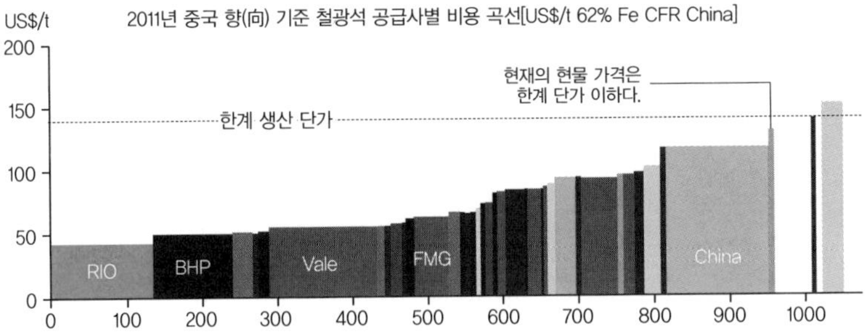

하는 막대를 원가의 순서대로 배열한 그래프에 지나지 않는다. 다시 말해 원가와 생산량이라는 단 두 개의 관점만을 사용한 단순한 그래프인 것이다.

이 그래프가 장치산업 종사자들에게 특히 애용되는 이유는 이 산업의 경쟁 전략이 원가와 최대 생산 능력에 의해 결정되는 특성을 가지고 있기 때문이다. 왜 이런 특징을 가지게 되었고, 그런 특징을 표현하는 데 이 그래프가 적합한지 납득하기 위해서는 우선 장치산업에 대한 이해가 필요하다. 장치산업이 다른 산업과 구별되는 가장 큰 특징은 산업 내 경쟁 업체들이 동질의 상품(Commodity)을 생산한다는 점과, 시장 수요와 가격이 특정 업체의 개별 전략과 관계없이 시장 전체의 수급에 의해 결정되는 경향이 강하다는 점이다. 이런 상황이기 때문에 개별 기업에 가장 중요한 전략적 요소는 단 두 가지뿐이다. 그것이 바로 '동일한 시장가격하에서 최대 수익을 남기기 위해 얼마나 경쟁력 있는 원가 구조를 가질 것인가'와 '시장 수요에 대응하기 위해 어느 정도 적정한 최대 생산 규모를 유지할 것인가'이다. 이 두 고민이 X 축과 Y 축에 고스란히 녹아 있는 것이다.

이런 이해를 바탕으로 첫 번째 그래프를 읽어보면 다음과 같다. 일단, 시장가격이 시장 전체적으로 결정되면, 손해를 보지 않고 생산이 가능한 생산자는 브라보 Ⅱ 사업자 이전 사업자까지다. 만약 주어진 시장가격에서 브라보 Ⅱ 업체가 생산을 시작한다면, 생산할수록 손해를 보게 되기 때문이다. 이 그래프는 시장가격이 변할 때 어떤 업체까지 온전한 생산이 가능한지를 직관적으로 이해할 수 있게 해준다. 그리고 시장 수요량이 예시에서처럼 7만 5000톤으로 형성되면 브라보 I 사업자까지는 온전한 생산이, 알파 Ⅱ 사업자는 일부 생산이 가능해진다. 즉, 시장 수요가 변동할 때 원가 구조를 감안하여 어떤 생산자까지 생산이 가능한지를 볼 수 있는 것이다.

이 원가/최대 생산 가능량 그래프가 우리에게 주는 교훈은 어떤 데이터들은 산업의 특성을 반영하기 위해 자유자재로 변형 가능하므로, 데이터 자체의 유형에 천착하기보다는 그 데이터에 녹아 있는 관점이 왜 중요하게 사용되는지를 이해하면서 보아야 한다는 것이다.

워터폴형 그래프

적합한 근거 유형: (근거) ~는 ~보다 크므로(작으므로), (메시지) ~하다.

마치 폭포(Waterfall)에서 물줄기가 떨어지는 것과 모양이 비슷하다해서 이름 붙여진 워터폴(Waterfall)형 그래프는 전체와 부분의 비중을 나타낼 때 사용된다는 측면에서 원형 그래프와 매우 유사한 역할을 한다. 다만, 그 표현 방식이 메코 차트와 마찬가지로 막대그래프의 변형을 기반으로 하고 있다. 첫 번째 예시에서 보듯이 전체를 대표하

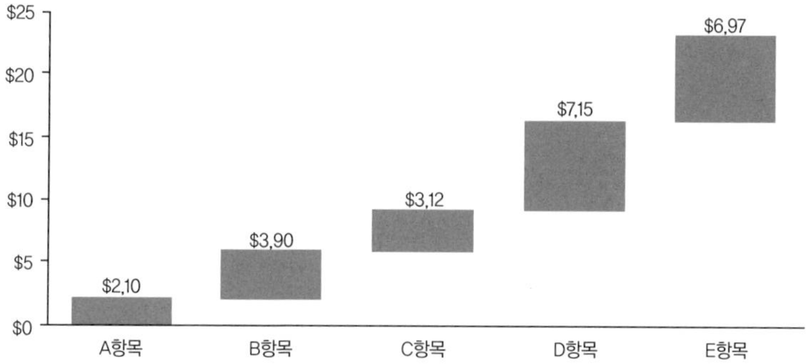
$25
$20
$15
$10
$5
$0
$2,10
$3,90
$3,12
$7,15
$6,97
A항목
B항목
C항목
D항목
E항목

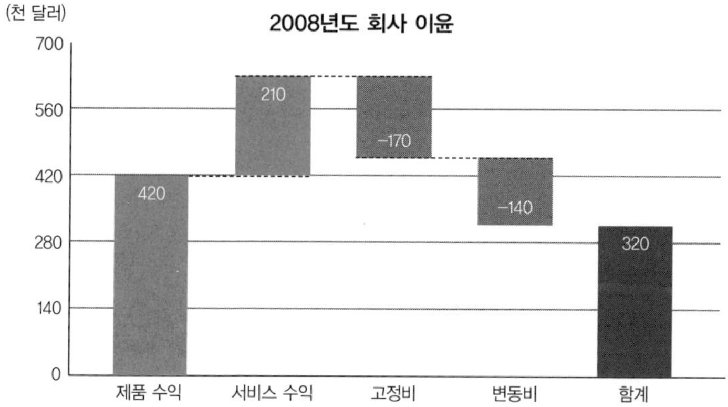
(천 달러)
2008년도 회사 이윤
700
560
420
280
140
0
420
210
-170
-140
320
제품 수익
서비스 수익
고정비
변동비
합계

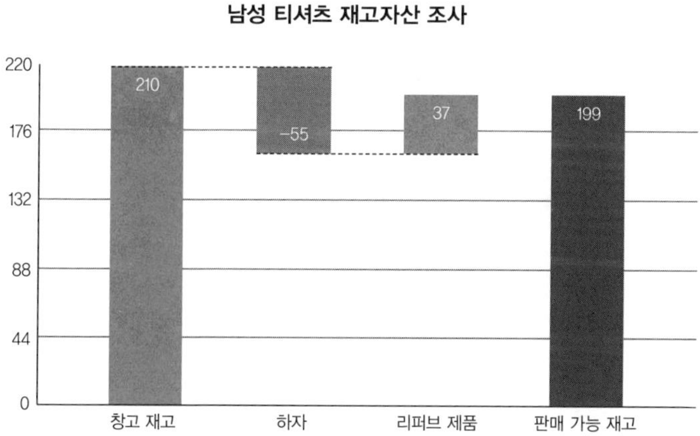
남성 티셔츠 재고자산 조사
220
176
132
88
44
0
210
-55
37
199
창고 재고
하자
리퍼브 제품
판매 가능 재고

는 가장 큰 막대가 어떤 부분들로 나뉘었는지를 폭포수가 순차적으로 떨어지듯 나누어 표현했다는 시각적 차이 이외에 정보의 양의 차이는 본질적으로 없다고 봐도 무방하다.

워터폴 차트가 단순한 막대그래프보다 우월한 점은 전체를 구성하는 플러스 요소와 마이너스 요소를 동시에 보여줄 수 있다는 점이다. 앞의 예시를 살펴보면, 최종적인 막대의 높이를 결정할 때 도움을 주는 부분과 그렇지 않은 부분을 나누어서 이해할 수 있다는 게 확인된다.

퍼널형 그래프

적합한 근거 유형: (근거) 전체 단계에서 ~단계에서 정체가 일어나고 있으므로, (메시지) ~하다.

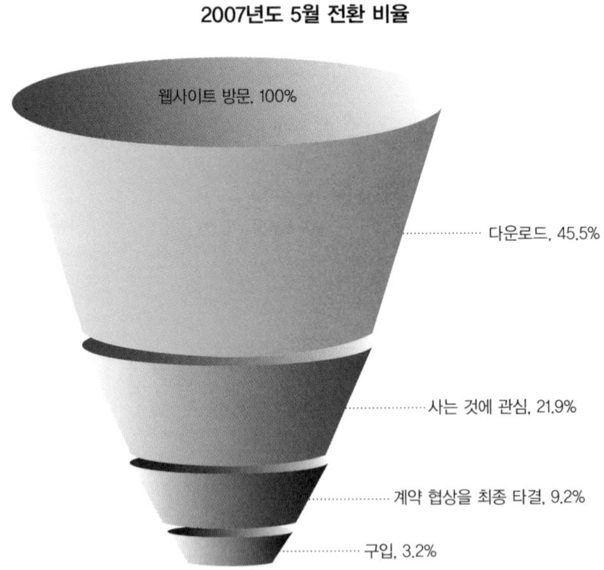

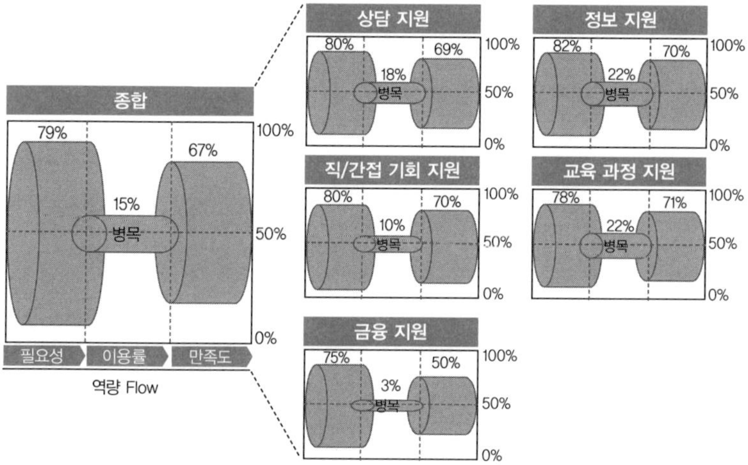

깔때기를 뜻하는 퍼널(Funnel) 차트는 어떤 결과가 시작에서 끝으로 흐를 때, 중간 단계별로 측정한 값을 깔때기의 두께를 기준으로 나열한 것이다. 그러므로 특정 단계의 깔때기 두께가 지나치게 얇거나 두꺼운 경우를 찾아내고 그를 기반으로 메시지를 형성하기에 적합하다.

위의 퍼널 차트는 대학들이 학생 취업을 위해 마련한 다양한 지원 제도들이 학생들에게 얼마나 잘 스며들고 있는지를 (지원 제도의) 필요성, (실제) 이용률, (이용 후) 만족도 등 세 단계로 나타낸 것이다. 깔때기로 표현된 각 단계의 두께를 유심히 살펴보면, 지원 내용과 관련 없이 학생들의 이용률이 가장 큰 병목 구간이라는 점을 매우 쉽게 이해할 수 있다.

히트맵형 그래프

적합한 근거 유형: (근거) 전체 중에서 ~ 영역이 유난히 취약(또는 우월)하므로, (메시지) ~하다.

열(Heat) 지도라고 부르기도 하는 히트맵(Heat map) 차트는 전체를 구성하는 부분들을 하나의 큰 판으로 보여주고, 특정 값의 정도에 따라 부분들의 색깔을 달리함으로써, 어느 부분이 취약하고 우월한지를 한눈에 보기에 적합하다.

이 차트는 특별히 읽지 않아도 읽힐 만큼 시각적으로 매우 직관적인 정보 전달이 가능하다. 그러므로 이 차트를 사용할 때는 첫 번째 예의 범례에 나타나 있듯이 나타내고자 하는 지표의 정도 차이를 색상의 변화에 아주 잘 반영해야 한다. 다시 말해, 높거나 강한 부분은 동일한 계열의 진한 색으로, 그렇지 않은 부분은 연한 색으로 칠해야

히트맵 차트: 전환율

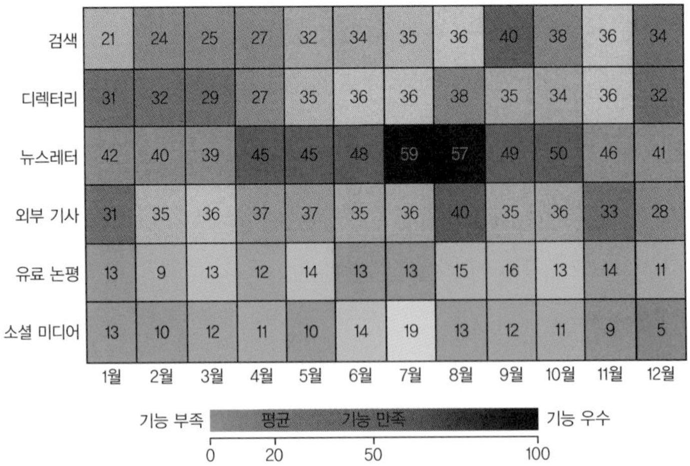

시각적 장점을 충분히 살릴 수 있게 된다.

두 번째 예시는 상담, 정보, 기회, 금융, 교육과정에 관련한 학생 지원 내용이 인프라, 이용률, 만족도 관점에서 어떻게 강약이 있는지를 학교별로 나타난 것이고, 그다음 예시는 주요 기술들의 사회적 파급도를 분야별로 나타낸 것이다. 히트맵 차트를 이용하면, 학교별 분석과 학교 간 유형 비교가 매우 효과적으로 이뤄지고, 기술별 사회적 파급 유형 또한 한눈에 볼 수 있다. 마치 사람의 엑스레이 사진을 판독하듯 말이다.

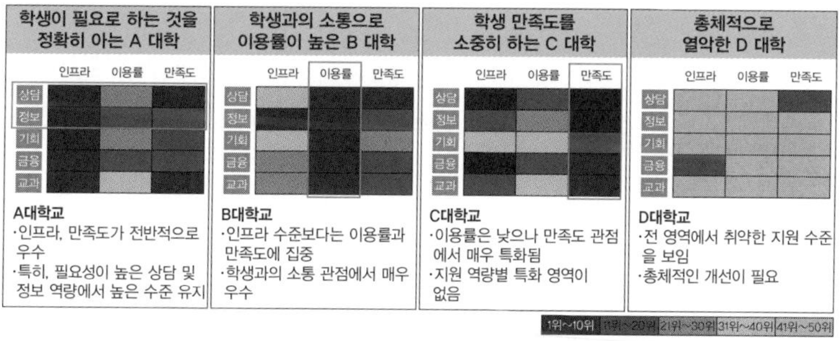

맥킨지가 선정한 12대 와해성 기술의 경제적 파급효과의 범위

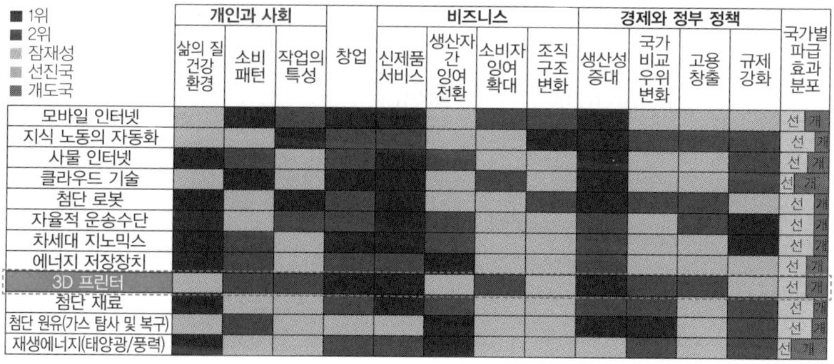

실전편 소개

이 책을 통해 정보의 홍수 시대에 왜 데이터와 친해지는 것이 중요한지 의구심이 어느 정도 해결되었기 바란다. 여러분의 의구심이 충분히 해소되면 자연스럽게 뒤따를 질문은 어찌 보면 정해져 있다. 바로 '그럼 어떻게?'이다.

왜 데이터와 친해져야 하는지, 그리고 그 데이터를 통해 서로 의사소통하는 것이 어떤 모습인지가 이 책이 말하고자 하는 문제의식(Why)과 미래상(What)이라고 한다면, 구체적 방안(How)이 담긴 내용은 아마도 유종의 미에 해당할 것이다. 비록 개념편에서는 그 구체적인 방안을 모두 다루지 못하지만, 대신 뒤이어 출간될 실전편의 내용을 조금이나마 선보여 여러분이 갈증을 해소하는 데 도움이 되고자 한다.

실전편에서는 '어떻게 하면 데이터를 통해 문제를 해결하고 상대방을 설득할 수 있는가'라는 질문에 대답할 수 있도록 구성되어 있다. 개념편에서 데이터에 대해 살펴본 것보다 훨씬 심도 있는 내용이 전개될 수밖에 없다. 이런 내용 때문에 자칫 너무 전문적으로 보이게 되거나 어려워 보일 경우, 오히려 개념편에서 일궈놓은 문제의식과 미래상마저 쓸모없어지지 않을까 노심초사하게 되었다. 그래서 두 가지 중요한 기술적 장치를 마련했다.

첫째, 매우 일상적이고 소소한 것들을 중심으로 한 데이터를 다룬다. 물론 부득불 경영 컨설턴트들이나 데이터 분석가나 다룰 만한 딱딱한 내용이 등장할 수밖에 없으나, 최대한 우리 주변에서 조금만 관심을 기울이면 찾아낼 수 있는 데이터들 안에서 책의 주제의식을 선명하게 전달하려고 노력했다.

이를테면, 다음 사진은 실제 한 남자 대중목욕탕에 걸려 있는 안내문을 옮겨놓은 것이다. 이 일상적인 소재로도 데이터 활용과 관련한 아주 중요한 연습을 할 수 있다.

"이 안내문이 전달하고자 하는 메시지는 설득력이 있는가? 만약

그렇지 않다면 왜 그렇게 생각하는가?"

만약 이 질문의 답을 알고 있다면, 다음 질문에도 쉽게 답할 수 있을 것이다.

"옆의 데이터를 바탕으로, 누군가 '우리나라 카지노 중 외국인 전용 카지노 전체는 입장객 규모로나 매출액 측면에서 정선 카지노 하나에 크게 못 미쳐, 카지노 산업으로 해외 관광객 유치나 외화 유입의 창구 역할을 한다는 것은 어불성설이다'라고 했다면, 당신은 어떻게 반응할 것인가?"

목욕탕 안내문이나 카지노 자료 해석 모두 근거의 3대 원칙과 관련한 질문들을 던진다. 근거의 3대 원칙인 사실성, 연관성, 충분성은 그 데이터가 얼마나 소소하냐 전문적이냐와 관계없이 '메시지와 근거의 궁합'을 평가하는 데 있어 늘 챙겨둬야 할 가치다. 실전편에서는 이런 다양한 신변잡기적인 사례들을 살펴볼 것이다.

둘째, 데이터를 이해하고 다루는 과정을 누구나 되도록 쉽게 이해하고 적용할 수 있게 하기 위해 개념편에 등장했던 표현을 디딤돌로 삼아 글의 구성을 전개했다.

데이터와 직관을 통해 전달하고자 하는 메시지를 완성하는 것은, 마치 요리 과정과 매우 흡사하다. 데이터는 요리 재료에 해당하며, 직관은 미각에, 메시지는 하나의 요리와 같다고 보면 된다. 데이터를 다루는 과정이 쉬운 사람은 많지 않겠지만, 밥 짓고 라면 끓이듯 요리를 전혀 해본 적 없는 사람은 없을 것이기 때문에, 실전편에서는 그 과정을 철저히 요리 과정에 빗대어 전개했다. 실전편의 목차와 주요

지역	업소명 (법인명)	허가일	종사원수(명)	매출액(백만원)	입장객(명)	전용면적(㎡)	테이블게임(대)	슬롯머신(대)	비디오게임(대)
서울	파라다이스워커힐카지노【(주)파라다이스】	'68. 3.5	942	372,756	430,275	3,178.4	90	29	101
	세븐럭카지노 서울강남점【그랜드코리아레저(주)】	'05.1.28	1,363	266,654	396,832	5,380.01	69	26	95
	세븐럭카지노 힐튼호텔점【그랜드코리아레저(주)】	'05.1.28	472	212,823	912,288	2,811.9	59	42	89
부산	세븐럭카지노 부산롯데호텔점【그랜드코리아레저(주)】	'05.1.28	262	80,516	207,562	2,234.3	35	25	55
	파라다이스카지노 부산【(주)파라다이스글로벌】	'78.10.29	307	81,173	104,208	2,283.5	35	10	32
인천	파라다이스 인천 카지노【(주)파라다이스글로벌】	'67. 8.10	343	77,450	44,566	1,311.57	33	15	18
강원	알펜시아카지노【(주)코자나】	'80.12.9	39	670	9,831	689.51	17	10	30
대구	호텔인터불고대구 카지노【(주)골든크라운】	'79. 4.11	203	15,082	51,548	3,473.37	63	10	40
제주	더케이카지노【(주)엔에스디영상】	'75.10.15	149	16,385	27,190	2,359.1	39	13	9
	파라다이스그랜드카지노【(주)파라다이스제주】	'90. 9.1	130	37,083	46,748	2,756.7	28	52	10
	마제스타카지노【AK벨루가(주)】	'91. 7.31	109	9,754	18,382	1,953.6	21	–	–
	로얄팔레스카지노【(주)풍화】	'90.11.6	98	15,929	20,319	1,353.18	18	13	2
	파라다이스롯데제주카지노【(주)두성】	'85.4.11	148	35,662	35,486	1,205.4	41	46	2
	더호텔엘베가스제주카지노【(주)지앤엘】	'90. 9.1	158	13,129	37,357	1,026.6	27	12	4
	하얏트호텔카지노【(주)벨루가오션】	'90. 9.1	74	7,626	17,389	803.3	19	10	
	골든비치카지노【(주)골든비치】	'95.12.28	131	8,329	23,606	823.9	26	24	–
16개 업체(외국인대상)			4,928	1,251,021	2,383,587	33,644.34	620	337	487
강원	강원랜드카지노【(주)강원랜드】(내국인 대상)	'00.10.12	1,697	1,209,332	3,024,511	12,792.95	200	400	960
17개 업체(내·외국인대상)			6,625	2,460,353	5,408,098	46,437.29	820	737	1447

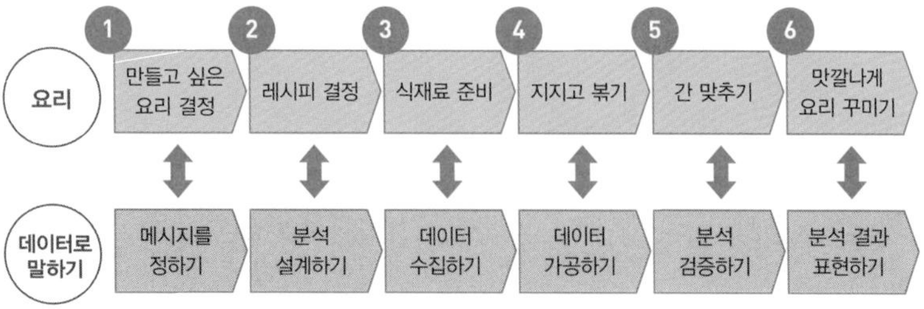

내용은 아래와 같다.

첫째, 만들고 싶은 요리 결정하기 = 메시지 정하기

"모호한 메시지를 지지해줄 수 있는 데이터는 세상에 없다."

이 장에서는 요리하려는 사람이 본격적인 조리에 앞서 가장 먼저 당연히 생각하게 되는 질문을 다룬다. "뭘 먹지?" 요리를 할 때 식재료를 보고 무슨 요리를 할지 결정하는 게 당연하듯이, 데이터를 통한 의사소통에서 데이터를 봐야 어떤 메시지를 전달할지 알 수 있을까?

하지만 그렇지 않다. 어떤 데이터를 보고 상황을 정확히 인식하고 판단하는 것, 다시 말해서 식재료를 보고 어떤 요리를 할까를 생각해내는 것도 중요하지만, 더 중요한 것은 역으로 내가 하고 싶은 말을 가장 잘 지지해줄 수 있는 데이터를 골라내고 가공하고 엮어낼 수 있는 능력이다. 후자의 활용 방식이 전자보다 훨씬 적극적인 형태이기 때문이다. 즉, 먹고 싶은 것에 따라 가장 적합한 재료를 찾아내고 조리해내는 능력이 더 중요한 것이다. 훌륭한 요리는 내가 뭘 먹고 싶은지 또는 상대방이 가장 먹고 싶은 건 뭘까에 맞춰 자유자재로 재료를 요리하는 것에서 시작한다고 본다.

- 먹고 싶은 것이 무엇인지 모른 채 요리한다는 것은 말이 안 되듯, 데이터를 통한 의사소통에서 메시지를 사전적으로 명확히하는 것이 왜 중요한 것인가?
- 먹고 싶은 것을 정할 때 미각을 통해 얻은 기존의 경험을 떠올리듯, 메시지를 분석하기에 앞서 명확히하는 데 있어 '직관'은 어떤 역할을 하는가?
- 먹고 싶은 것들이 너무 많으면 오히려 문제가 되듯, 전달하고자 하는 메시지들끼리 충돌할 때 어떻게 우선순위를 정할 수 있는가?

둘째, 레시피 결정하기 = 분석 설계하기

"데이터에 손이 가기 전에 머리는 이미 그 과정의 끝을 찍고 와야 한다."

만들고 싶은 요리를 정했으면, 당연히 다음 순서는 그 요리에 맞는 조리법, 즉 레시피를 정하는 것이다. 데이터 커뮤니케이션에서도 마찬가지다. 내가 하고 싶은 말이 할 수 있는 말인지 아닌지를 검증하거나, 할 수 있는 말이라 한다면 어떤 데이터들을 다양하게 엮어 강화될 수 있는지 큰 얼개를 먼저 짜놓아야 한다. 내가 전달하고 싶은 메시지의 충분성을 확보하기 위해서는 다양한 관점의 데이터가 메시지를 지지해야 하는데, 이 과정에서 필연적으로 다수의 데이터를 동시에 다룰 수밖에 없게 된다. 이런 상황에서 요리의 레시피와 같은 큰 그림이 없으면, 어떤 데이터를 먼저 찾아봐야 하는지, 필요한 데이터가 없을 경우 어떤 데이터들로 대체 가능한지, 어떤 데이터들끼리 가공하여 어떤 데이터를 얻어내는지 등 일련의 작업을 효율적으로 수행해내기가 매우 어려워진다. 한마디로 데이터의 바다에서 허우적대기 십상이다. 그러므로 데이터에 손을 대기 전에 머리는 이미 그 분석의 끝을 한 번쯤 찍고 오는 것이 매우 중요하다.

- 순서 없이 요리하면 낭패를 보듯이 본격적으로 데이터를 수집, 분석, 가공하기에 앞서 메시지에 맞는 분석 설계를 미리 짜놓는 것이 왜 중요한가?
- 매콤한 요리를 먹고 싶을 때 이를 만족시키는 방법은 다양하듯이, 동일한 메시지를 지지하는 데 있어서 다수의 분석 설계가 가능하다는 접근법 개념은 무엇이며, 그에 따라 이후 실제 분석 단계에 어떤 영향을 미치게 되는가?
- 계량스푼으로 양념의 양까지 정확히 측정해 요리하면 크게 실패하지 않듯이 분석 설계는 어떻게, 어느 정도까지 정해놓는 것이 좋은가?

셋째, 식재료 준비하기 = 데이터 수집하기

"좋은 근거가 좋은 메시지를 결정한다."

레시피는 좋은 요리를 만드는 데 중요한 준비사항이다. 하지만 요리되는 것은 레시피가 아닌 재료다. 마찬가지로 데이터 커뮤니케이션에서도 데이터 하나하나가 중요하다. 아무리 훌륭한 요리도 그 재료가 상했다면 의미가 없고, 설사 신선도에 문제가 없더라도 재료 간 궁합이 좋지 못하면 요리 자체를 망치게 되는 이치와 마찬가지다. 이번 장에서는 적합한 데이터를 찾아내고 분별해낼 줄 아는 방법을 다룬다.

- 식재료의 원산지와 신선도를 체크하듯이, 데이터를 사용하기 전에 기본적으로 반드시 확인해봐야 하는 사항은 무엇이 있는가?
- 레시피를 가장 잘 살려줄 수 있는 식재료가 따로 있듯이, 어떤 데이터가 더 좋고 덜 좋은지 어떻게 분별할 수 있는가?
- 물엿이 없으면 설탕으로 대신 맛을 낼 수 있듯이, 찾고자 하는 데이터가 없을 때 다른 데이터로 대체할 수 있는 방법은 무엇인가?

넷째, 지지고 볶기 = 데이터 가공하기

"원하는 데이터는 대부분 없기 마련이다. 구할 수 없으면 만들 줄 알아야 한다."

재료가 준비되었으면 본격적으로 요리를 할 차례다. 식재료를 자르고 끓이고 지지고 볶듯이, 데이터들도 나누고 합치고 늘릴 수 있다. 데이터의 정량적이고 구조화된 특성 때문에 가능한 것이다. 이 장에서는 어떻게 하면 목적에 맞게 데이터를 나누고 합치고 늘릴 수 있을지 이야기한다. 우리 주변에 존재하는 다양한 데이터들을 메시지를 지지하거나 반박할 목적으로 가공하는 연습을 함으로써 데이터 가공에 대한 막연한 두려움을 해소하는 것이 가장 큰 목적이다.

- 야채도 고온에 오래 삶으면 고유의 영양소가 파괴되듯이, 데이터를 가공할 때 주로 주의해야 할 것에는 무엇이 있는가?
- 감자를 통째로 삶아 먹는 것과 으깨서 섞어 먹는 것의 맛이 다르듯이 각 데이터의 특성을 고려하여 어떻게 최적의 가공 방안을 짤 수 있는가?
- 단맛을 내고 싶을 때 물엿도 설탕도 없으면 제3의 식재료가 필요하듯이, 대체할 수 있는 데이터가 없을 때 기존 데이터들로 극복할 수 있는 방안은 무엇이 있는가?

다섯째, 간 맞추기 = 분석 검증하기

"어떻게 분석했는지보다 왜 분석했는지가 늘 더 중요하다."

레시피대로 최상의 재료를 사용해서 요리했다고 하더라도, 음식을 내기 직전 간을 보는 것은 결코 빠질 수 없는 과정이다. 마찬가지로 아무리 훌륭하게 분석했다 하더라도, 상대방에게 전달하기 직전 과연 데이터가 내가 원래 하고 싶던 말을 잘 지지하고 있는지 다시 한번 점검하는 것은 매우 중요하다. 분석 과정이 길고 험난했을수록 '왜 이 분석을 하고 있지?'하며 애초의 목적을 잃어버릴 때가 많기 때문이다. 메시지를 위한 분석이 아닌, 분석을 위한 분석에 매몰되기 십상이다. 그래서 늘 데이터 분석과 메시지가 적절한 관계를 유지하고 있는지 스스로 점검하는 습관이 중요하다.

- 아무리 맛있어 보이는 음식도 막상 먹었을 때 재료가 맛과 어울리지 않으면 의미가 없듯이, 메시지와 근거 데이터 간 엇박자가 나지 않게 하려면 어떻게 해야 하는가?
- 근거와 데이터 간 엇박자가 나는 경우가 우리 주변에는 어떤 것들이 있으며, 이런 상황을 어떻게 개선하는 게 맞는가?

여섯째, 맛깔나게 요리 꾸미기 = 분석 결과 표현하기

"데이터를 읽히게, 듣지 않아도 들리게 제시하면, 메시지 전달력은 극대화된다."

요리는 눈으로 먼저 먹는다는 말이 있다. 이처럼 그 요리가 가진 고유의 특징을 잘 살려서 꾸미고 내놓는 과정은 실제 요리를 하는 것 못지않게 중요하다. 데이터로 메시지를 지지할 때도 마찬가지인데, 하나의 데이터를 제시하더라도 전달하고자 하는 메시지에 최적화된 형태로 표현할 줄 알아야 하며, 여러 데이터를 연속적으로 제시하는 경우에는 그 순서와 흐름을 잘 살펴서 전달할 줄 알아야 한다. 이것이 바로 데이터 커뮤니케이션의 마지막 단계이며 화룡점정에 해당한다.

- 같은 음식도 지지하는 경우 내놓느냐에 따라 만족도가 달라지듯이, 동일한 메시지를 어떤 묘안으로 최적화된 데이터와 그렇지 않은 데이터는 전달력에서 어떤 차이를 가지는가?
- 메시지에 맞게 데이터를 최적화해서 보여준다는 것은 어떻게 하는 것인가?
- 다수의 데이터로 하나의 메시지를 지지할 경우, 어떤 흐름이 전달력을 더 좋게 하는가?